广东省原创精品出版资金扶持项目

GZC 高校主题出版

孙中山与华侨华人系列

孙中山革命与华侨精英

王杰 等 著

暨南大學出版社
JINAN UNIVERSITY PRESS

中国·广州

图书在版编目（CIP）数据

孙中山革命与华侨精英/王杰等著．—广州：暨南大学出版社，2018.8
（孙中山与华侨华人系列）
ISBN 978-7-5668-2393-9

Ⅰ．①孙…　Ⅱ．①王…　Ⅲ．孙中山（1866—1925）—生平事迹 ②华侨—生平事迹—世界—现代　Ⅳ．①K827=6②K818.8

中国版本图书馆 CIP 数据核字（2018）第 100519 号

孙中山革命与华侨精英
SUNZHONGSHAN GEMING YU HUAQIAO JINGYING
著者：王杰　等

出 版 人：徐义雄
项目统筹：黄圣英
责任编辑：黄文科　冯　琳　李倬吟
责任校对：徐晓越
责任印制：汤慧君　周一丹

出版发行：暨南大学出版社（510630）
电　　话：总编室（8620）85221601
营销部（8620）85225284　85228291　85228292（邮购）
传　　真：（8620）85221583（办公室）　85223774（营销部）
网　　址：http://www.jnupress.com
排　　版：广州市天河星辰文化发展部照排中心
印　　刷：广州市穗彩印务有限公司
开　　本：787mm×960mm　1/16
印　　张：13.75
字　　数：262 千
版　　次：2018 年 8 月第 1 版
印　　次：2018 年 8 月第 1 次
定　　价：49.80 元

目　录

导 语

王 杰

翻开悲歌激越的中国近代史，“华侨”这个词抢眼而又养眼，作为一个群体，既充满血泪与传奇，又感人肺腑、令人肃然起敬。完全可以这样说，没有华侨，就没有孙中山领导的民主革命的发动；没有华侨的襄助，也就没有辛亥革命的成功。

“忍令上国衣冠沦于涂炭，相率中原豪杰还我河山”——这是1905年春节前，新加坡《图南日报》印制的“月份牌”上富有反清革命色彩的题词，它代表华侨公开喊出了反清革命的心声，抒发了华侨报国救国的赤子情怀，体现了华侨支持孙中山民主革命的意志，彰显了华侨振兴中华的伟大精神！

一百余年俱往矣，海外华侨支持孙中山掀起民主革命运动的功业，经已载入近代中国的史册。然而，孙中山与华侨振兴中华的不朽精神，犹如暮鼓晨钟，仍然激励着中华儿女为中华民族的伟大复兴薪火相传。

有人说过，“华侨是革命之母”，这是有一定的道理的。曾记否，因为清末特殊的救国环境，孙中山将他领导与践行的民主革命运动概括为组党、宣传、武装起义三件大事，而这三大要项，都是在华侨的鼎力相助下得以完成的：

1894年他在檀香山创建中国近代史上第一个革命团体，第一批会员26人，有23人是华侨，会议的地点设在华侨何宽的家里……

1895年，他在广州组织第一次未遂的武装反清起义，参与者大部分是华侨；他一生领导的十次武装反清起义，所有款项全部来自华侨捐赠；黄花岗一役死难烈士86人，其中华侨有32人，几近半数……

1900年，他派陈少白在香港创办《中国日报》，经费由侨商资助，他指导美国《大同日报》、新加坡《中兴日报》等与改良派论战，还亲自在侨报上撰文，引导侨报鼓动革命风潮，从而激励和推动华侨投身民主革命洪流……

往事并不如烟：

为什么，离乡背井远赴“金山”玩命，成为富商之后，变卖家产，玩起革命？

为什么，异国他乡出身的“富豪”二代，放弃舒适安逸，毁家纾难，资助反清？

为什么，求学西方身怀“五车”技艺，决志追随孙文，舍生取义，为国捐躯？

为什么，48 岁的人服膺于 28 岁的孙中山？为什么，一生清贫，却一如既往不惜为革命捐赠？为什么，18 岁青年远渡重洋回国举义血洒疆场？

还有许许多多的为什么！

答案很复杂，道理很简单。荦荦大端者，他们都怀抱一颗炽热的诚心，向慕一个民主的信念，追求一个共和国的理想，都是用世界的眼光来俯视祖国：“世界潮流浩浩荡荡，顺之则昌，逆之则亡。”

由是，血脉、乡脉、文脉、华脉在他们的心底涌动，爱国、报国、救国、强国的品格在他们灵魂中升华，小我而大公、舍己而成仁的动人故事在他们中间传颂……他们追随伟大的民主革命先行者孙中山，大志大勇、无怨无悔、矢志矢忠、善始善终。英雄造时势，时势造英雄。孙中山与华侨的互动，激励着孙眉、邓荫南、廖仲恺、陈楚楠、李炳辉等一批批志士纷纷涌现，弄潮建功。他们就是平民的英模、华侨的典范，体现着民族英风，展示了时代真容！

沧海识骇浪，小事见精神。

本书定名“孙中山革命与华侨精英”，是一册关于孙中山与华侨精英思想交谊的汇集。以往，孙中山与华侨个体的故事已多见诸文字，本书则在恒河沙数的华侨人物之中撷取点滴浪花，汇单一组成“集群”，以展示华侨“群体”襄助民主革命之风貌。全书收录的 18 个“个案”，选取了不同时期、不同地点、不同领域、不同形式支持孙中山民主革命的事功，既展示华侨对民主革命的个体贡献，又反映华侨群体聚力襄辅民主革命的巨大能量。以单一人物（黄花岗篇收录了多位英烈）成篇，以与孙中山交谊为中心，以积极支持孙中山民主革命的华侨主要人物切入，以故事情节相串联，以叙述为主调，以可读笔调行文，适当夹议，不作专论，试图借通俗中透出理喻，于叙事中画龙点睛。通过本书对华侨“群体”的展示，再现近代民主革命艰苦卓绝的历程，揭示中国民主革命时期志士仁人的精神风貌，进而彰显华侨支持孙中山革命之历史功勋。

应该特别指出的是，限于篇幅，囿于史料，本书仅选取了不足 20 个人物事例，这显然不是民主革命时期华侨精英的全部，亦非华侨人物的精编。我们曾为“入选”者颇费斟酌，更为未入录者深感疚心。但愿本书的出版，能引起读者的垂注，以催生书册上更多精英的“再世”。

百年兴衰影像已成记忆，浴火重生精神尤须记取。

中华民族是一个坚忍不拔、奋发自强的民族，也是一个和睦四海、善行五洲的民族。敦睦邦交、和善共处，是中华民族历来奉行与世界亲善的理念，是中国人民对世界和平期许的努力和情愫。广大华侨不仅在为振兴中华的伟大事业中做出了巨大的贡献，他们在与世界各国人民的相处中也向侨居地展现和传播了华夏文明。从这个视角看，本书所述的内容尚存欠缺，这也是应该向读者说明的。季羡林先生说：“如果人生真有意义与价值的话，其意义与价值就在于对人类发展的承上启下、承前启后的责任感。”传承我们老祖宗留下的优秀的文化基因，自信中华文化有着感染全世界的魅力，从而进一步了解华侨、了解世界，也就是深一层了解中国、热爱中国、发展中国。

当下，中华儿女正在开辟一条前无古人的道路，民族自信，文化自信，制度自信，仁者无敌，这是我们不竭的动力。国强者得民心得天下，满招损，谦受益。让我们记取历史，不忘初心，虚心求知，砥砺前行，勇当世界潮流的弄潮儿，为人类事业做出更大的贡献！

侨界俊杰　革命兄弟

——孙眉与孙中山

韦　巍

孙中山是中国革命的先行者，是中华民国的缔造者，他的一生经历，是中国乃至世界革命史上的传奇。他的长兄孙眉，是移民史、华侨史上的翘楚。古语有云："打虎亲兄弟，上阵父子兵。"或许，很多人不知道，孙眉还是孙中山革命事业的坚定支持者、参与者，当我们回望晚清至民国的历史大转折时，理应给孙眉以浓墨重彩的一笔。

猛虎出香山　强龙过大洋

孙眉，字德彰，号寿屏，出生于清咸丰四年十月十七日（1854 年 12 月 6 日）。12 年后，他的同胞弟弟孙帝象（即孙中山）来到人间，相隔正好一轮，二人都属虎，行事风格也都是虎虎生风，堪称香山的两只猛虎。

青年孙眉像

中国虽然自古就是农耕社会，最重桑梓之情，但背井离乡讨生活的人也所在多有，尤其是南方沿海地区的人民往往投奔怒海，其中以下南洋者为多。少年时期的孙眉身强力壮，性格倔强，既有干大事的体格，也有干大事的气魄，并不甘于困顿乡里。同治十年（1871），他终于得偿所愿，随舅父杨文纳远赴檀香山闯世界。

孙眉初到檀香山，在华人的菜园里种过地，在土人的农牧场帮过工，一边积累经验，一边积极学习当地语言。通过舅父杨文纳的帮助，他向当地政府租了荒地，从事垦殖畜牧，事业红红火火，很快就发展壮大起来。

孙眉远走檀香山的这个时期，正是大批华人走向世界各地的开端。据说当时翠亨村中人们都在谈论夏威夷，说那里是谋生的好去处。此时的夏威夷政府正在发展农业，稻谷取代了咖啡成为当地第二大物产，其中华人的贡献十分巨大。

那时通信极为不便，孙眉的家书只能托往来的华侨代为传递，一年或许只能往返两三封信。孙眉在信中描绘了夏威夷的美景、异域的美食，更重要的是新生活充满了希望的色彩。与许多华侨一样，随着家信送出的往往还有他辛苦积攒的工钱，孙眉寄回的侨汇令孙家人的生活日渐改观。

光绪三年四月二十八日（1877 年 6 月 9 日），孙眉首次还乡。此次回到翠亨，孙眉不仅见到了分别数年的爹娘与兄弟姐妹，还完成了终身大事，与谭氏完婚。除此之外，他还有一个重要的工作，那就是在家乡招工。他与人合股包船，把家乡的侨民带到檀香山，从夏威夷王所给的每人百元的津贴中获得报酬。孙眉曾经在翠亨设立一个移民事务分所，专门处理移民事宜。与孙眉同年抵达檀香山的华侨有 223 人，而到十年之后，这一数字已达 2 万，华侨人数占全檀香山人口的 1/4。[①] 孙眉的事业在华侨拓殖的大潮中蒸蒸日上，随后由檀香山搬到茂宜岛，开了一家名叫“德昌隆”的商店，以此为基础大展宏图，后来被当地人称为“茂宜王”。

孙中山早就在兄长的家书中了解到檀香山的风土人情，很想追随其脚步，但这一想法遭到了父亲孙达成的拒绝。直到光绪五年（1879），孙眉托同乡郑强夫人带母亲和弟弟到檀香山，孙中山才得以遂愿。这次旅行，轮舟之奇，沧海之阔，极大地拓展了一个农村孩子的视野。慕西学之心，穷天地之想，他心中激荡起了对西方强烈的求知欲。

教育有新旧　入教生分歧

孙中山在长兄孙眉的资助下进了檀香山的意奥兰尼书院。这是一所由英国圣公会主办的学校，学生不仅要学习语言、政治、经济和社会等课程，还要阅读圣经、参加宗教活动。在这种环境中接受西式教育的外国学生，不仅学习到各种西学的基础知识，还能够接触到西方社会、政治、文化的方方面面。生性好学的孙中山如鱼得水。

孙中山可谓是幼习孔孟，多有“中学”积累；又求学海外，亲受欧风美

① 黄健敏编著：《孙眉年谱》，北京：文物出版社 2006 年版，第 16、36 页。

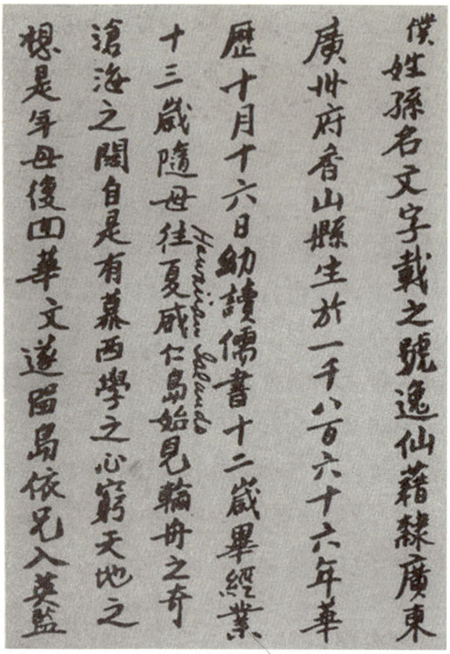

孙中山自书的早年经历

雨的浸染。这为他畅通无阻地融汇中西文化搭建了平台，为日后成为同时代的中国人中少有的“通人”打下了基础；亦为往后能把西方的自由、平等、博爱等思想加以改造，移植到中国创造了条件。

经过中西教育的对比，他对中外之别的认识也不断深入：“至檀香山，就傅西校，见其教法之善，远胜吾乡。故每课暇，辄与同国同学诸人，相谈衷曲，而改良祖国，拯救同群之愿，于是乎生。当时所怀，一若必使我国人人皆免苦难，皆享福乐而后快者。”

1882 年，孙中山从意奥兰尼书院毕业，进入奥阿胡学院。这是一所由美国公理会主办的学校，学校里宗教氛围浓厚，校园里的华人大多已成为基督徒。受到学习环境的熏染，他萌生了受洗入教的想法，但这激发了他与兄长孙眉之间的矛盾。

远在海外，长兄如父，孙眉自然而然地负起教导幼弟的责任来。他虽然在海外成就事业，但在骨子里还是相当传统的中国人。他觉得弟弟接受外国的宗教就像走上了“邪路”，因为在他看来中国的教化是最好的，其他无论什么教都不正派，都是不可取的。

由于与长兄的冲突，孙中山不得不告别檀香山返回家乡。但由于接受了西方教育的启蒙，孙中山在自己的故乡遭遇了文化上的不融合，他无法接受家乡的落后与封建迷信，积极参与乡政，向村民抨击清政府的腐败，还与好友陆皓东一道毁坏了村庙北极殿的神像。这个年轻人显得如此标新立异，在民风保守的乡里十分扎眼。为此孙中山不得不转赴香港继续其学业，在那里他结识了美国传教士喜嘉理，在其劝说之下，与陆皓东一起受洗，终于加入了基督教。

应该承认，基督教对孙中山民主思想的发生有相当重要的影响。耶稣的牺牲精神对孙中山而言也不失为一种重要的精神动力。他非常佩服耶稣，并将之比附革命：“耶稣之理想为舍己救人，革命之理想为舍己救国，其牺牲小我，求谋大众福利之精神，原属一致。”

新派人物跳不出历史的大背景，也逃不开旧俗的束缚。由于父亲孙达成年事已高，所以孙家的家事多由孙眉做主，孙中山与卢慕贞的婚事便是孙眉所定。

当孙眉听说孙中山在家乡破坏神像，在香港入教诸事，急令弟弟再赴檀香山，亲自加以训斥。孙中山虽然对长兄十分尊敬，但对自己的信念更加坚定，他向檀香山的朋友师长求助，借到一笔旅费，再次踏上了归国的航程。

兄弟归于好　豪情结同道

回国后，孙中山并未荒废学业，而是前往广州博济医院求学。那时，国内尚无正规的医学院，缺乏完善的欧美教育方法，不能令孙中山满意，当他听说香港开设了医学院，便争取机会到那里继续深造。他求知若渴，每天广泛阅读各种书籍，因此被同学们称为“通天晓”。有人回忆起当年这位老同学时说：“先生年少聪明过人，记忆力极强，无事不言不笑，有事则议论滔滔。九流三教，皆可共语；竹床瓦枕，安然就寝；珍馐藜藿，甘之如饴。”

孙中山每日除了刻苦钻研医学之外，最爱与同学友人相聚一堂，天马行空高谈阔论。他不吝惜钱财，颇有江湖豪杰的风范。等到钱财散尽，他又闭门用功，夜以继日，好像老僧入定，与世无争。这一习惯从广州到香港，再到日后的行医生涯，从未更改。由此，他在广州与同样豪侠仗义的郑士良、尢列定交，在香港与陈少白、杨鹤龄结为莫逆。他与陈、尢、杨三人经常在“杨耀记”（杨鹤龄家的商铺）议论时事，畅想定国安邦、排满兴汉的大计，以至被身边的人们称为“四大寇”。这些友人日后都成了他革命道路上的得力助手。

“四大寇”合影，坐者左起：杨鹤龄、孙中山、陈少白、尢列，立者为关景良

光绪十三年（1887）冬，孙达成病重。孙眉为照顾老父，从夏威夷赶回翠亨，而孙中山也从香港回乡，兄弟二人在病榻前侍奉汤药，相处数月，直至越年开春，孙达成去世。兄弟二人在悲痛之余终于言归于

好，孙眉由此解开心结，对孙中山的爱护也更胜从前。

孙中山在香港接受了完备的医学教育，但他心中的志向更加壮大，所谓“上医医国，其次疾人”，他的抱负是要改造这个国家，根治其弊病。他的思想和言论愈发激越，由此开始思考推翻专制政治，并逐步走上暴力革命的道路。

光绪十六年（1890），孙中山致函居乡（石岐）的中国前驻美公使郑藻如，提出效法泰西，设立民间团体，并举出“兴农之会”“兴敌烟会”和“兴学之会”3 条，先从香山县试办，然后逐渐推广至全国。郑藻如如何回应，目前无证可查，但孙中山曾有志于在国家体制内部推行新法则已可知。

东西皆变局　兄弟同革命

1893 年 1 月，檀香山的君主制瓦解，建立了夏威夷独立共和国临时政府，此后渐为美国吞并。2 月 14 日，檀香山华人集会，反对临时政府重提限制华人法例之旧议。自从 1882 年美国实行排华政策，渐渐波及夏威夷，夏威夷发生政变之后，华侨的正当权益受到巨大的损害。目睹这一切，孙眉深知外人之所以欺我侮我，皆因祖国尚不强大，他非常希望有一个强大的祖国、一个良好的政府，能够关心华侨的疾苦，保护华侨的利益。

而在国内，中日冲突日渐激烈。甲午年初，孙中山突然中断了他的行医活动，从药房中消失，友人陈少白得到店员来信告知情形，不得不赶到广州代为照看店面。终于有一天，孙中山露了面，原来他躲到翠亨老家闭关做文章去了。他所写的这一篇《上李鸿章书》，提出“人尽其才，地尽其利，物尽其用，货畅其流”的改革建议，欲以此改善国内政治、社会的困局。但当孙中山怀着更新祖国的希望北上天津投书，却未能得到李鸿章的重视，李鸿章此时正为中日战端焦头烂额，这次尝试遭到失败。孙中山北行，考察了京津，又下武汉，审视社会民生，坚定了一个判断，那就是必须推翻清政府的统治方能推行改革。

孙中山从上海赴檀香山，打算向旧日亲友募集资金，实行“反清复汉之义举”。他与孙眉讨论了自己的计划后，兄弟二人在革命问题上基本认识一致。当时华侨风气还很闭塞，孙眉意识到必须利用自己的社会地位和人脉关系为弟弟打开局面，他选择了义无反顾地帮助弟弟。

孙眉首先向自己的亲朋好友介绍了孙中山来檀组织推翻清廷革命的消息，在他的大力促成下，孙中山抵达檀香山短短月余，就号召了 20 多位同道。1894 年 11 月 24 日，孙中山在何宽家里召集了第一次会议，决议创立兴中会，以“振兴中华，挽救危局”为号，以“驱除鞑虏，恢复中华，创立合众政府”为誓言。会上众人厘定了组织和章程，成员包括何宽、李昌、宋居仁、郑照、刘寿、刘卓、邓荫南等人。

清廷在对日作战中节节败退，孙中山心急如焚，决定回国发动起义。然而经费却是个大问题，孙中山在檀香山鼓吹数月，但真正愿意拿出钱财的响应者寥寥无几，唯有孙眉与邓荫南几人毅然变卖家财，以解其燃眉之急。在国内同志的催促下，孙中山与几位友人带着13 000元港币返回国内。

孙中山回国后，联系陆皓东、陈少白、郑士良、九列，联合原“辅仁文社”的同志杨衢云等人，在香港、广州分别设立了兴中会分会。并得港商李纪堂等的经费支持，他们派人分头发动内地的会党、绿林、游勇、防营、水师、乡团等势力。然而经过大半年的筹备，临近起事之际消息泄露，决死队也无法按期抵达广州。1895年10月27日，广州起义未遂即宣告流产，孙中山匆匆出走香港，陆皓东等志士被捕就义。

孙中山遭到清廷通缉，自香港远走日本。事后，陆皓东的侄儿陆灿护送孙中山的母亲、妻儿至茂宜岛。孙眉担负了照顾母亲和弟媳一家的责任。但是杨太夫人对小儿子孙中山十分失望，她无法理解孙中山为何放弃了优渥的医生工作，去从事那些危险的事业，使得一家人不得安宁。此时，孙眉坚定地支持弟弟，他告诉母亲，孙中山所做的是为全国人民谋幸福的大事。

主义相交错　日久见人心

孙中山全家在檀香山合影

孙中山在横滨组织兴中会分会后，由日本来到茂宜，终于见到分别许久的家人。他向孙眉解释这次起义失败的原因，希望得到兄长的理解，结果反倒是孙眉劝勉弟弟不要气馁，切莫改变志向，这也坚定了孙中山的信心。

虽然孙中山的信心很快恢复，但华侨群众的情绪一时之间很难“再起”。

孙中山环游夏威夷诸岛，宣传革命，筹集军费，然而各地反响甚微，革命活动陷入僵局。孙眉又劝弟弟，先向他处发展，打开新的局面，建议他到旧金山去活动。孙中山采纳了，遂有其美国大陆之行。

出乎意料的是，美国大陆的华侨风气闭塞，更甚于檀香山。孙中山由旧金山登陆，横穿大陆，至大西洋西岸的纽约，沿途演说祖国危亡、清廷腐败、民族改造，每地听众不过十数人而已。美国之行的最大收获是偶遇他在香港西医书院的老师康德黎，康德黎听说孙中山有欧洲之行，约孙到伦敦后去找他。

孙中山的旅行演说在美国华侨中影响甚微，却引起了清廷驻美使馆的注意，孙中山索性前往伦敦拜访康德黎。清廷驻美使馆通知驻英使馆，孙文已往英国。当孙中山经过漫长的旅程出现在伦敦时，清廷的搜捕网也开始收紧，最终，孙中山被伦敦的清使馆所拘捕，他通过使馆仆人柯尔向外界求救，幸运地通知到康德黎。为拯救他的学生，康德黎迅速在伦敦社会各界运动，发动舆论媒体对英国政府和清使馆施加压力，孙中山在被拘禁 13 日后获释。孙中山重获自由后致函伦敦各报，对英国政府和报界的帮助与同情表示感谢，通过媒体的详细报道，孙中山的大名传遍全球，其革命者、改革家的形象由此树立，连檀香山的中英文报纸都报道了此事。可以说，伦敦蒙难事件正是孙中山获得全球知名度的起点。

孙中山在海外宣传革命，固然步履维艰，而清廷遭到国际舆论压力，企图使出招安的手段，派出伍廷芳通过孙眉和驻日公使李盛铎，试图收买孙中山，但均遭到拒绝。孙眉不仅不为所动，且以“石敬瑭”“吴三桂”斥之。

1899 年，康有为在加拿大成立保皇党，其与革命党人的关系势同水火，但他的弟子梁启超在东京却与孙中山相与甚欢。是年年底，梁启超由东京赴檀香山，还请孙中山为其铺路，孙中山一向磊落坦荡，爽快地为他写了一封介绍信，引见给兴中会的重要成员们。

当梁启超到达檀香山，手持孙中山的介绍信，自然无往而不利。很快，檀香山的兴中会会员大多成了保皇会的会员。梁启超前往茂宜岛拜访孙眉，孙眉更是热情周到。在这位维新人物的劝说下，孙眉也加入了保皇会，并命儿子孙昌、侄子孙科拜梁启超为师，还让孙昌随梁启超赴日求学。

当孙中山在日本听闻梁启超的所作所为，难以相信梁竟是如此背信弃义之人。他写信怒斥梁启超，并劝说孙眉等人勿为所愚，无果。孙中山由日本横滨抵达檀香山，发现檀香山兴中会的阵地渐被保皇党所夺。孙中山与梁启超有关两派合作之事，也走向末路。

当康、梁师徒敛财真相暴露，信用消失，许多华侨逐渐认清了保皇派的真面目，大多数曾深受梁启超欺骗的兴中会会员，也日益觉醒，孙眉也十分懊恼，随即召回在日读书已经一年的孙昌。

然而保皇派的势力在旧金山仍然强大，孙中山继续与保皇势力做斗争，孙眉也认为要对付保皇派，必须有庞大的组织和力量，而美国大陆华侨力量是不容忽视的。他向孙中山建议两件事，第一件事是主张孙中山加入洪门。洪门在中国是一个秘密的组织，由三合会演变而成，它的宗旨是“反清复明”，它在美洲及南洋一带的华人社区都有组织，华侨为了保护自己的生存与权益，都纷纷加入洪门。在孙眉抵达夏威夷前两年，夏威夷的洪门组织已经建立，因此孙眉对洪门相当熟悉。夏威夷的洪门“国安会馆”，在檀香山正式登记入册。孙眉认为孙中山反清革命收效甚微的关键在于他没有参加洪门，洪门组织不但能帮助孙中山发动现有的海外力量，而且能保护他的生命安全。舅父杨文纳在檀香山经商多年，对洪门也很熟悉。他也力劝孙中山加入洪门组织，以壮大革命力量。时任洪门主席的钟木贤是孙眉多年好友，也是兴中会的骨干。钟木贤对会友说，孙中山革命目标中的“驱除鞑虏”，与洪门“反清复明”宗旨一致。于是获得了会众的赞成。1904 年 1 月 11 日晚，孙中山在檀香山国安会馆加入洪门，被封为“洪棍”。

第二件事，孙眉还建议孙中山加入美国国籍。当时美国正加紧排华，孙眉便建议弟弟领取檀香山的出生证，一是方便入境，二是防止保皇党从中作梗。在孙眉和杨文纳的帮助下，孙中山办理了檀香山的出生证，并且领到了美国岛居人民所持的护照。

当孙中山抵达旧金山时，檀香山保皇党已预先通知当地同党设法阻止其入境。那时美国正在举办博览会，清廷派溥伦参观博览会。美国政府为避免发生暗杀事件，便下令官员以孙中山持用错误文件为借口，将孙中山扣留 3 周。后孙中山急求旧金山的伍盘照，伍盘照当时是领事馆顾问，他通知旧金山的致公总堂龙头老大黄三德及干事唐琼昌等，仗义代请律师向美国政府抗争，经多方营救才令孙中山获释。

虎落平阳日　犹有壮心存

孙眉从弟弟求学期间起就在金钱上予以资助，对孙中山的革命事业更是倾其所有，家产几乎为之散尽，到了 1906 年 8 月 17 日，再也无以为继，夏威夷联邦区法庭正式宣布孙眉破产。此后，孙眉带着孙氏家族定居香港，而自己则完全投身到革命活动中去，成为弟弟的有力助手。

孙眉甫抵香港，得同盟会会员冯自由接待，寄寓在中国日报社内。为了让家人渡过难关，孙眉曾经亲自到河内找到弟弟，要求在财力上给点帮助。但

中年孙眉像

是，因孙中山正酝酿在钦廉、镇南关等地的反清起义，需款正急，实在是有心无力。见弟弟如此“抠门”，孙眉只好向别人借了一笔钱，带着全家在九龙租屋而居。此时，孙中山的老朋友陈少白因数年协助富商陈赓如、杨西岩等反对粤汉铁路官办，获得酬劳费九千元，买下了香港九龙牛池湾十数亩荒地。

孙眉便与陈少白商量，想要买下荒地的一半来开辟农场，等到檀香山的家产变卖款项汇到再偿还地价，陈少白答应了。孙眉和杨德初及其他乡人一起，搭建猪舍、鸡棚，养鸡养猪、种瓜种菜，不管是泥工、土木，还是缝纫针线诸等琐事，都亲力亲为。此年孙眉已岁过半百，但他仍像初到檀香山创业那样，抱持信心，不怕艰苦，充满斗志。他希望把农场经营好，使母亲和家人能赖以维持生活，甚至可以为革命捐输经费。

然而，孙眉最终收到家产变卖的款项仅够支付诉讼费、律师费及其他欠款。陈少白知道以后，不但不给予通融，反而紧紧追讨欠款，令孙眉十分生气，想到当年支持陈少白办报，自己多次无偿捐赠，便愤愤地对陈少白说：“君办理《中国日报》时，吾得舍弟信曾汇款助君多次，今君乃忍以戋戋之数相逼耶?”陈少白为孙眉的气势所震慑，却未能释怀。他对陈景华、冯自由说：“弟是华盛顿，兄是拿破仑；华盛顿，可容易商量，拿破仑则真无法应付耳。”后经冯自由从中斡旋，双方才得以和解。

那时，革命党人发动的广东潮州黄冈、惠州七女湖、云南河口起义相继失败，起义人员撤到香港，再转南洋等地，孙眉肩负着中途的接济工作。同盟会会员居正因河口起义失败，逃到香港，得孙眉帮助，找到了革命党人何畏，又得何畏资助舟资，逃亡新加坡。居正在他后来的回忆录里说：“余于戊申由香港走新加坡，与眉公同船，见其魁伟豪爽，肃然起敬。公同行梁某能普通话，因此通问。公谓在檀香山茂宜岛，如何开垦如何成就，对总理如何资助，如何促成，大有光武乃兄之概。”①

1908 年，光复会首领陶成章来到南洋，要求孙中山为他筹款回浙江发动

① 居正：《梅川日记》，见居正：《居正文集（上册）》，武汉：华中师范大学出版社 1980 年版，第 119 页。

起义。孙中山因手头拮据，无款可助，没有满足他的要求。陶成章对此十分不满，便在华侨中散布谣言说：“孙某以运动革命之名，捐钱到他家里去了，他家里已经发大财了。”

一时间满城风雨、谣言四起。孙中山致函吴稚晖，澄清革命生涯中的募款之事，力言乃兄多年赞助革命，至于破产。不明真相的华侨暗地调查，发现孙家非但未因革命而发财，反而为革命事业散尽家产，陷入贫困。流言就此被终结。

兄弟齐上阵　其利可断金

1910年，在后人看来这是革命胜利的前夕，对时人而言却是黎明前最黑暗的一刻。

年初，孙中山再赴檀香山，将原兴中会机关改造成同盟会，并设秘密团，吸收那些不便公开入会的华侨。当时，孙中山正在设法筹款送侄儿孙昌回国，不料突然接到孙眉来电，获悉母亲病重，急需钱款，顿时让他难以兼顾。

革命党人内部的矛盾仍未消弭，也让孙中山很是头疼。当他赶到东京，与长兄孙眉一起借住在友人宫崎寅藏的家中。谭人凤、宋教仁前来磋商党务，面对宋教仁的质问，孙中山激动地说：“党员攻击总理，无总理安有同盟会？经费由我筹集，党员无过问之权，何得执以抨击？”但在面对兄长的时候，孙中山却始终保持着隐忍、谦谨的态度。据宫崎寅藏的夫人回忆：“不知道为了什么事，孙德彰（孙眉）先生在大骂孙中山。孙中山被乃兄责骂，一言不发，一直默默地在恭听乃兄的话。个性很强的孙先生，也有这一面，这个事实使我非常地感动。”①

当兄弟二人终于坐上前往香港的客船，却又遭到香港政府的阻挠，孙中山被禁止登陆，最终只能在船上与母亲相见，而这一别便是永诀。

1910年7月19日，杨太夫人去世，一家人各奔东西。卢夫人偕陈粹（瑞）芬带着两个女儿离开香港，到马来亚庇能投奔孙中山。而孙眉则因运动劳工入党，引起了清廷的注意，清政府买通当地探长，试图抓捕孙眉，幸得友人通风报信，找到美国领事，声明孙眉乃美国籍人士，这才脱困，结局是孙眉被香港政府驱逐出境。

孙眉离开香港，辗转于东南亚。1910年11月13日，孙眉出席庇能会议，

---

① 宫崎槌子：《我对于辛亥革命的回忆》，见尚明轩、王学庄、陈崧编：《孙中山生平事业追忆录》，北京：人民出版社1986年版，第768－769页。

参与策划次年的广州起义，计划策反新军，组织“选锋”队，广州得手后，以为根据，兵分两路进行北伐。

随后孙眉便潜入内地，迁居于广州湾，化名黄镇东，开了一家名为“三泰利号”的店铺，以此为联络处，宣传革命，招募高雷土人入会。而孙中山则前往欧洲，兄弟二人再度分别。据孙科回忆，南路革命军完全归孙眉联络。[①] 从此，他完全投入革命工作中，从革命的支持者变成了一位革命追随者。

革命暂成功　举贤要避亲

1911 年 10 月 10 日，武昌起义爆发。各地革命党人群起响应，清军丢盔弃甲，转眼间就失去了半壁江山。一个月后，广东也宣布独立，各路民军进驻广州城，组建军政府。当时胡汉民领了都督大印，陈炯明为副都督。12 月下旬，胡汉民随由欧洲返回的孙中山北上南京，参与组建临时政府之事，广东都督由陈炯明代领。

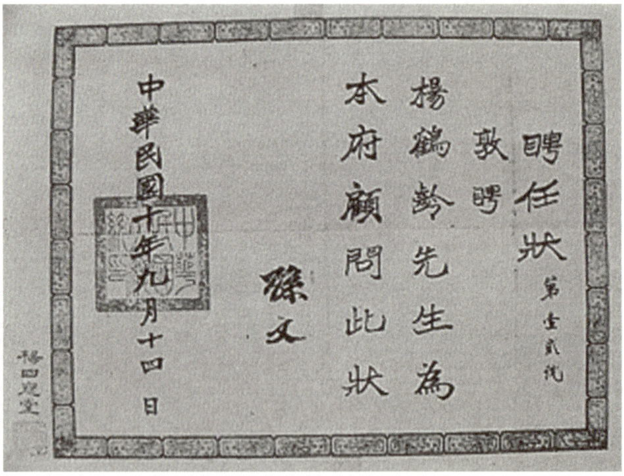
聘任狀
第壹貳號
敦聘
楊鶴齡先生為
本府顧問此狀
孫文
中華民國十年九月十四日

孙中山给杨鹤龄的聘任状

当年 12 月 29 日，孙中山当选为中华民国临时大总统，并于 1912 年元旦正式就任。革命党人与广大民众欢欣鼓舞，也有许多亲朋故旧开始为“名利”二字积极奔走，如孙中山的老友杨鹤龄、尢列等人即是如此。

① 吴任华编撰：《孙哲生先生年谱》，台北：正中书局 1990 年版，第 450 页。

由于利益分配的矛盾，以及裁撤民军过程中的冲突，有一部分华侨、同盟会会员对胡汉民、陈炯明十分不满，甚至倡议恢复旧兴中会。在各种压力下，代理广东都督陈炯明一再提出辞职，广东各界很多人要求孙眉出任广东都督，孙中山竟一连收到一百多封类似如此请求的电报和信件。一时群情高涨，连教育总长蔡元培也热衷此议。

平心而论，就孙眉的资历和德望，民国肇建，受都督一职，并不出格。然而，孙中山以国事为重，反对任人唯亲，并考虑孙眉不适合从政，所以坚决加以劝阻。他在复广东各团体并各报馆电中讲道："广东各界团体并送各报馆公鉴：连接各界议举家兄为粤督之电，文未作答，非避嫌也。家兄质直过人，而素不娴于政治，一登舞台，人易欺以其方。粤督任重，才浅肆应，决非所宜。若为事择人，则安置民军，办理实业，家兄当能为之。与其强以所难，将来不免覆餗，何如慎之于始！知兄者莫若弟，文爱吾粤，即以爱兄也。"①

同时，他亲自致电孙眉，加以劝阻："孙寿屏大哥鉴：粤中有议举兄为都督，弟以为政治非兄所熟习。兄质直过人，一入政界，将有相欺以其方者。未登舞台，则众人属望，稍有失策，怨亦随生。为大局计，兄宜专就所长，专任一事，如安置民军、办理实业之类，而不必当此大任。且闻有欲用强力胁迫他人以举兄者，以此造因，必无良果，尤不可不避也！"②

一开始，孙眉对此很想不通，他与失意军人黄士龙等数十人前往南京，不仅痛言让位袁世凯之失策，并且指摘胡汉民、陈炯明二人在广东施政的不当。但孙中山不为所动，他在大是大非上一向有超人的坚持。

当孙中山卸任临时总统，返回家乡之际，孙眉又到广州去争取。孙中山对兄长婉言相劝，并推心置腹地讲出自己的苦衷，希望兄长能够体谅。孙眉毕竟是深明大义之人，于是欣然放弃，并在《民生日报》上发表宣言，与"扶正同盟会"之徒撇清关系。

此后，孙眉迁居澳门，不问政事。但在二次革命期间，他仍然竭力协助乃弟，直至 1915 年 2 月 11 日病逝，享年 61 岁。

余　音

孙氏兄弟二人并肩战斗十数年，创下不磨的革命功业，如今回眸这段历

---

① 广东省社会科学院历史研究室、中国社会科学院近代史研究所中华民国史研究室、中山大学历史系孙中山研究室合编：《孙中山全集（第二卷）》，北京：中华书局 1982 年版，第 113 页。

② 广东省社会科学院历史研究室、中国社会科学院近代史研究所中华民国史研究室、中山大学历史系孙中山研究室合编：《孙中山全集（第二卷）》，北京：中华书局 1982 年版，第 114 页。

史，我们或许可以这样总结：

从 1871 年到 1894 年，这 23 年间，孙眉作为长兄，是孙家的顶梁柱，孙中山在长兄孙眉的羽翼下成长，但其鸿鹄之志已经显现，鲲鹏振翅，真有不可羁勒的气象。

从 1895 年到 1910 年，这 15 年间，孙中山成长为中国革命事业的领路人，而孙眉则自觉地从兄长的角色转变为辅佐的姿态，出谋划策，有求必应，成为乃弟最坚实的后盾。

从 1911 年到 1915 年，这 6 年，可以说，孙眉从一个革命的支持者完全变成了革命的实干家。

孙中山的理想、气魄、意志、精神高山仰止，有时不免令身边的同志难以理解，就连孙眉也有想不通的时候，但兄弟之情与同志之谊总能斩断迷惘，可惜孙眉早逝，孙中山也在北伐前耗尽了心力，他们都长眠于自己对革命最美好的期盼之中。

爱国以命　爱党以诚

——邓荫南与孙中山

郭小兵

邓荫南像

邓荫南（1846—1923），一位在乡村生活了二十多年的青年，生活艰辛而又乏味。忽而一阵风吹来，他与胞兄邓灿抱着憧憬般的“金山梦”，跟随着一班同乡，踏着险恶的波涛，远赴檀香山“玩命”。在稍有积蓄之后，他开始经商，日子逐渐惬意起来，在早期赴檀闯荡的华侨中，他算得上颇有家业的成功人士了。基于中国古来嘤鸣友声之传统，也因为经历与成就的异曲同工，邓荫南与孙中山的哥哥孙眉成了很好的朋友。

1894 年 11 月底，孙中山到檀香山创建兴中会的时候，邓荫南已经 48 岁，他毅然响应比他小 20 岁的孙中山的号召，加入兴中会，任该会八值理之一。从此，他一发不可收，很快就像“着了魔”似的变卖了家产，回国投身民主革命事业。难能可贵的是，邓荫南以临近“知天命”的年龄，只身追随孙中山 30 年，始终尽劳尽责，出生入死，无怨无悔，直至终生。

梦醒时分　心折檀岛

邓荫南，名松盛，字荫南、有相，号三盛，1846 年出生于广东开平县（今开平市）护龙乡。父亲邓善昆，为人正直，是一位普普通通的农民。在那个祖辈世居的小山村，邓荫南生活了二十多年，与同时代生活的中国人相比，艰辛单调，并无二致。成年后娶妻生子，在祖籍的土地上耕作一生，老来含饴弄孙，不出意外的话，将是邓荫南一生的宿命。

谁知这个时候，从海外传来了发财的好消息，一批开风气之先的广东人下南洋、闯美洲，与苦难的命运做抗争，这些人当中不乏因“走出去”而成就一番事业的典型。20 岁出头，是不甘寂寞、敢于冒险的年华，心血来潮也好，被哪位出走掘出“金山”的大人物感染也罢，有一天，邓荫南与胞兄邓灿下定决心，走出故土，远赴檀香山谋求生计。从此，邓荫南告别往昔的“沉默”和“平庸”，开启了波澜壮阔的绚烂人生。

或许是读过几年书的缘故，邓荫南做事精细，有板有眼，并逐渐练就了魄力，经过几年努力，成为经营农场及糖业的大商人。他经营的榨糖厂，在生产季节能够为华工提供数千个就业岗位。邓荫南乐善好施，对困难华侨热心出手关照，在当地华侨中逐步树立了威信。在早期赴檀闯荡的华侨中，邓氏兄弟算得上佼佼者。缘于孙眉与邓荫南的关系，孙中山在檀香山求学时曾寄宿在邓开设的一家杂货店里。孙中山在专心学业的余暇，不辞辛苦，常常主动帮忙商店的大小活计，其一言一行不免给邓荫南留下良好印象。

1894 年，中日甲午战争开始，清军节节败退，中国人“天朝上国”的迷梦终于破碎，时论以为，“剪藩压境，辱国丧师，堂堂华夏不齿于邻邦，文物冠裳被轻于异族”。是年，48 岁的身为三合会①会员的邓荫南，“感祖国之危亡，慨然有澄清之志”②。在这大厦将倾的时刻，为拯救人民于水火，孙中山于同年秋来到檀香山，“拟向旧日亲友集资回国，实行反清复汉之举”。据冯自由后来回忆道：“其时华侨风气尚极闭塞，闻总理有作乱谋反言论，咸谓足以破家灭族，虽亲戚故旧，亦多掩耳惊走。”③ 经过孙中山奋力呼喊及孙眉的积极奔走，1894 年 11 月 24 日，孙中山召集邓荫南、李昌等 20 多名进步华侨在卑涉银行（Bishop Bank）经理何宽的寓所举行兴中会成立大会，通过了以“振兴中华，挽救危局”为宗旨的兴中会章程；选举刘祥、何宽为檀香山兴中会正副主席，李昌、郑金、邓荫南、黄亮、李禄、李多马、钟宇、林鉴泉为八值理；众会员响应孙中山的提议，填写入会盟书，并依次宣誓：“联明人某省某县人某某，驱除鞑虏，恢复中国，创立合众政府，倘有二心，神明鉴察。”邓荫南对孙中山的革命主张十分赞同，“心折之”。不久，又联络华侨陈天养、冯明、显德、邓合、伍于洽等 15 人加入兴中会。

檀香山兴中会成立后，革命力量发展并不十分顺利。孙中山事后曾经回忆

---

① 三合会系清初康熙年间郑成功所创的秘密团体洪门（即天地会）的一个支派，因它以“反清复明”为宗旨，所以被清政府严禁，查出是其成员就会杀头灭族。

② 邹鲁：《中国国民党史稿（下）》，上海：东方出版中心 2011 年版，第 1203 页。

③ 冯自由：《华侨革命开国史》，上海：商务印书馆 1948 年版，第 26 页。

说，兴中会成立后，“不图风气未开，人心锢塞，在檀鼓吹数月，应者寥寥，仅得邓荫南与胞兄德彰二人愿倾家相助，及其他亲友数十人之赞同而已”①。

兴中会成立后，除着手筹措经费外，孙中山在檀香山还组织华侨兵操队，邀请一位丹麦人充任南洋练兵教习，给会员传授一些军事训练知识，以便将来可能回国参加起义。见没有多少人响应，邓荫南以临近“知天命”的年纪积极报名参加，并满怀豪情地说：“我生平就喜好打猎，枪法准确得能从身后反身打中飞鸟百无一失。又能自制炸药，回国参加武装起义，是一把好手呢！”1895年初，中日战争形势恶化，大连、旅顺相继失陷，北京、天津危在旦夕，国内人心愤激，宋耀如从上海发函催促孙中山归国。孙中山感到机不可失，急于归国策划武装起义，但所筹款数不足敷用，心里非常着急。邓荫南了解这一情况后，不顾家人的反对，把其商店及农场尽数变卖，集得一万多元资金，全都交给孙中山以资革命，因此邓荫南是兴中会革命史上第一个真正做到“毁家纾难”的先进。鉴于邓荫南倾力支持革命的壮举，有学者称其为“华侨革命第一人”②。由于邓荫南、孙眉的捐献，孙中山回国发动广州起义的资金终于有了着落。

毁家纾难　屡败屡战

1895年1月26日，孙中山抵达香港，檀香山华侨邓荫南、宋居仁、侯艾泉、李杞、陈南等也先后来到香港，协助孙中山发动武装反清起义。到达香港不久，孙中山就与杨衢云、陈少白、陆皓东、郑士良等人会合，筹划创设香港兴中会，同时决定联合各地群众，扩大兴中会组织。

当时，香港有一个“新学”团体，叫辅仁文社，发起于1890年，正式成立于1892年，成员有16人左右。该社以“开通民智”“尽心爱国”为宗旨，其成员大多具有反清思想。在共同目标的鼓舞下，孙中山与辅仁文社创办者之一杨衢云联系，商讨共同组党事宜，杨衢云及一部分社员欣然赞成。这样，1895年2月21日，兴中会与辅仁文社合并为一，成立香港兴中会，总机关设在香港中环士丹顿街13号，对外称“乾亨行”，伪装成做买卖的样子。之所以取名“乾亨行”，是“盖取乾元奉行天命，其道乃亨之义，借避警探耳目”。

香港兴中会成立后，意味着孙中山发起的反清武装起义正式列入议事日程，1895年3月，孙中山、邓荫南等到达广州筹划起义事宜。他们在广州双

① 孙中山著，文明国编：《孙中山自述》，北京：人民日报出版社2014年版，第39页。
② 王劲、杨荣：《华侨革命第一人——邓荫南》，《探索》1994年第6期，第59－61页。

门底（今北京路）王氏书舍，设立兴中会广州分会，对外以“农学会”名义作掩护，联络各地绿林会党，转运武器弹药。又在双门底圣教书楼、东门外咸虾栏张公馆等地设立秘密分机关，作为收藏武器、印发文件及会员联络的地点。邓荫南全程参与广州兴中会的筹建，他频繁地奔走于香港、广州之间，参与联络、购买枪械的运作。筹备工作基本就绪之后，孙中山等计划利用重阳节（10 月 26 日）群众扫墓的机会，发动香山、顺德、英德的绿林会党，加上从香港回穗的同志，分五路袭击广州各重要衙署，一举攻占全城。不幸的是，因奸人告密，起义未遂即告流产，陆皓东、朱贵全、丘四等被捕后英勇就义。

起义失败后，清政府严密布防，大肆追捕起义者，邓荫南在返程途中就曾遭遇截拦。面对清军的盘查，他非常镇定，面不改色地辩称自己是“邓三”，并非邓荫南，得以脱身。事后，由于这次“虎口脱险”的经历和年纪最长的缘故，大家都称他为“邓三伯”。

首次起义失利，陆皓东等志士为革命抛下头颅，有人因此悲观失望，甚至脱离兴中会，而邓荫南“奋斗之志弗少衰”①。孙中山逃到香港不久，香港政府下令驱逐孙中山出境，孙中山和陈少白、郑士良决定远走日本横滨。离别前，孙中山深情地握着邓荫南的双手，叮嘱他留在港澳，观察国内动静，伺机再起。根据孙中山的嘱托和从长计议的需要，邓荫南在香港九龙青山屯门开办了一个农场，这个农场后来成为谢英伯、陈炯明等“支那暗杀团”成员避难和试验制造炸弹的基地。

1898 年，李立亭在广西举兵反清，邓荫南与九列、宋居仁闻讯，十分激动，立刻前往参加，刚刚赶到广西藤县，起义失败消息传来，他们只好折回香港。是年冬，邓荫南约日本友人宫崎寅藏在广州宝庆新街设东亚同文会，以争取日本开明人士同情和支持中国革命。东亚同文会成立后，邓荫南派人绘制了虎门、黄埔诸险要以及广州都署、巡抚衙门的地理位置图，并积极联络广东绿林首领区新、马王海等人策划革命活动。

1899 年，邓荫南与陈少白、李纪堂等在香港创办《中国日报》，从事革命的宣传活动。《中国日报》是兴中会创办的第一份机关报，也是中国最早宣传民主革命思想的报纸。

《中国日报》的早期宣传内容，其“火力”大致集中于以下几个方面：一是揭露和声讨清政府的腐败无能与卖国罪行，宣传反清和反对封建制度。二是宣传资产阶级的民权思想，介绍英国、法国资产阶级革命的历史，赞美民主共和，号召人民起来争取民主自由。三是宣传反帝救亡，谴责八国联军侵华、荼

① 邹鲁：《中国国民党史稿（下）》，上海：东方出版中心 2011 年版，第 1203 页。

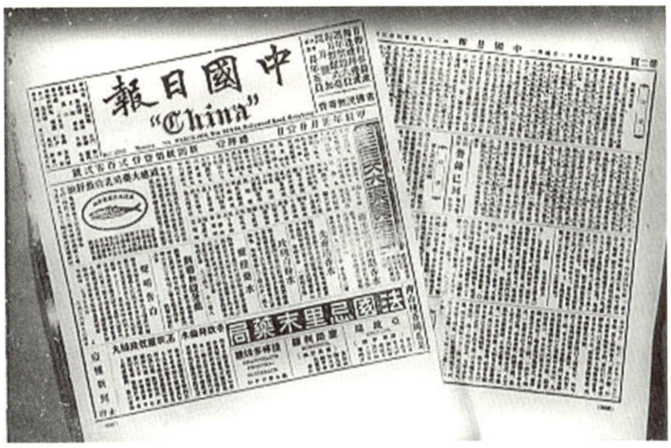
中國日報
"China"

《中国日报》剪影

毒京津的罪行，在1903年拒俄运动中较系统地揭露了沙俄侵华的野心，号召人民起来救国。四是批判保皇派，1903年由洪全福等策划有革命党人参与发动的广州起义失败后，广州保皇派报纸《岭海报》趁机诬蔑，《中国日报》坚决驳斥，论战月余。《中国日报》在海外风行一时，被誉为“宣传革命之急先锋”，对鼓动革命风潮有凿山开道之功。

1900年，以“扶清灭洋”为宗旨的义和团运动在华北平原上风起云涌，慈禧太后因担心西方列强扶植光绪皇帝掌权，对义和团在天津和北京的发展采取默许的态度，企图利用义和团反对外国势力。1900年6月，当八国联军出兵镇压义和团运动时，清朝统治集团陷入了混乱，东南各省的一些督抚，如刘坤一、张之洞等人认为清政府有面临垮台的可能，遂打算另寻出路，依靠列强实现自保，搞起了“东南互保”。当时，李鸿章任两广总督，省港一些人拟推动李鸿章搞“两广独立”。他们联名致函香港总督，请其与李鸿章协商，促李氏宣告“独立”，不再听命于清政府，同时电邀孙中山回国共同组织新政府。当时孙中山远在日本横滨，他尽管“颇不信李鸿章能具此魄力”，但又认为“此举设使有成，亦大局之福，故不妨一试”①，因而委托陈少白与邓荫南私下与李鸿章方面接头，以促成此事。李鸿章对革命党人的“独立”计划未作表态，暗中派幕僚刘学询与陈少白联系，商讨具体合作事宜。这便是所谓“孙李合作”，李方计划以此牵制孙康合作反清。因八国联军侵占北京，“两宫西狩”，西太后在流亡途中，下旨彻底铲除义和团，恢复李鸿章直隶总督兼北洋大臣职务，并指定其为议和全权代表同列强谈判。再获重用的李鸿章转而奉旨北上，代表清政府同列强议和，“两广独立”一事也不了了之。

1900年7月，孙中山由新加坡返日本，由于香港当局禁止其在香港上岸。18日晚，孙中山只好在轮船边一条小船上召开会议，把领导策划反清起义的重任委托给郑士良、邓荫南等人。会议决定由郑士良赴惠州发动起义，邓荫南、史坚如在广州组织起义和暗杀进行声援。会后，邓荫南率苏焯南、吴羲如、练达成等兴中会会员回到广州做革命准备。为了安全保密，他们在西关

① 冯自由：《中华民国开国前革命史（上编）》，上海：上海书店1928年版，第59页。

街、城内后楼房等设立机关，还雇了一艘大花舫往来于江面，作为运筹指挥机关。苏焯南的家住在黄埔临海，为香港轮船入广州必经之处，便由他负责从港轮上卸下武器秘密运往广州。吴羲如在清军中当营弁，由他负责发动防营士兵反正。孙中山为支援邓荫南工作，派英国朋友摩根到广州进行支援。邓荫南安排摩根常住大花舫上，有了这位外国人作幌子，警吏再也不敢登船搜查。吴羲如还以外宾参观名义，带领摩根出入清军驻地和炮台要塞，进行侦察、联系，清军守卫亦不阻拦。

1900 年 8 月，革命党在清军、会党中的策动、联络工作次第就绪，由于枪械运输未至，起义不能发动，革命形势一度出现迷惘。邓荫南、史坚如极力劝慰、斡旋，使准备起义的各方力量稳定下来。10 月 8 日，惠州起义爆发于归善（今广东惠州市惠阳区）三洲田，革命军连获大捷，队伍很快发展到 2 万多人。清政府一下慌了神，派遣大批清军前来围剿，革命军后方接济困难，弹尽粮绝仍坚持与清军奋战。邓荫南、史坚如闻讯十分焦急。但苦于广州起义发动条件未成熟，急切中发难不免自投罗网，只有“围魏救赵”，或可缓解惠州革命军的困境。因此，他们决定在广州组织暗杀当时广东的军政要员。

说干就干，邓荫南当即拿出一大笔钱，令苏焯南、黎礼购买了一批炸药，布置黄福谋炸广州将军署，李植生炸陆军提督郑润材，史坚如亲自炸署两广总督德寿。史坚如在督署附近租了一间民房，在宋少东夫妇的协助下，挖掘地道十多丈直通地下，并安放炸药。10 月 28 日清晨，史坚如点燃了炸药，将围墙炸塌十数丈，但德寿并未被炸死。当天，史坚如跑到爆炸现场观察情况，引起官方注意，招致被捕，壮烈牺牲。孙中山在《建国方略》中称誉史坚如“为共和殉难之第二健将”[①]。惠州起义失败后，邓荫南以及参与密谋广州举事的革命者先后避居香港、澳门。

1902 年，邓荫南与洪全福、李纪堂、谢缵泰等，再次密谋在广州举事。他们推选洪全福[②]领头举旗号召，定国号为“大明顺天国”，所奉宗旨与兴中会相同，决定起义成功后，迎孙中山回广州，成立共和政府。同年底，起义筹备工作基本就绪，定于 1903 年春节趁广州政府文武官员在万寿宫举行庆祝时聚而歼之，然后占领各府署。他们还派人联系惠州、香山、东莞等地同志同时起义，以牵制清政府水陆援军。岂料弦满待发之际，起义计划被清朝广州当局侦查出来，一番艰辛谋划，又是无果而终。

---

① 孙中山：《建国方略》，见广东省社会科学院历史研究室、中国社会科学院近代史研究所、中华民国史研究室、中山大学历史系孙中山研究室合编：《孙中山全集（第六卷）》，北京：中华书局 1985 年版，第 235 页。

② 据传洪全福系洪秀全从侄，17 岁参加金田起义，曾被洪秀全封为瑛王、“三千岁”。

1905年8月，中国同盟会在日本东京成立。孙中山特地写信给“耳顺”之年的邓荫南，布置他和兄长孙眉在香港发展同盟会组织。邓荫南接信后，在九龙22号设立机关，联络志士仁人入会。此后，邓荫南因年迈体弱不宜亲自奔走内地，便将精力倾注于经商和办理农场，在香港以青山农场为秘密基地，筹款支援同盟会在内地准备的武装起义。黄兴、胡汉民、汪精卫、朱执信等人曾在邓荫南的农场内筹划反清革命行动。

孙中山为邓荫南题词（1907年）

1910年初，邓荫南积极响应孙中山筹划广州起义的号召，多方组织人员参与广州新军起义。次年新军举义事败，清政府四处缉捕革命党人，邓荫南率众撤回香港，并且在稔湾搭建篷屋，收留新军士兵在此暂住。不料，安置新军之事为香港英国殖民当局探知，邓荫南被勒令立即离境，便只身赴澳门投靠朋友，到邓伟臣的医馆内寄住。香港一位律师得知邓荫南的英勇事迹后，据理替他辩解，强调“此系种族革命，与香港政府无关”，香港政府当局终于在一个月后撤销该禁令。

邓荫南回香港后，选择在稔湾继续为再次起义做准备，他以铁枝和砖头建成一座两层高的碉堡，以备长久防守和瞭望清兵动向。在碉堡旁，他建起一个小型工厂，重操檀香山旧业，经营榨糖和舂米，以供养避居此地的革命党人。还在碉堡前不远处，建立一座小码头，不时以小火轮运载米粮，接济预备起义的人员。

为配合黄兴、赵声指挥的1911年的广州起义，邓荫南在香港亲自为“选锋”队员（敢死队员）筹款，购买手枪。

邓荫南在稔湾默默留守，暗中为革命串联，秘密策动，直到武昌起义成功，及至北上广东组织北伐军支援革命事业。岁月沧桑，百年岁月远去，稔湾白泥碉堡依然屹立，是为香港目前唯一尚存的与辛亥革命历史相关的历

香港稔湾白泥碉堡

史建筑之一。

从1894年入盟兴中会开始，邓荫南矢志追随孙中山革命，及至1895参加策划广州起义，他为推翻清朝封建统治，奔走于省港澳之间，投身反清武装斗争十余年，屡次受挫，义无反顾，革命意志丝毫没有减弱。美国学者史扶邻在《孙中山与中国革命的起源》一书中高度评价道："邓荫南在孙中山的几次密谋活动中扮演了重要角色。"

老而弥贞　奋斗不息

1911年10月10日，武昌起义爆发，全国各省纷纷独立，举国上下，一呼百应。时年66岁的邓荫南，得知起义成功的消息非常兴奋，他急急丢下香港事务，积极投入"光复"广东的斗争。在很短的时间内，他于宝安县组织了3 000多民军，指派宋居仁的长子宋绍殷率20多名敢死队员闯进宝安县衙。宋绍殷对知县说："孙中山、邓荫南派我来此，你不要顽抗。"宝安知县慑于邓荫南的声威，遂双手交出县印信，民军兵不血刃"光复"了宝安县。随后，邓荫南又派五百民军进攻东莞县城，协同当地民军消灭了清军。在各省"光复"洪流的推动下，同年11月9日，粤督张鸣岐"同意"了粤省各界关于独立要求，广东宣告"和平独立"。广东军政府成立，邓荫南被委任为宝安民军总监督，不久，又担任开平县民团总长。1912年民国政府成立，邓荫南迁居广州。他考虑到国家的建设将会逐渐走上正轨，为响应孙中山的号召，准备着手一些实业建设。岂料，袁世凯继任临时大总统后，不断排挤打击革命党人，暗杀革命党的重要领导人宋教仁，逐渐暴露出假民主真专制的面目。1913年7月，孙中山发起二次革命讨袁，广东革命党人宣布独立，声援讨袁运动。二次革命失败后，袁世凯任命龙济光为广东都督兼民政长，在广东大肆迫害参与反袁的国民党人。形势急转直下，邓荫南被迫回到香港。尔后，一些革命党人在组织民军参与护国战争、护法战争以及逐桂系军阀莫荣新时，都以邓荫南的名义为号召。

1920年8月，粤军陈炯明奉孙中山之命自福建漳州回师广州，驱逐桂系军阀莫荣新，邓荫南也编练义勇队积极响应。桂系部队退出广东后，孙中山返回广州，于1921年5月5日，第二次在广州建立革命政权，任中华民国非常大总统。孙中山在建立政权后并没有忘记老朋友，6月14日，孙中山颁布大总统令，任命邓荫南为总统府参议。次年1月10日，邓荫南又被任命为内政部农务局局长。不久，邓氏又出任东莞县县长、开平县县长。他在县长任上为官清廉，采取各种手段镇压匪乱，营造良好的社会秩序，深受百姓爱戴。

1922 年 4 月 5 日邓荫南发给杜澄乡保卫团的命令

1922 年 6 月 16 日，粤军总司令陈炯明部兵变，举兵围攻孙中山的总统府。孙中山事先得到消息，登上永丰舰，率海军讨逆，并电令北伐军回师靖乱。邓荫南得知情况后，立即筹款一万多元，送给正在指挥平叛战斗的孙中山，并在开平起兵参加平叛，声援北伐军回师讨陈。

同年 8 月，孙中山离开广州前往上海。已经 77 岁高龄的邓荫南，亲自到上海拜见孙中山，这次拜见也成了邓荫南与孙中山的最后一次会面。患难情谊，心照不宣。孙中山委托邓荫南回澳门组织军队讨伐陈炯明。邓荫南回到澳门后，召集华侨会议，成立了华侨炸弹决死队，任命黄大汉为队长，筹划谋杀叛军将领。同时派李新回广州指挥敢死队，在陈炯明部下军官经常出没的地方设放炸弹。在邓荫南等人的布置下，一天，西濠酒店、亚洲酒店、东亚酒店、鸿安客栈、粤汉车站、晨钟报社、东桥脚七处一齐发生炸弹案，产生了一定的社会影响。

1923 年春，邓荫南忧愤国事，积劳成疾。病床上的邓荫南，骨瘦如柴，气若游丝，为中国革命奋斗半生的他再也走不动了，但他仍时刻关注孙中山和革命发展的动态，心中所想，无时不是革命之事，无事不与孙中山相关。临终时分，他嘱咐儿子们，自己死后一定要和兴中会的同志们安葬在一起。2 月 5 日，邓荫南在澳门逝世，享年 78 岁。弥留之际，邓荫南谆谆告诫床前的儿孙要追随孙中山完成自己未竟之事业，家庭的事却一句也没有提及。

邓荫南逝世噩耗传来，身在上海的孙中山悲痛不已，面对邓荫南遗像亲笔题词："爱国以命，爱党以诚，家不遑顾，老而弥贞，载瞻遗像，犹怀友声。"[①] 并以大元帅名义发出《追赠邓荫南令》，指出："邓荫南为国尽瘁，老而弥坚；今忽溘逝，殊深震悼。邓荫南着授陆军上将，并给银一千元治丧，所

① 据《题邓荫南遗像》，见秦孝仪编：《国父全集（第九册）》，台北：近代中国出版社 1989 年版，第 614 页。

有应行议恤事宜，大局底定，即由陆军部从优拟议。此复。”①

1923 年 10 月，根据邓荫南遗言，兴中会元老陈少白、宋居仁、钟荣光、黄隆生、宋少东等前往澳门，与邓荫南长子邓植卿将邓氏遗骨运回广州。孙中山下令广州市政府在东郊大宝岗拨给坟地（今广州市先烈南路青龙坊）安葬邓荫南。墓碑镌刻孙中山亲题“陆军上将邓荫南之墓”。墓后建立了一座高 10 米的花岗石纪念碑，上书“邓上将荫南纪念碑”。墓侧竖有胡汉民亲撰的墓志，记录了邓氏毁家纾难、不屈不挠的革命壮举。

邓荫南墓园（今广州市越秀区先烈南路 25 号）

① 中山大学历史系孙中山研究室、广东省社会科学院历史研究室、中国社会科学院近代史研究所中华民国史研究室合编：《孙中山全集（第七卷）》，北京：中华书局 1985 年版，第 152、155 页。

毁家纾难 “革命圣人”

——张静江与孙中山

吴昌稳

张静江像

1950 年 9 月 3 日，民国元老张静江在纽约寓所去世。蒋介石闻讯后哀恸不已。9 月 16 日，国民党中央党部在台北设灵堂公祭，灵堂之上悬挂着蒋介石亲手书写“痛失导师”四字挽词。是日，蒋介石臂佩黑纱主祭，身后站着一班逃至台湾的国民党元老和党政要人，灵堂内外哀乐回旋，草木含悲。这位被孙中山先生称为“革命圣人”“中华第一奇人”的张人杰生前传奇，死后备极哀荣。

南浔古镇　纨绔少年

张静江（1877—1950），谱名增澄，又名人杰，字静江，别署饮光，浙江湖州南浔镇人。说到南浔，这个距离上海百余公里的江南小镇，因盛产蚕丝而声名远播。鸦片战争以后，清政府开放上海等五口通商，湖州蚕丝大量外销，南浔镇上从事湖丝贸易的商家因此大获其利，涌现了著名的区域商业团体——南浔商帮。当时，清朝政府每年的总收入为七八千万两白银，南浔商帮的总资产与之相当。同时的晋商、徽商的资产各为 1 亿两左右，南浔以一镇之实力，几乎可以媲美晋商、徽商，南浔商帮的经济实力可想而知。在湖州，民间形象地以“四象八牛七十二黄金狗”来称呼南浔商人中的巨商大贾。所谓“象”，一般是指家产在 100 万两白银以上者，50 万两以上者称为“牛”，10 万两以上者称为“狗”。张静江就出生于实力最雄厚的“四象”之一的张家。当时，张家在“四象”当中排名第二，资产超过 1 500 万两。

张静江家族的资产积累始于其祖父张颂贤。张颂贤早年经营湖丝贸易，在南浔、上海分别开设恒和丝行，一收一买之间，因经营得当，发家致富。后来，太平天国运动席卷江浙地区，官方授权的食盐包销凭证——盐引价值大跌，浙江杭州大盐商朱恒源手握 10 万张盐引急于出手，张颂贤以超人胆识将其手中盐引以 10 万两白银收进。4 年后，太平天国运动失败，清政府恢复食盐专卖制度，此时张颂贤收购的盐引价值增长 20 倍至 200 万两，从而使张家的资产完成了一次惊险的跳跃性增长。在盐务上赚得盆满钵满的张颂贤继续扩大经营业务，创办了酱园、绸缎铺、当铺，又经营钱庄，从事金融业务和地产等，生意越做越大，领域越来越广。清光绪十八年（1892），张颂贤去世，家产一分为二——张静江的堂哥张石铭继承“南号”，张静江的父亲张宝善继承“东号”。

张宝善是张颂贤的二儿子，娶了同为南浔“四象”之一的庞家庞云曾的女儿，并育有七子，张静江是他们的第二个儿子。1877 年 9 月 19 日（农历八月十三日），张静江出生于南浔镇宝善街外祖父家。幼年的张静江，和一般小孩一样，活泼好动，甚至有点顽劣。7 岁时，入家塾读书，跟随塾师学习四书五经，学习制艺，踏上传统科举之路。少年时他特别喜欢养马，学习之余策马扬鞭，穿梭于南浔的大街小巷，人皆以纨绔子弟视之。

张静江与家人合影，中坐者为张颂贤，左一为张宝善，右一为张静江

南浔张静江故居尊德堂，现为全国重点文物保护单位

清光绪二十二年（1896），张静江虚岁20岁，父亲为他花钱捐了一个候补道员。在这前一年，清政府因甲午战争失败被迫和日本签订了不平等的《马关条约》。再前一年（1894），孙中山在檀香山建立了革命团体——兴中会，开始探索国家救亡图存的道路。

此时，20岁的张静江，还在南浔过着少爷生活，偶尔往来于南浔、上海之间，无人知道他内心如何自处、如何期许。但是，这一年对张静江个人而言非常重要。他因为患病，骨痛如噬，坐立难安，最终落下了腿脚残疾，并偶尔反复。这也是张静江的存世照片基本上都是坐姿的缘由。这一年年末，他与山东学政姚丙然之女姚蕙喜结连理。按照中国传统，成家是一个男人走向成熟的标志，成家立业是男人一生当中最重要的两件事。

光绪二十七年（1901），经过八国联军一役，清政府不得不和列强签订丧权辱国的《辛丑条约》，清朝两百多年的统治摇摇欲坠。跟随岳父姚丙然，张静江第一次前往北京，当时京城上下正在轰轰烈烈地进行着新政改革。一天晚上，张静江随岳父一起参加姚丙然进士同年黄思永的宴请，结识了姚黄二位的座师、晚清重臣李鸿藻之子李煜瀛（字石曾）。二人年岁相仿，见解相似，遂结为莫逆之交，其后共同襄助孙中山从事革命事业，都被党内同志尊为同盟会“四大元老”（张静江、蔡元培、吴稚晖和李石曾）之列。

一面之交 肝胆相照

张静江北京之行结束后回到南浔。其间，张静江得知李石曾要随清政府驻法公使孙宝琦一行出使法国，羡慕不已，遂请李石曾帮忙说项，让他也一起随使。李石曾经过多方活动，终于达成张静江的愿望。

1902年，张静江、李石曾以随员身份，随孙宝琦出使法国。10月14日，轮船从上海驶出，两人在船上会合，前往法国。一路之上，畅叙别情，共话未来。1个月后，轮船停靠马赛港，之后一行换乘火车并于12月17日抵达巴黎。

使团抵达巴黎后，稍作休整，有出使任务的履行国家使命，无出使任务的如李石曾、张静江等亦各谋出路。李石曾出身官宦世家、书香门第，来法自然以求学为宗旨。李氏先是入蒙达顿莪农校学习自然科学，毕业后又考入巴斯德学院及巴黎大学学习。

张静江自小在营商环境里成长，身体里流淌着商人的血液。来到法国，他深入街巷市肆，接触工商贸易，寻找商业机会。1903年，经过1年多的考察和深思熟虑之后，他打算成立一家从事销售中国商品的公司。为了成就一番自己看好的事业，他决定回国向亲朋好友详细介绍公司经营业务和商业前景并向他们集资招股。张静江回国后，四处拜会亲戚、友人和熟识的工商业人士，但很多人并不了解欧洲市场，在他们看来都是洋人在中国开洋行，没听说中国人在外国开商行，因此面对张静江的游说，他们或借故推脱，或婉辞拒绝，令张氏总是乘兴而去败兴而归。

屡屡碰壁，张静江一筹莫展，但筹资建立公司的愿望并未稍减。于是，他硬着头皮向父亲和盘托出心中想法，说明在法国开办售卖中国商品的公司的光明前景。张宝善二话没说，拿出 30 万元资助儿子。张静江拿到这笔款项，购买了茶叶、丝绸、地毯、漆竹牙器以及名贵古董字画、玉器、瓷器等中国特色商品启程返回巴黎。

张静江在巴黎着手筹办公司。不久，一家专门经营中国艺术品和特色商品的名为“通运公司”的商店，出现在巴黎香榭丽舍大街的尽头、马德兰广场一侧，店内精心陈列着从万里之外的东方古国引进的丝绸、茶叶、瓷器、玉器、古字画等。玻璃橱窗里的中国货，引起了轰动，通运公司名声大震，生意自然兴隆。

张静江的舅父庞莱臣是国内著名的书画收藏和鉴赏大家，在古玩圈里人脉广泛，为通运公司收罗各种古玩提供了莫大的便利。此外张静江的同乡蒋孟苹、周佩箴和薛竹荪都是通运公司的重要帮手，张罗货品，组织运输。通运公司的经营蒸蒸日上，财源滚滚，张静江平生第一次营商就取得开门红。随后，通运公司在英国伦敦、美国纽约都设立了分公司，而设在上海的总公司，则由张宝善坐镇。

张静江在巴黎街头留影

张静江在经营生意之余，十分关注法国的社会运动。20 世纪初，巴黎的各种社会思潮激荡，无政府主义更是风头正劲。张静江深受无政府主义思潮的影响，经常在公开场合宣扬无政府主义，主张推行社会改革。1905 年，张静江通过李石曾结识了吴稚晖——另外一位日后在国民党内地位非常显要的人物。吴稚晖这时因《苏报》案的牵连远走欧洲，他先是到伦敦，后得知老友李石曾在巴黎，遂来拜会。这一拜会，也认识了张静江。三人见面之后，志趣相投，筹谋成立社团，出版刊物。后来，他们果然成立了社团——三人和蔡元培在巴黎创建了著名的世界社，第二年又由张静江出资出版《新世纪》杂志。

结识同志，成立社团，发行杂志，在张静江的一生之中固然重要，但改变张静江生命轨迹和人生志向的却是另外一个人，这个人就是孙中山。

1905 年冬，张静江从上海回巴黎，孙中山先生刚好从越南西贡赴欧洲，二人恰巧同船渡海。此前，张静江通过报刊接触到一些孙中山及革命党的事迹，朋友之间闲聊偶尔也会涉及社会改革，因而对孙中山非常仰慕。张静江得知孙中山同乘一船，便主动前往拜会，“君非实行革命之孙君乎？闻名久矣。余亦深信非革命不能救中国。近数年在法经商，获资数万，甚欲为君之助，君如有需，请随时电知，余当悉力以应”①。

快人快语的张静江，令孙中山一行颇为吃惊。此前，孙中山发动反清起义均告失利，遭清廷四处缉拿，只能逃亡海外。与孙中山同行的革命党人担心张静江是政府密探，主动搭话或是有意刺探信息，故而充满戒心。倒是孙中山胸怀广阔，落落大方地与张静江畅谈革命方略。张静江被孙中山的领袖风范和雄才伟略深深折服，当场承诺资助革命，并约定以英文字母作为代号，A 代表 1 万元，B 代表 2 万元，以此类推。二人首次见面，一见如故，从此结下深厚的革命情谊。

1907 年 6 月，张静江等人紧锣密鼓筹备的《新世纪》杂志面世，李石曾、蔡元培、褚民谊等负责供稿及邀约稿件，刊载的内容以宣传革命、启发民智为主，同时介绍无政府主义代表蒲鲁东、巴枯宁、克鲁泡特金等的学说。张静江开始更为具体地了解和接触西方政治理论和社会思潮，更加笃信唯有通过革命手段推翻清政府统治，才能实现广大人民的平权、自由和民主。

张静江被前所未有的使命感所驱使，对国家未来充满变革的期待。但是，清政府推行的新政改革并未如预期，各项改革措施既不能打动立宪派，更无法安抚社会上厉行改革的呼声。新政改革初期，清政府首先将着力点放在练兵上面，开支陡增，使得原本就紧张的国库更加捉襟见肘。清政府向各省摊派了大量经费，使各地赋上加赋，税上加税，民心尽失，民变四起。

革命志士在国内到处策划暗杀，发动起义。作为革命党旗帜的孙中山，因清政府通缉不得不避走海外，但仍积极筹措经费和军械策应国内的起义计划。然而，筹措经费谈何容易，他们常常入不敷出，告贷无门。一日，胡汉民忽然想起轮船上所遇到的“怪人”张静江，便与孙中山商议给张静江发封电报——值此革命孤立无援之际，若能获得一二仁人志士出手相助，或可解燃眉

① 王云五主编，杨恺龄撰编：《民国张静江先生人杰年谱》，台北：台湾商务印书馆 1980 年版，第 7 页。

之急而有助于革命之进行。

孙中山对胡汉民的建议十分赞同，便让胡汉民试探着给张静江拍了份只有一个字的电报——A。不久，同盟会真的收到了 1 万法郎的汇款。孙中山收到捐款后十分感动，写信告诉张静江近期军事行动和革命进程。张静江复信表示："余深信君必实行革命，故愿尽力助君成此大业，君我既成同志，彼此默契；实无报告事实之必要，若因报告事实而为敌人所知，殊于事实进行有所不利，君能努力猛进，即胜于长信多多。"①

似此磊落光明之姿态，坚定不移之信任，呵护革命之谨慎，全部建立在一面之缘上，既体现张静江的识人之明，也说明孙中山人格的伟大，这就是为什么辛亥革命发生后，孙中山先生远在海外，但国内大局之底定仍需他来号令，临时大总统之位仍需孙氏登临。当然，这是后话。

与孙中山会见不久，张静江就有志加入同盟会，但因故未能履行入会手续。1907 年 7 月，张静江因病在香港休养，同盟会要员胡汉民、冯自由请张静江办理入会手续，得其首肯。入会那天，张静江发现誓词内有"当天发誓"的表述，认为是封建思想，不可接受。胡汉民、冯自由作为主盟人，经过深思熟虑之后同意张静江在宣读誓词免读上述词句。

1908 年，孙中山在越南河内主持两粤云南起义，急需起义经费，陆续拍出带 B、C 字样的电报给张静江，结果，与字母所对应的款项均如数汇到。张静江的举动深深感动了孙中山，孙中山尊称其为"革命圣人""中华第一奇人"。不过，通运公司却因此发生资金周转困难，加上其他原因，张静江不得不将公司解散。

革命前哨　反袁挺孙

张静江在结束通运公司之后重新创业，谋设通义银行，作为为革命筹集经费之第二饷源，惜未成功。然而，此时国内革命思潮已经渐入人心，1911 年 10 月 10 日武昌新军起义，打响了清王朝覆亡的第一枪。具有讽刺意味的是，清政府一直希望编练新军以巩固其统治，结果却为自己培养了掘墓人。

张静江得知武昌起义的消息后，与吴稚晖商议如何因应。商议的结果是张静江先行回国，在上海打听革命形势。张静江回国后，将其在上海的住所当作同盟会会员间的信息交换站和联络沟通中心，为孙中山及革命党人及时了解国

---

① 王云五主编，杨恺龄撰编：《民国张静江先生人杰年谱》，台北：台湾商务印书馆 1980 年版，第 9 页。

内革命形势提供了准确的情报。

在一日千里的革命洪流下，国内革命党人缺乏一位一呼百应的人物，这显然不利于革命的统一与推进。鉴此，张静江主张孙中山尽快回国主持大局。与此同时，张静江积极布置国内的革命行动，恰值东北革命党人蓝天蔚由奉天至上海，张静江与戴季陶、陈其美、黄复生等人与之密商，决定购置军械交由蓝天蔚招募士兵在东北发动起义。之后，蓝天蔚带着同盟会资助的军械——大炮4门、步枪3 000支，在奉天发动起义，虽然失败，却令清政府十分震动——东三省可是大清王朝的龙兴之地，龙脉所在啊！

鉴于国内革命形势的发展和党内同志的催促，1911年11月，孙中山乘轮从巴黎启程回国。此间，革命形势如火燎原，11月下旬，湖南、湖北、广东、广西、福建、江西、山西、陕西、云南、贵州、四川、安徽、江苏、浙江和奉天15个宣布独立省份的代表奔赴上海，讨论选举临时政府领袖。会上，各派势力对推荐新政府领袖人员各怀心事，张静江与革命党人商议，认为非孙中山莫属。各省代表经过讨论，决定推举黄兴为大元帅，黎元洪为副元帅。12月5日，大会又决议由大元帅组阁，成立中华民国临时政府。但大元帅人选难以得到各派一致认可——人选在黄兴和黎元洪之间难分伯仲。

12月21日，孙中山乘船至香港，胡汉民、廖仲恺前往迎接。为保证孙中山人身安全，在革命形势尚未稳定之前，党内同志建议孙中山暂勿北上。孙中山认为：“以形势论，沪宁在前方，不以身当其冲，而退就粤中，以修战备，此为避难就易，四方同志正引领属望，至此其谓我何?”孙中山又说：“我若不至沪宁，则此一切对内对外大计主持，决非他人所能任。”25日，孙中山一行毅然抵达上海。多名革命党人及上海各界要人、各国驻上海的使团代表，前往十六铺金利源码头迎接。

26日，孙中山在住所召开同盟会高级会议，对政府组织形式进行讨论，大家就内阁制与总统制进行激烈的论争，并就总统人选问题协商。孙中山雄辩的口才和长期对国家政权建设的思考令与会者深感折服，尤其是对美国总统制的介绍让在场各位同盟会高层人士深为信服。

《胡汉民自传》对这次会议的情况作过记述：“先生谓：‘内阁制乃平时不使元首当政治之冲，故以总理对国会负责，断非此非常时代所宜。吾人不能对于惟一置信推举之人，而复设防制之法度。余亦不肯徇诸人之意见，自居于神圣赘疣，以误革命之大计。’时列席者，为余与精卫、克强、英士、纯初、静江、君武、觉生等。静江率先对曰：‘善！先生而外无第二人能为此言者，吾等唯有遵先生之意而行耳。'"① 可见，张静江对孙中山之信任、推崇与支持，发自内心，出自肺腑。

12月29日，各省代表在南京召开中华民国临时大总统选举会，选举孙中山为中华民国临时大总统。1912年1月1日，孙中山在南京就任临时大总统。张静江对中华民国的成立感奋不已。孙中山忙于筹组新政府以及各项政治、外交事宜，在拟定临时政府各部总长名单时，孙中山脑海里一直有张静江的位置，计划任命其为中华民国临时政府财政部总长。张静江对于孙中山的信任十分感动，但考虑到自己并无心从政，而且临时政府各项事业需要大量经费，自己强项在于营商，因此向孙中山先生表明心迹，认为继续办公司比入枢纽机关更适合。

张静江计划邀集亲朋好友，重开通运公司，致力于贸易，继续为革命提供经费。孙中山听到张静江的解释后大为感动，直谓：人杰兄真豪杰也，他人入革命党，或为官位而来，人杰兄在吾党困顿之时舍尽家财无私资助，今日革命成功仍以服务同盟会从事建设为要务，究心于将来中国之前途，难得难得。

中华民国临时政府成立后，继续与在北京掌权的袁世凯谈判，是为南北议和。双方最终商定以袁世凯赞成共和、孙中山退位作为交换条件。1912年2月11日，袁世凯电告南京临时政府："共和为最良国体。"15日，参议院选举袁世凯为临时大总统，定都南京。袁世凯表面上答应南下就职，孙中山随即令蔡元培为迎袁专使，迎接其南下就职。蔡元培一行抵达北京后，袁世凯指使亲信曹锟在北京佯装发动兵变，并策划驻守直隶周围的新军"哗变"，造成北方局势动荡的假象，为其拒绝南下制造借口。此外，驻北京的外国公使团以保护使馆为名，增兵北京，要求袁世凯在北京组织"统一政府"，社会舆论也向袁世凯一方倾斜。

袁世凯的表演蒙骗了所有人，蔡元培将上述情况电告南京临时政府。3月6日，南京临时参议院议决允许袁世凯在北京就职。孙中山被迫再次让步，同意参议院的决定。3月10日，袁世凯在北京就任临时大总统。4月1日，孙中山正式卸去临时大总统职务。

孙中山卸任临时大总统，并未识破袁世凯的野心，认为共和底定，革命告成，国家应该进入建设阶段。他和黄兴北上会晤袁世凯，积极宣传民生主义，号召实行平均地权，提倡兴办实业，提出从事铁路建设的设想，借鉴美国铁路建设经验，发挥铁路在交通运输方面的便捷作用——运接迅速，流行无滞，从而推动国内各地方之间的联系，促进地域融合，提升国家实力。袁世凯顺水推

---

① 胡汉民著，张殿兴编：《胡汉民自述》，北京：人民出版社2014年版，第88页。

舟，1912 年 9 月 9 日下达总统令，授予孙中山建设中国铁路筹划的全权，并向社会公布。9 月 14 日，孙中山举行记者会向社会报告此项事宜，强调铁路在近代国家发展进步中的枢纽地位。

一边是孙中山投身于实业建设，另一边是袁世凯加紧集权。按照《临时约法》规定，参议院成立后 10 个月内应举行国会选举。1912 年 8 月 10 日，袁世凯公布了参议院制定的国会组织和议员选举法，并下令在全国进行国会议员选举。孙中山因专心于实业建设，同盟会的实际工作交由宋教仁主持。为了赢得国会选举，在宋教仁的推动和组织下，同盟会与统一共和党、国民公党、国民共进会、共和实进会整合，成立国民党。8 月 25 日，国民党成立大会在北京湖广会馆举行，推举孙中山为理事长，孙氏则请宋教仁代理该职。

宋教仁充分发挥其天才的组织能力，率领国民党在中华民国第一届国会选举中大胜，成为参、众两院第一大党，宋教仁因此声望大著。不幸的是，1913 年 3 月 20 日晚上，宋教仁在上海沪宁火车站准备乘车时遭武士英开枪暗杀。孙中山认为“宋教仁遇刺”是袁世凯背后策划，主张武力讨袁，发动二次革命。张静江对二次革命积极支持，为前线鼓舞士气，捐资助饷。不过，由于双方实力悬殊，二次革命很快失败，孙中山不得不再次流亡日本。

孙中山在日本痛定思痛，认为革命失败的主要原因在于革命精神涣散，主张通过强化党首的个人威信来凝聚党内同志之革命思想，将国民党改组为中华革命党。孙中山此举招致黄兴、陈炯明等人的反对，张静江此时仍住在上海，闻讯后与蒋介石同时加入中华革命党，表示对孙中山的支持，也是国内最早加入中华革命党的党员。同时，他还说服张弁群、周柏年、周佩箴、庞青城等同乡先后加入中华革命党，加之张克朋、胡灵贵、周炳兴、罗晋士等重要革命党人入党，在孙中山极其困难的情况下，联络团结国内的国民党人，重树革命信心。此外，巴黎通运公司业务经过一段时间的重整有所起色，张静江随之又恢复了伦敦通运公司的营运。

张静江和服像

1914 年 3 月，张静江与朱家骅北上大连，与戴季陶、陈其美见面并详细商谈革命进展。随后，张、朱二人经西伯利亚铁路前往柏林，转道巴黎，继续经营通运公司。7 月 8 日，中华革命党在日本成立，张静江被孙中山委任为中华革命党财务部长。这次任命与上次任命的境况完全不同，张静江深知此时的孙中山比任何时候都需要同志铁肩担道义，因此张静江并未推辞。不过，因他无法赴日履职，遂由廖仲恺代理该职务。

革命不止　努力未已

1916 年 6 月 6 日，袁世凯病逝。黎元洪继任总统，施行与孙中山合作政策，恢复《中华民国临时约法》，重开国会。孙中山遂下令全党“规复约法，尊重国会”，停止国内一切军事行动。

1917 年，张静江因腿疾严重，乘轮回国医治。当时，蒋介石开始在中华革命党内崭露头角，引起了张静江的爱才惜才之心。二人过从甚密，义结金兰，张对蒋器重非凡，屡屡提携，将其推荐给中华革命党总部军务部长许崇智，为蒋日后平步青云奠下基础。是年 2 月，张静江亲往孙中山住所——上海法租界莫里哀路 29 号拜访，二人谈及革命前途，有喜有忧，但都坚信中国未来会越来越好。此后，因革命多方需要经费，党内外债高筑，张静江将其在巴黎的开源茶叶店和上海马斯南路（今思南路）的 6 栋花园洋房出售，所得资金全部用于资助革命。

孙中山就任大元帅时留影（赠张静江）

7 月，因为反对段祺瑞政府参加第一次世界大战和废弃《临时约法》，孙中山南下广州召开国会非常会议，联合西南实力派，建立军政府，被推举为大元帅，唐继尧、陆荣廷被选为元帅，是为第一次“护法战争”。

在军政府大元帅就职典礼上，孙中山特别邀请张静江代表国会给大元帅授印。在这颇具仪式感的场面上，原本应该是革命功成，同仁相庆，现在却是风云再起，征程未定，怎能不让人唏嘘！孙中山对这位坚定的革命支持者，多年来深感无所报答、无以报答，这次隆重的授印仪式算是对张静江长期支持革命的致敬。然而，开府之后，孙中山的处境并未改观。孙中山希望利用军阀的帮助来实现自己的革命理想，但唐继尧、陆荣廷并无心与孙中山合作。孙中山除了能调动程璧光的海军之外，并无军队可用。

在此前后，张静江仍然在苦苦寻找生财之道，他计划联络江浙财团大亨虞洽卿，开办证券交易所，利用证券交易收取佣金，资助革命，张静江和义弟蒋介石详细商谈筹办计划。恰在此时，孙中山先生拍电报召蒋介石南下广州，襄助军务。蒋介石接到电报后有些犹豫，为打消蒋介石的顾虑，张静江力主蒋介石前往广东，发挥军事天才，助孙中山一臂之力。

蒋介石离沪后，张静江继续筹组交易所，邀集戴季陶一起规划细节。张静江还与陈果夫在上海成立秘密社团“协进社”，一边和日本驻沪企业接触，一边同虞洽卿联系，于 1919 年底筹办“上海证券物品交易所”——这是中国第一家证券交易所，也是中国证券业的开山鼻祖。上海证券物品交易所于 1920 年 2 月 4 日正式开业，因为有沪上的富商大贾参与，社会信任度很高，营业状况节节攀升，张静江因此获利颇丰。所获利润被张静江每个月以 1 万 ~2 万元悄悄地划拨到广州军政府，为孙中山革命提供了及时的支持。

1921 年 5 月，孙中山在广州就任非常大总统，准备以两广为根据地北伐。1922 年 2 月 3 日，孙中山颁布北伐命令，令李烈钧发兵江西，许崇智挺进湖南。但是，陈炯明不愿意北伐，避往惠州，被孙中山褫夺广东省长、总司令和政府内务部长之职，仅保留陆军部长一职。蒋介石主张对陈炯明用兵，消灭北伐后顾之忧，但孙中山不肯，蒋介石一气之下回到上海。

此时，张静江仍在上海，腿疾复发，南方革命形势复杂多变，令其十分焦虑。蒋介石回沪后前往张静江处，张静江得知事情原委，认为孙中山在广东处境困难，希望蒋介石不要意气用事，劝说蒋介石返回广州，帮助孙中山。之后，陈炯明部发动兵变，蒋介石听从孙中山召唤赴粤临敌，被授予海上作战指挥全权。但是，敌众我寡，孙中山无法坚守广州，遂乘船辗转至上海。孙中山抵达上海时，张静江抱病前往码头迎接，孙中山对张静江说：“党内成分不清，党务不良，致有此难。孙文当同人杰先生长议改进党务问题。”

1923 年 2 月 21 日，孙中山再次由上海返回广州，第三次建立政权，任陆海军大元帅，并令在宁波逗留的蒋介石来粤助力。蒋介石又要起性子，任凭国民党重要人物胡汉民、邹鲁、林业明、林直勉、胡毅生等人轮番赴宁波劝说，仍然无效，最终还是张静江成功劝说蒋介石返回孙中山身边。4 月 14 日，蒋介石乘船赴广州，20 日被孙中山授予大元帅参谋长之职。之后，蒋介石还以“孙逸仙博士代表团”团长的身份考察苏联。临行前，张静江嘱咐蒋介石，考察苏联时须留意观察，以便他日回国为国民党所用。

这一年，孙中山得知张静江腿疾加重，立即派人延请留学德国归来的医生李其芳为其医治。孙中山致信推荐说：“兹有医生李其芳，新由德国回来，医学甚深。据称，近日德国发明新法，用药注射可愈此病。彼曾亲见一病十二年不能行动者，不过一月便已医愈。今请李君前来诊视兄病，设法医治，如能于一两月内痊愈，则请兄与李君一齐来粤为荷。至于医金药费由此间担任，兄不必再给也。”① 信中字字句句，都是诚意之语。孙中山革命需要张静江帮助，对张静江的照顾反而有限，刚好有机会投桃报李，自然是十分上心，亦反映了一位革命领袖的人格魅力。李其芳受孙中山之托，从广州赴上海为张静江治疗腿疾，虽然未能如孙中山所愿那样治愈，亦见明显好转。

1924 年 1 月 20 日，国民党第一次全国代表大会在广州召开，国共开始第一次合作。张静江当选为中国国民党中央执行委员会委员，排名第三。仅次于胡汉民、汪精卫。之后，张静江在黄埔军校校长人选上力荐蒋介石，为蒋介石日后登上国民党最高权力的宝座铺垫了关键性的一步。

蒋介石题赠张静江像

① 王云五主编，杨恺龄撰编：《民国张静江先生人杰年谱》，台北：台湾商务印书馆 1980 年版，第 16 - 17 页。

国民党“一大”后，张静江与汪精卫、于右任、叶楚伧等共同主持上海执行部党务，为党内事务积极奔走。他的腿疾经长期电疗治疗以后，慢慢好转，时常到户外活动，开会、作报告、联络群众。1924 年 5 月，在一次会议上，张静江提出应该大量吸收优秀青年加入国民党，以扩大革命力量，并为黄埔军校输送优秀分子。

与此同时，张静江还继续发挥对蒋介石的影响力，使其之后始终站在革命的一方，始终支持孙中山的决策，广州商团叛乱，蒋介石坚决听从孙中山的命令，将为商团私运弹药的欧洲商船“哈佛号”扣押在黄埔军校门外港湾。在这段时间里，蒋介石发表了一系列秉持孙中山思路的革命言论，而其平定商团叛乱也是大大稳定了革命后方。这其中，张静江通过写信传授机宜起到了重要作用。蒋介石的声望也扶摇直上。

痛别总理　继承遗志

1924 年 10 月中旬，孙中山对北伐部署进行了积极调整，部分北伐军先后进入江西，各地革命浪潮日趋高涨。10 月 23 日，冯玉祥发动北京政变，电邀孙中山北上：“中山先生大鉴：辛亥革命未竟全成，致令先生政策无由施展。今幸偕同友军，勘定首都，此后一切大计，仍希望先生指示。万望速驾北来，俾亲教诲是祷！”

孙中山接到通电，党内同志担心孙中山的人身安全，踌躇不定，张静江也不例外，担心孙中山北上如羊入虎口，到时困于北京，任凭军阀摆布。作为一个伟大的革命先行者，孙中山早对生死置之度外，值此难得之机遇，力排众议，毅然北上，同时令胡汉民留守广州，代行大元帅职务；令谭延闿驻守韶关，行北伐联军总司令之职。11 月 10 日，孙中山发表《北上宣言》，乘船启程北上。

孙中山到达北京，日夜操劳，罹患肝癌，住进了北京协和医院。张静江得知孙中山重病之后，决定北上陪侍孙中山，并赶忙给蒋介石写信，要求蒋介石在广东政局动荡期间，坚定立场，配合胡汉民治理广东，免除革命后患。①

1925 年 2 月 1 日，张静江与庞青城一道，抱病登上开往北京的列车。翌日，张静江等在孙科的陪同下到协和医院探视孙中山。孙中山见到张静江，面露悦色。张静江见到孙中山躺在病床上，心痛不已，双眼噙泪。两人的手紧紧

---

① 王承璞：《对北伐战争前的蒋介石政治活动剖析》，《北京师范大学学报》（社会科学版）1996 年第 6 期，第 34－41 页。

握在一起，自1906年相遇至今20年矣，虽难得左右相随，但彼此心有灵犀。

孙中山的病情恶化很快，在科学技术发展的今天，肝癌晚期都是绝症，何况当时。张静江见化疗无用，建议尝试中医疗法，以求一线希望。这一提议得到宋庆龄、汪精卫、李烈钧和庞青城等人的赞成，孙中山也予首肯。2月18日，孙中山从协和医院迁出，移居铁狮子胡同行馆，并请来著名中医陆仲安进行诊治。然而，药石无效，23日，陆医生无奈宣布，孙先生的病救治无望了。

然而，张静江仍然不放弃，他得知日本刚刚研发了一种治疗肝病的针剂，说服党内同志和孙中山家人试一试。3月1日，张静江请来留学日本的山东籍医生王纶，为孙中山注射新药卡尔门，隔日一次。虽无明显疗效，却对病情有改善，孙中山体温逐渐正常，意识也清醒。此时，广东战事正酣，蒋介石集中精力攻打陈炯明，并取得重要进展。孙中山此时特别关注广东战事，张静江每天待在孙中山身边，清醒时便将广东的战事情况告知。然而，因为病情的恶化，孙中山日渐憔悴，已走到生命的尽头。

1925年3月11日，孙中山弥留之际，张静江与党内同志见证了《总理遗嘱》并签字。12日，这位奋斗终生的革命先行者停止了呼吸，与世长辞。孙中山逝世后，张静江、汪精卫、于右任等人组成治丧办事处。3月15日，孙中山遗体大殓。张静江亲视合殓，护佑棺木，顿足号哭，泪如雨下，与他一生最为敬仰、爱护与支持的革命伟人永别。

4月2日，孙中山灵柩由中央公园移至西山碧云寺安放，作为治丧办事处的主要成员，张静江参与精心安排了隆重的移灵仪式。亲作挽联曰：

功高华盛顿，德盖中华间，行易知难，并有名言传海内；
骨瘗紫金山，灵栖碧云寺，地维天柱，永留浩气在人间。

4月4日，中国国民党中央执行委员会召开专门会议，决定成立丧事筹备委员会，张静江、林森、于右任、戴季陶、叶楚伧等12人为委员会成员。第一次筹备委员会会议在上海成都路张静江家里举行，此后40多次会议，有20次都在张静江家召开，擘画中山陵园设施。中山陵墓室的第二道门楣上的“孙中山先生之墓”7个篆字，祭堂门外南面3个拱门的额枋上，刻“民族”“民生”“民权”6个篆字，皆由张静江手书，陪伴孙中山在天之灵。

孙中山逝世后，作为党内元老级人物的张静江地位愈发重要。1925年7月1日，广州海陆军大元帅大本营改组为中华民国国民政府，中国国民党中央执行委员会推定16名委员为国民政府委员，张静江被推选为国民政府常务委员。1926年，在国民党二届二中全会上，张静江被选为国民党中央常务委员会主席，在党内深受同志爱戴，加上蒋介石、谭延闿的推选，张静江迎来了政治生涯的顶峰。

1926 年 6 月 4 日，张静江主持召开国民党中央执行委员会临时全体会议，一致通过了国民革命军出师北伐案，任命蒋介石为国民革命军总司令。张静江还计划推动蒋介石更上层楼，于 7 月 6 日国民党中央委员会的全体会议上提出辞呈，推荐蒋介石作为中央执行委员会主席。蒋介石在短短的 1 年零 3 个月里，从国民党一大代表都不是的军人到集国民党、北伐军和国民政府大权于一身，上位之快，在历史上也是十分罕见的，而这一切都得益于张静江的扶持与提携。

1926 年年底，张静江开始担任浙江省主席，服务乡梓，从事建设事业。1928 年 2 月 15 日，国民党中央政治会议召开专门会议，讨论设立中华民国建设委员会事宜，张静江被选为该委员会的委员长。期间，在张静江的推动下，建设委员会依靠民间资本，在交通、电气电力、工矿、交通运输等领域大显身手，国内许多地方社会面貌改观不少，各项建设事业一片欣欣向荣。

1929 年，筹划两年的首届西湖博览会在杭州开幕，适逢初夏，张静江领衔政商学界，宣布开幕。自 6 月 6 日至 10 月 10 日，历时 128 天，参观人数多达两千多万，轰动全国。张静江的想法，就是依照美国费城博览会的形式，“集全国精品，开空前盛会”，成为民国时期唯一的全国性博览会。会上展出的物品以国货为主，对提倡国货、振兴经济都有十分有益的推动。

蒋介石特地为此来杭州，为西湖博览会题写“恢张蠡策”四字以示祝贺，借《史记·货殖列传》中范蠡经商致富的典故，以表鼓励振兴工商之意，而将“张”植入其中，语义双关。今天，西湖博览会的遗迹仍然矗立在西子湖畔。

位于西湖边的西湖博览会门楼

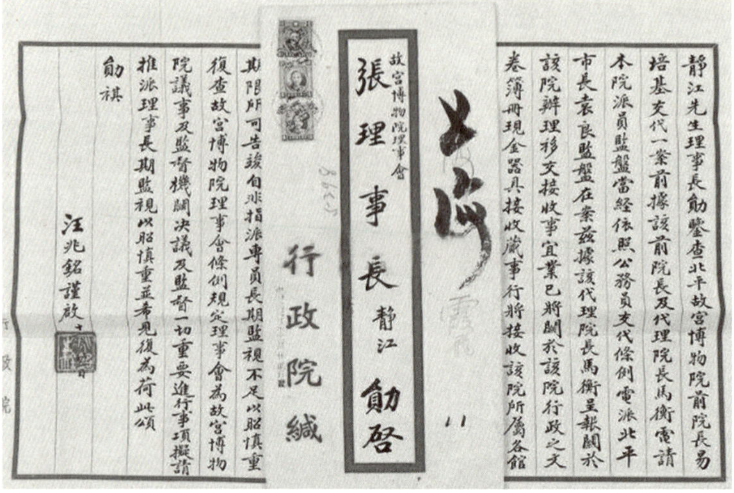

靜江先生理事長勛鑒查北平故宮博物院前院長易
培基交代一案前據該前院長及代理院長馬衡電請
本院派員監盤當經依照公務員交代條例電派北平
市長袁良監盤在案茲據該代理院長馬衡呈報關於
該院辦理移交接收事宜業已將關於該院行政之文
卷簿冊現金器具接收藏事行將接收該院所屬各館
期限所可告竣自非指派專員長期監視不足以昭慎重
復查故宮博物院理事會條例規定理事會為故宮博物
院議事及監督機關決議及監督一切重要進行事項擬請
推派理事長期監視以昭慎重並希見復為荷此頌
勛祺
汪兆銘謹啟

故宮博物院理事會
張理事長 靜江 勛啟
行政院緘

汪精卫致张静江信札

随着时间的推移，张静江与蒋介石之间亲密无间的关系也出现了裂痕，裂痕的起因在于对日态度上。20 世纪 30 年代，日本加紧侵华，国民党和蒋介石政府一味退让，国难日亟。张静江对此不能认同，遂与仍在从事军阀斗争和巩固党权的蒋介石产生分歧。1930 年年底，张静江辞去浙江省主席之职，而中华民国建设委员会的权力也遭到架空。权力的丧失和身体疾病的日益严重，使张静江逐渐淡出了政治舞台。1937 年年底，61 岁的张静江携全家从上海乘船去香港，翌年中华民国建设委员会撤销。

张静江南浔故居内的塑像

1938 年 8 月，张静江由香港乘船赴欧洲，旋往美国，寓居纽约，日常生活以吃斋念佛为主。1945 年，抗战胜利，张静江在纽约得知消息异常兴奋。1948 年，蒋介石任总统时聘任张静江为国民政府资政。1950 年，张静江因心脏衰竭病逝于纽约寓所，享年 74 岁。

据不完全统计，张静江自己在辛亥革命前后对革命的捐款数额不在少数。张静江不仅自己资助革命，还让自己的堂兄张石铭出钱。一开始，张石铭对于堂弟借钱有求必应，后来随着越借越多，张石铭不肯借了，据说张静江为此还曾提枪去找张石铭借钱。这种强迫式的借钱方式，只能偶尔奏效。后来他改变策略，把南浔的很多富豪，如“四象八牛”的很多成员都拉到革命队伍里。比如张静江的舅舅庞青城，加入同盟会后，其在上海公共租界的一栋花园洋房就是革命联络点，孙中山与夫人宋庆龄到上海经常在这里落脚。据记载，张氏家族对革命的捐款大约为130万两，而其他南浔富商以及在张静江鼓动下的浙江富商对孙中山及其领导的革命事业，亦倾注大量财力、物力和人力。

蒋介石在张氏去世后颁发褒扬令：“资政张人杰，器局恢宏，志节坚贞，早岁追随国父，翊赞革命，毁家纾难，公而忘私，弼奠洪基，厥功至伟。北伐之际，秉政中枢，勋勚备著。嗣复出主浙江省政，兼长建设委员会，推轮肇始，筚路开疆，硕画宏规，民生攸赖。近年养疴海外，靖献不忘，胡天不相，遽夺老成，睠顾典型，实深轸悼，应予明令褒扬。”

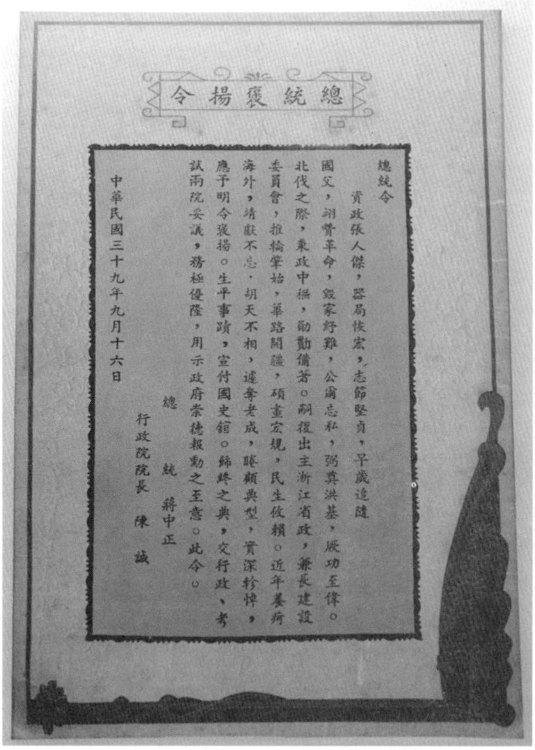
總統褒揚令

總統令
資政張人傑，器局恢宏，志節堅貞，早歲追隨
國父，翊贊革命，毀家紓難，公爾忘私，弼奠洪基，厥功至偉。
北伐之際，秉政中樞，勛勤備著。嗣復出主浙江省政，兼長建設
委員會，推輪肇始，篳路開疆，碩畫宏規，民生攸賴。近年養疴
海外，靖獻不忘，胡天不相，遽奪老成，睠顧典型，實深軫悼，
應予明令褒揚。生平事蹟，宜付國史館。飾終之典，交行政、考
試兩院妥議，務極優隆，用示政府崇德報勳之至意。此令。
總統 蔣中正
行政院院長 陳誠
中華民國三十九年九月十六日

蒋介石颁发的褒扬令

张静江，这位曾被蒋介石视为“导师”的民国元勋，虽然身后哀荣备至，但以一种漂泊异乡的方式远离他曾不惜倾家荡产、赴汤蹈火而挽救的祖国是多么大的讽刺。更加讽刺的是，国民党刚刚败走大陆，故国换了新天。那台北灵堂前低回的哀乐，既是对这位义无反顾襄助孙中山的民国奇人的纪念，何尝不是对国民党背离孙中山革命理想、民心尽失的嘲讽。

松柏励志　战云天骄

——廖仲恺夫妇与孙中山

冉琰杰

未合丹青老，剧怜他，铜驼饮泣，画才徒抱。丘壑移来抒胸臆，错节盘根写照。想握笔，愁肠萦绕。国破家亡余墨泪，洒淋漓，欲夺天工巧。缣尺幅，碧纱罩。繁华歇尽何须吊！且由他，嫣红姹紫，一春收了。地老天荒浑不管，空谷苍松独啸，经几度，风狂霜峭。如此江山归寂寞，漫题名，似哭还同笑。诗四句，古今悼。

——廖仲恺《金缕曲·题八大山人〈松壑图〉》

20世纪初，在浩浩荡荡的革命浪潮中，中国从封建帝制艰难走向民主共和，但是国内仍然没有统一，军阀割据、民不聊生的局面，令无数革命者充满忧思。正是在这样的环境下，廖仲恺愤而写下《金缕曲》一词，借明末清初八大山人朱耷的典故，古今同怀，寄托自己的爱国之情、忧国之心。

廖仲恺，何人也？他是孙中山的挚友、革命家、国民党元老。廖仲恺祖籍广东惠州，1877年生于美国旧金山华侨家庭，他成长的时代正值美国排华风潮兴起，华侨在美国备受歧视，因此廖仲恺从小就懂得一个道理，即祖国落后，不能保护生活在外国的侨民。如何让祖国变得强大？国家的出路在哪里？如何让世界上其他国家尊重中国、尊重中国人？这些是少年廖仲恺开始思考却暂时无法找到答案的问题。

1894年，父亲去世，廖仲恺随母亲落叶归根，回到祖籍地惠州生活，先后在惠州、香港读书。在香港读书期间，他求知若渴，阅读了大量的进步书籍、报刊，并从这些资讯中得知了孙中山的革命事迹。“革命”一词好像一颗种子，在廖仲恺思想里发芽，他开始思考革命救国的问题，并期待结识孙中山。

东渡日本　追随中山

廖仲恺在香港皇仁书院读完中学，并与香港一位何姓富商的女儿何香凝成了亲，尽管婚后惬意，夫唱妇随，但廖仲恺的眉间总隐藏一丝忧虑，他觉得自己不应该躲进温柔乡，热血青年总该为国家做一点事情。

随着探求救国真理的愿望越来越强烈，他决定去日本留学。当时日本通过明治维新和学习西方国家的科技文化而变得强大，日本转变的经验可以作为中国变革的参考。理想总是美好的，现实却不尽如人意。事实上去日本留学，不能单凭一腔热血，至少必须懂日语，有钱交学费，有钱维持生活。语言不通可以学，学费、生活费从何处得，却是廖仲恺头痛的问题，因为家道中落，没有亲戚能帮助他，他为此常常唉声叹气。

细心的何香凝察觉到丈夫有苦闷，便开导他倾吐出来。廖仲恺沉痛地对妻子说："国家危险至此，我们岂能坐视？日本留学界朝气蓬勃，志士云集，我也想东渡求学，结交革命贤豪，共图大业，唯学费无着，奈何？"何香凝笑着鼓励道："你尽管放心，我可以把我的奁饰变卖助你成行。"①

何家人听说女儿要资助她丈夫去日本读书，纷纷表示反对。但是何香凝不顾反对意见，毅然将陪嫁的珍珠、宝石、翡翠、金银首饰和部分家私变卖，连同出嫁前攒下的私房钱 1 000 多元，共凑得 3 000 余元，全部交予丈夫。不仅如此，她还做出了一个惊人的决定，那就是陪着丈夫前往日本，进女子学校读书。

为什么说这个决定惊人呢？因为在那个时候，中国的女性还受到"男主外，女主内""女子无才便是德"等观念的束缚，女性没有机会更缺少胆识走出家庭，走进学校读书。何香凝不仅变卖嫁妆支持丈夫留学，她还主动提出自己也要留学扶桑，这份气魄在当时中国女性中着实少见。廖仲恺对妻子的深明大义及追求进步之举，甚为感激和欣慰。

1902 年，他们东渡日本。廖仲恺先在东京神田区日文学校学习日语，后来考入早稻田大学经济预科，何香凝先后在东京女子师范学校、目白女子大学和东京本乡美术学校读书，并师从日本著名画家田中赖璋学习绘画。

夫妻俩在早稻田大学附近租下一间房子，取名"觉庐"，寓意觉悟的屋子，象征对新思想的追求。他们受到东京的中国留学生们的欢迎，经常参加留

---

① 参见何香凝：《回忆孙中山和廖仲恺》，北京：生活·读书·新知三联书店 1978 年版，第 49 页。又见邹鲁：《中国国民党史稿（第四篇）》，上海：商务印书馆 1947 年版，第 1587 页。

学生的各种活动，在活动中结交了革命青年黎仲实、朱执信、苏曼殊、区金钧、卢少岐等人，但是他们更期待结识孙中山。那时候孙中山为宣传革命，时常在海外奔波，居无定所。但就在廖氏夫妇到日本后的第二年，孙中山也来到日本横滨，不久又在东京青山练兵场附近开办青山军事学校，吸收有志青年入校学习军事知识与技术，为反清起义培养军事人才。

廖仲恺与孙中山结缘于 1903 年 9 月。有一天，神田中国留日学生会馆举办聚会，廖仲恺、何香凝联袂前往，他们没想到孙中山居然神秘现身，做了简短的演讲，大意是中国积弱太甚，应该发愤图强，彻底革命。这是他们第一次与孙中山见面，真是喜出望外。孙中山演说时宏伟的气魄、坚定的信念、缜密的逻辑，吸引了他们。散会前，他俩赶紧抓住机会，打听到孙中山寓所的地址，准备去拜访，听孙中山多谈些革命道理。散会后，回到住所，廖仲恺与何香凝仍然处于兴奋状态，一直在回味刚刚见到孙中山的情境，他们商讨如何登门拜访孙中山。

几天后，他们就迫不及待地去了孙中山的寓所。孙中山热情接待了他们，尽管彼此还不太熟，但是大家都来自广东，都说粤语，感觉很亲切，交谈中毫无拘束，没有客套，非常投缘。当他们聊到中国政治问题时，孙中山感慨良多，从鸦片战争谈到太平天国、戊戌变法、义和团，谈到清政府腐败无能，故而一定要进行反清革命，推倒清廷，建立中华民国。廖仲恺与何香凝一边听着孙中山的讲述，一边频频点头，他们十分佩服，也十分赞成孙中山的革命主张。

因于向慕，他们又两次拜访孙中山，廖仲恺还单独见了孙中山几次，畅谈革命救国的道理。自此，廖仲恺、何香凝完全确立了追随孙中山进行革命的志向，在一次会见中，他们向孙中山提出参加革命工作的愿望，孙中山听后格外赞赏和高兴，嘱咐他们在日本留学生中广交有识之士，为革命招纳贤才。不久，孙中山离开日本，前往美洲檀香山宣传革命。廖氏夫妇遵照指示，招揽了一批志同道合的留日学生，为后来革命团体同盟会的组建做了前期招贤纳士的准备。

1905 年 7 月，孙中山回到日本，为了将全国分散的革命力量统一组织起来，以适应革命的需要，他决定以兴中会、华兴会、光复会 3 个革命团体的成员为骨干，集合 10 多个省的全国留学生精英，在东京召开同盟会筹备会议。据何香凝回忆，这一秘密举动被日本警察探知，孙中山的女佣被警察收买，他的住处不安全，故而决定托可靠的人找一个安全的地方办公，这时他想到廖仲恺，于是请革命同志黎仲实去找廖仲恺商量。

时值暑假，廖仲恺为筹集学费回了中国，何香凝独自在家。黎仲实向何香凝说明来意，称孙中山希望他们搬家，租一个位于交通方便之处的房子作为革命工作的秘密聚会场所，并嘱咐租到房子后，不要雇用日本女人做佣人，以确保工作保密。何香凝听完黎仲实的话，想到搬家是为更好地进行反清革命，于是爽快答应照办。

话说何香凝是千金小姐出身，双手不沾阳春水，不懂家务活，且丈夫廖仲恺暂时不在身边帮忙，但是她在革命的信念下，克服了困难。房子租到了，搬了家，商议革命的同志们纷纷来到，她学会了烧水、做饭，把家务做得井井有条。操持家务之余，她还利用美术手工的天赋，描绘和刺绣缝制起义部队所用的旗帜符号。孙中山高兴地打趣她是“御婆样”（日语女管家之意），赞赏她为筹备革命做出了贡献，介绍她加入同盟会。因此，何香凝成为同盟会第一位女会员。

1908 年廖仲恺夫妇在日本

何香凝情不自禁地把离别后的惊喜修书告诉廖仲恺，廖仲恺非常感奋，迫不及待返回日本，共举革命大业。这一年的 9 月，廖仲恺回到东京，同行的还有胡汉民。他们一到日本，就向何香凝打听同盟会的情况，激动得想立刻去见孙中山。当天，孙中山也得知革命同志回来的消息，晚上亲自来到廖仲恺家中，向他们讲述同盟会成立后的情况，讲解中国革命的必要性、三大主义的大略、革命党的性质与作用，以及党员对党的义务与牺牲服从等内容。说完后，孙中山询问廖仲恺和胡汉民是否已决定加入革命党。早就立志紧随孙中山的廖仲恺立刻表达了参加革命的决心。接着，经黎仲实与何香凝介绍，他宣誓加入中国同盟会。

加入同盟会这天晚上，是廖仲恺第一次详细地了解到孙中山关于平均地权的思想，感到很有新意，尤其对孙中山强调的“吾辈是为解除最大多数人民的痛苦而革命”这一点，他特别赞同。此后，在孙中山的熏陶下，廖仲恺也积极探索平均地权等社会主义学说，提升自己的革命理论。据何香凝晚年回忆，廖仲恺加入同盟会后，特别受孙中山的信任，孙中山将看过的新书都给他看，两人经常围绕书中的内容互相讨论，因此两人在思想上格外契合。

廖仲恺很快成为同盟会的骨干力量，参加了同盟会总部的领导工作。当时，同盟会实行总理制，孙中山为总理，下设执行、评议、司法三部。其中执行部权力最大且任务最重，执行部里面分庶务、书记、内务、外务、会计、经理六部。廖仲恺为执行部的外务部干事。由于他在美国长大，幼年就学习了英语，后来又在香港读书，因此英文水平很高，负责同盟会与西方革命志士联系的事宜，凡是孙中山不能亲自出面时，便由廖仲恺接洽办理。廖仲恺与何香凝还写信给他们在海外的华侨亲戚，动之以情、晓之以理，向他们宣传推翻清朝帝制的革命思想，并利用这些华侨亲戚的帮助，在海外筹办革命起义经费募捐。经过宣传和努力，不少华侨也加入了同盟会，并寄来了钱，赞助革命。

掌管财政　廉洁自律

1911 年 10 月，辛亥革命爆发之后，各省纷纷宣布独立，脱离清王朝的统治，广东也成立了军政府，廖仲恺先后担任军政府总参议、财政部副部长（副司长）、财政司长、广东国税厅筹备处长与厅长等职。在动荡时代，掌管财政是非常难做的工作。就连清王朝在广州的封疆大吏张鸣岐都曾断言：“革命党即得广东，不能守三日也。”因为，广东独立后，社会动乱，民军为患，财政困难，不足以撑起一省的行政运作。据 1912 年一份报纸披露，广东财政入不敷出，每月支出约 300 万元，但每月收入才 100 万元。

1911 年 12 月，孙中山回国在香港船上（前排右四为廖仲恺）

面对这样的难题，廖仲恺制订广东财政计划书，发布整顿全省财政令，纠正广东的财政弊端，厉行整饬财政金融，要求各部门应恪守法规定章理财，努力调查各行业的税情，饬令遵章征收批解，统一广东财政通电，要求各军将截留的税款统交财政厅核收，规定各县的钱粮款项归县长征收，并考核各县长完成情况，对渎职者严惩不贷。通过一系列的财政措施，改善了广东财政的状况。

廖仲恺看透“贪”和“利”二字是为官理财的祸根，也很清楚一省财政对于地方建设的重要性。因此，他秉持为官不能爱钱的观念，始终坚持廉洁自律，两袖清风，不求私利，只为兢兢业业办实事。

廖仲恺在广东军政府财政司长任上，除了做到廉洁自律，又制定颁布工作纪律，尽力防止财政司内部职员徇私舞弊。他在办公室门口摆一桌子，放上签到簿，每天准时上班签到，以身作则，令财政司全体职员不敢松懈。一位财政司职员后来回忆说：“我们任职财政部门十余年，所见长官不少，然无一能及廖之精勤廉洁者！”他还回忆，廖仲恺在任时期，财政司“无一私人，无一受私财者”。

当时，惠州一位私塾先生听说自己曾经教过的学生廖仲恺当了财政司长，特意赶到广州，求一美差。廖仲恺念在师生情谊愿意帮忙，但是并不想任人唯亲，因为他知道这个塾师除了文字抄写尚可，别无他长，便暗暗嘱咐科长，为其安排一个普通书记员职位即可。

廖仲恺认为，事业成败的关键在于人才，他对真正学有专长的人非常尊重，也会委以重任。比如，当时造币厂缺一位技师，有人向廖仲恺推荐留学美国的陈兆基、虞锡麟二人，他们在美国读书时所学专业是化学，是可用之才。廖仲恺立即召见他们，亲自考察，分别委以厂长、技师重任。

廖仲恺生活开销也非常节俭，这一作风得到很多革命同志敬佩。1913 年 3 月，国民党代理事长宋教仁被刺，引发“二次革命”，讨伐袁世凯。廖仲恺于 5 月潜往北京，从事反对袁世凯的秘密活动。但是“二次革命”最终失败了，他随孙中山亡命日本东京，在那里过着拮据清苦的生活。当时胡汉民与廖仲恺一起合住，据胡汉民回忆：“海外人士看见我们那种亡命的生活，很以为怪。他们晓得兄弟做过广东都督，尤其廖先生曾充一年的财政厅（司）长，料想我们一定很有钱。不意我们二人同住一处，只两个简陋的房间，会客、吃饭、睡觉都在里面，每月的房租二十元，其他各项开支亦都很省。”①

孙中山和廖仲恺都在财政问题上有过理论探索和实践检验。孙中山侧重寻

① 陈福霖、余炎光：《廖仲恺年谱》，长沙：湖南出版社 1991 年版，第 84 页。

求外部的援助，以华侨捐赠、销售公债、向外国借款、发行纸币、增加税收等方式解决革命和建设所需的经费问题。廖仲恺则注重从内部整顿财政问题，通过发展生产、兴办实业、增加税收、改革币制、统一财政、科学理财、合理开支来实现收支平衡。外部的依赖是被动的，而内部的整顿措施是主动的，正是廖仲恺的理财主张，在短时期内解决了孙中山革命活动经费的燃眉之急，帮助孙中山摆脱了一次次经济上的危机。①

1917 年 7 月，孙中山由上海回广州，为维护《中华民国临时约法》，发起反对北洋军阀的护法运动，组建护法军政府。筹措护法运动的军政费用的重任，落在时任军政府财政部长的廖仲恺身上。那时候财政拮据到已经无薪水可发，廖仲恺每月仅仅领得 20 元食宿费，但是他并不在意，只是埋头实干，以发行、销售公债的办法来筹款，并且亲力亲为，对于各地债券销售数目的报告、债票号码的呈报及其存根的缴交等问题，都提出了明确的要求，做出了相应的规定。

廖仲恺工作中一丝不苟，身边的同事说他没有一笔不清楚的账目，没有一宗无本人签字的收条支款。为筹护法运动军费，廖仲恺不仅发行销售公债，还想了各种办法，有记载说，向在上海的德国富商哈同借款近 140 万元，向海外爱国华侨广为募捐，力争增加盐税收入等，先后共筹得军费约 420 万元，用以支持护法军。

1919 年，廖仲恺担任中国国民党中央党部的财政部长，又千方百计筹款接济陈炯明、许崇智的援闽粤军，以助其发展壮大。廖仲恺为革命精心理财，他的财政管理能力和廉洁品质，得到孙中山及其他党内同志们的好评，时人称他为孙中山的“荷包”。

廖仲恺先后担任过广东省财政厅长、广州军政府财政部次长、中华民国政府财政部次长、中央银行董事会董事与董事长、广州国民政府委员兼财政部长、广东省政府委员兼财政厅长、实业投资委员会委员、广东省长等领导职务。他任职时曾做出宣誓：“诚敬宣誓，尽忠本职，恪遵国家法令，不得营私舞弊，接受贿赂。谨守誓言，决不违背。”从他的业绩来看，的确坚守了自己的誓言。他管理一省财政，经手的钱款数以万计，但每一笔账都清清楚楚。

日常生活中，廖仲恺和家人可谓清贫，衣食节俭。廖仲恺办公时都在食堂吃工作餐，有时因出席会议误了食堂钟点，他就请人去买一碗云吞面来充饥。他也不搞特殊化，有时出门办事，竟坐人力车。这种平民精神，在宦海要人中

① 参见胡波：《孙中山廖仲恺的财政思想与实践》，《广东社会科学》2015 年第 5 期，第 105 - 114 页。

实在少见。

廖仲恺的做法，也有人不太理解，觉得他太傻，问他为何如此清贫。他回答道："我们要做革命党的人，目前的私心是不能不放弃的。"又说："爱钱则民穷，民穷则国弱。"这样的话，今天听起来，仍然是金玉良言，警醒后人。

铮铮铁骨　临危不惧

廖仲恺一生为革命鞠躬尽瘁，在战乱纷争的年代，始终信仰三民主义，不忘革命初心，临危不惧。1921 年，孙中山为对抗北洋军阀，在广州组成了中华民国军政府，出任"非常大总统"，挥师北伐。岂料，粤军总司令陈炯明早就与孙中山离心离德，此时更是暗中勾结北洋军阀，破坏孙中山的北伐计划。而对付孙中山之前，陈炯明决定先斩断孙中山的"臂膀"廖仲恺。

廖仲恺接到陈炯明从惠州发来的电报，要他去相商要事，虽然事出蹊跷，但明知有诈仍然大胆前往。谁知刚出广州，廖仲恺便在途中被叛军扣押，被拘禁在石井兵工厂。两天后，陈炯明部兵变，公然炮轰孙中山的总统府，把孙中山推入危难之中。

面对这一触目惊心的事变，当时担任北伐军"出征军人慰劳会"总干事的何香凝，心急如焚。她四处打听孙中山及其夫人宋庆龄的情况，得知两人死里逃生的消息，方才放心。同时，她又打听丈夫廖仲恺的情况，从陈炯明的部下熊略那里得知丈夫还活着，于是她决心深入虎穴，进行搭救。

时值 6 月，广州已经热起来了。廖仲恺的囚室在一幢小楼的西室，更是闷热难当。他的手、腰和脚被 3 道铁链捆着，紧锁在一张铁床上，褴褛衣衫被汗污浸透，浑身难受。何香凝在熊略的帮助下，偷偷进了兵工厂，来到囚室前，用手抚摸着廖仲恺被铁链磨出的累累伤痕，看着他那营养不良、日渐消瘦的身躯，心如刀绞。

过了几天，何香凝又去探监，带上丈夫可以替换的衣服。可是，看守的士兵怕上司责罚看守不力，竟不敢解开廖仲恺身上的铁链。何香凝忍着愤恨，就用剪刀把廖仲恺的脏衣服从背后剪开脱下。看守士兵自然认识这对夫妻，知道他们是达官显贵，但是没想到这样高高在上的人也能吃苦，渐渐生出敬佩之意。何香凝当即灵思一动，向看守的士兵讲述陈炯明部队当年困守在福建漳州时，廖仲恺设法四处筹借粮饷支援的事，赢得看守士兵们的同情，这才开锁，允许廖仲恺换上了干净衣服。

又过了几天，革命党人为打击陈炯明，在香港谋刺陈炯明的一个同宗兄弟，结果使陈炯明恼羞成怒，准备对廖仲恺进行报复。同情廖仲恺的看守士兵把消息透露给了他。廖仲恺长叹，想到死有何惧，只是革命尚未成功，这样死去太不甘心。他趁着开锁吃饭的时候，向士兵要来纸笔，偷偷地连写了四首诗，抒发心中的愤懑。想到一对未成年的儿女，他眼中含泪，写了留给家人的绝笔。

何香凝探知丈夫可能被害的消息，她顾不得因痢疾折磨的虚弱病体，赶紧前往石井囚室探望。这时囚室已然警戒森严，看守士兵增加到5个。士兵仍然不准何香凝和廖仲恺谈话，只准远远地站着。廖仲恺见夫人来了，立即向她招招手，何香凝正待冲上前去，却被卫兵用枪挡住。革命不怕死，何香凝伸出右手一把抓住枪，大声喊：“你们放枪吧！我不怕。”那几个士兵被她的豪气惊得愣了神，何香凝冲到廖仲恺身边，廖仲恺立刻把一个小纸团递给了她。

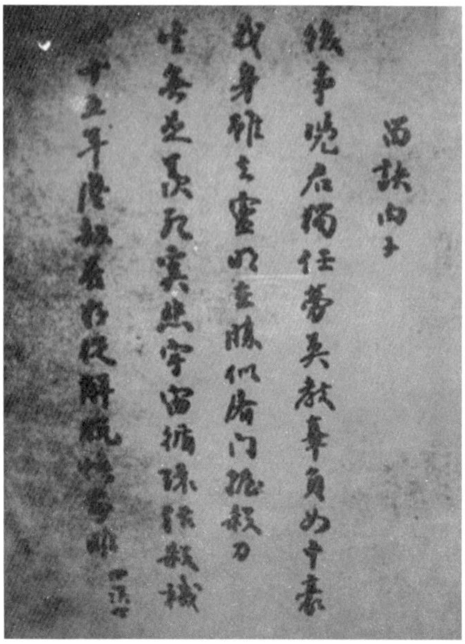

1922 年廖仲恺被囚时写的诗

何香凝告别囚室，焦急地打开纸团，方知是诀别诗。其中两首是回顾20年参加革命的心路历程，诗中挂念孙中山，痛斥陈炯明。另外两首是写给妻和儿女的。给妻的诗写道：“后事凭君独任劳，莫教辜负女中豪。我身虽去灵明在，胜似屠门握杀刀。”给女儿廖梦醒和儿子廖承志的诗中写着：“女勿悲，儿勿啼，阿爹去矣不言归，欲要阿爹喜，阿女阿儿惜身体。欲要阿爹乐，阿女阿儿勤苦学。阿爹苦乐与前同，只欠从前一躯壳，百岁会当委沟壑。人生最重是精神，精神日新德日新。尚存一言须记取，留汝哀思事母亲。”这样的诗句，表达了一个革命者视死如归的品格，也体现了对妻儿的眷恋深情。

何香凝流泪读着诀别诗，看着丈夫熟悉的字体，读了一遍又一遍。然后擦干眼泪，决定拼命营救。正巧，何香凝在日本留学时的同学龙荣轩来看她，龙荣轩是陈炯明部下，但对陈炯明部兵变表示不满，答应想办法救出廖仲恺。他向何香凝透露，陈炯明会在白云山开粤军高级军官会议，届时可以前去向陈炯明力争，逼他释放廖仲恺。这是个绝好机会，何香凝当即果断决定把握机会。

第二天，她搭乘龙荣轩的汽车来到白云山下，冒雨到了陈炯明的指挥部。她的突然出现，使在场的人感到惊讶。陈炯明愣了一会儿，假惺惺地站起来，倒了一杯酒，虚情假意地说：“夫人，你全身都淋湿了，喝点酒吧，不然要受寒。”何香凝接过酒杯，一饮而尽，当着在场军官的面，叱喝道：“我问你，孙先生有什么对你不起，仲恺有什么对你不起？民国九年，你们兵困漳州，士兵粮饷都发不出，要不是仲恺四处借款，连孙先生在上海莫利爱路的房子也拿出来抵押借款帮助你，你难道还有今天吗？我今天来到这，不再打算回家，你把我砍成肉酱我也不怕。仲恺是杀是放，你今天一定要回答我！"

陈炯明无言以对，只得敷衍说："这都是部下做出来的，详情我不知道。"随后写了一张条子，命部下将廖仲恺带到白云山。何香凝接过纸条一看，知道这是敷衍，又掷还给陈炯明说："不行，你今天一定要给我个明确的答复，是杀他还是放他?!"

一位军官十分钦佩何香凝的胆略，但又怕事情闹僵，就过来轻轻地劝她。可是何香凝仍不让步，陈炯明无奈，只好忍耐地问道："依你所见，怎么办才好?"何香凝直截了当地说："你做事要磊磊落落，要杀仲恺，就随你的便，我也做好准备，要杀一起杀了，也成全了我的志愿。要放他，就叫他和我一同回家，不必再带到白云山来。"陈炯明无奈，终于下令释放廖仲恺。

何香凝立刻动身，从石井兵工厂带廖仲恺回到广州，当时已是深夜了。廖仲恺被拘禁了两个多月，身体虚弱，伤痕累累。他已做好舍身成仁的准备，此时被救出，内心反而平静，好像没有发生过什么大事一样。他甚至对妻子说，自己有段日子没有工作了，要尽快步入正轨，马上投入工作。但是何香凝耐心劝说，认为陈炯明不会轻易善罢甘休，应该立即离开广州，保住有用的身躯，不做无谓的牺牲，才能继续革命。廖仲恺觉得言之有理，简单收拾，便立刻搭船去了香港，转道上海，与孙中山等人会合。

1922 年廖仲恺（二排左一）、孙中山（二排左四）等在上海

殚精竭虑　创建军校

孙中山在 1924 年分别创建了一文一武两所学校，文校为广东大学，即今天广州中山大学的前身，武校就是著名的陆军军官学校，即黄埔军校。廖仲恺是黄埔军校的主要缔造者之一。黄埔军校在近代中国历史上占有特殊地位，它为国民党、共产党双方都培养了一批军事人才，对广东革命根据地的统一和北伐战争的胜利都有重大影响。廖仲恺作为黄埔军校的创建者和第一任党代表，对黄埔军校的创建、政治工作等，都发挥了重大作用。

在筹办黄埔军校的时候，原本孙中山任命蒋介石为军校筹备委员会的委员长，廖仲恺从旁协助。但是筹建军校既缺经费，又缺枪械，更没有教官。蒋介石对孙中山有诸多不满，工作未满 1 个月，就以“环境恶劣，办事多遭掣肘”为借口，写了辞职书，回老家浙江奉化去了。廖仲恺对此不负责的行为非常气愤，说道：“创办军校是党的决定，不论谁来主持，都要办的，决不会因某人不来，便停办的。”于是他毅然挑起重担，成为代理委员长，为了保证各项筹备工作能够顺利进行，他到军校筹备处办公，以便及时处理重大事务。

军校筹备处成立后，3 个月中就召开了 30 多次会议，议决各项事宜，制定校章、修理校舍、聘请教官、招考学生、审查学生员资格、决定第一期教练计划、军服样式及书籍购置、编订教材等，事无巨细，廖仲恺都是亲自过问，亲自督促办理。

因为筹办工作太繁杂，必须细心办理，廖仲恺总是天不亮就起来工作，忙到废寝忘食。他的夫人何香凝晚年回忆，那时仲恺忙到早上 9 点了，还没吃早餐，午饭要到下午两三点才有时间吃上，每晚回家都在半夜两三点，有时甚至到凌晨 4 点才忙完工作回家。廖仲恺身兼数职，每事皆躬亲自为，精于考核，勤于业务，每天工作 16 小时以上也不喊累，总是精力充沛。

黄埔军校顺利开学，第一期学生就有 1 766 人。孙中山指定财政上每月拨给该校经费 3 万元，但是实际上每月能够落实的不过 6 000 元左右。批给黄埔军校毛瑟枪 300 支，实际上仅能领到 30 支，勉强够哨兵用，完全不能满足军校学生的需要。如何为学校筹得财政经费，这是廖仲恺思虑的大问题。虽然按照规划，黄埔军校学生的学费、住宿费、伙食费、服装费、书本费都是由广州政府供给，但当时把持广东财政的滇系军阀杨希闵对黄埔军校的经费处处留难，廖仲恺常常要与杨希闵进行各种周旋，才能拿到签字，然后领到钱款。当时滇、桂军阀都对廖仲恺恨之入骨，说廖仲恺是孙中山的“钱袋子”，表面上总是以各种借口敷衍他。

有一次，已过凌晨，廖仲恺还未回家，何香凝没有先睡，一直在家中等待丈夫。凌晨4点，廖仲恺终于回到家了，何香凝生气地问他还要不要保重身体，她担心丈夫这样超负荷工作，身体终会垮掉。对于夫人的不满情绪，廖仲恺无奈地解释："我晚上在杨希闵家，等他吸完大烟才能拿到这几千元，不然黄埔学生再过两天便无米食了。"何香凝听完不再生气，唯有心疼。又有一次，黄埔军校为学生买物资，可是钱不够，廖仲恺便回家向何香凝借400元钱，当时何香凝身上没有那么多钱，只好借家中女工的30元钱才凑足，为廖仲恺解了燃眉之急。

由于黄埔军校早期经费不足，而招生过多，导致校舍不够，部分学生不得不住在临时搭建的芦席棚子里。不但宿舍不够用，连冬日御寒的棉衣都紧缺。黄埔军校四期学生何崇校回忆，那时整个连队才有6件棉大衣，每班还分不到1件，学生们从年头到年尾都穿着草鞋，身上军装也没有供换洗的第二件。由于军训十分紧张，学生们身上的衣服常常是干了又湿，湿了又干，每到出操的时候，学生们闻着彼此的汗臭味，相视而笑。

张治中也回忆，黄埔军校创办之时，不仅教育器材、武器弹药严重不足，连伙食都是青黄不接，上顿不接下顿。"曾记得我们校长常常讲到这种困难情形，与我们廖先生商量，廖先生总是安慰他说：'你尽管专心教育学生吧，关于经费方面，都由我负责。'大家没有饭吃的时候，就由他去筹划，所以我们想到当时这种情形，廖仲恺先生真是'黄埔的慈母'。"后来政治教官恽代英开玩笑说："广东大学学生，是文而雅又弱；岭南大学学生，是香而艳又娇；黄埔学校的学生，是黑而臭又壮，但却是姑娘追求的目标。"

黄埔军校开学后，廖仲恺又再次担任广东省长、中央政治委员会委员、军事委员会委员、农民部长等多项职务，但他对黄埔军校党代表一职，始终尽忠职守，经常在百忙之中到军校做政治演讲，阐释三民主义的主要内容，宣传创建军校的目的。他在《救国三要件》演讲中说："要想救中国，只有三件事：就是要统一

黄埔军校开学典礼，左一为廖仲恺，证明台立者为孙中山

的组织，统一的意志，统一的精神。却是这三件事，须从国民党做起，尤其须从本校做起。如果这三件事都做不成功，就是本校失败。本校失败，就是国民党失败。”① 廖仲恺还对师生讲授“帝国主义侵略史”“三民主义”等课程，希望学生肩负救国救民的大任。

廖仲恺在黄埔军校任国民党代表，努力解决办校急需的经费、武器等困难，领导全校的政治教育逐步走上正轨，从而保证了军校能在短时间内培养出一批合格的新式军政人才，为军校教导团和党军第一旅的成立提供大批基层干部。故而后来黄埔军校校长蒋介石也惭愧地认为，为黄埔军校出力最大、功劳最高的，实为廖先生。他说：“我们的党军是从哪里来的？……可以说是一个人奋斗而来的，这个人是谁？就是我们的廖党代表，所以廖党代表是我们党军的慈母。”

继承遗志　鞠躬尽瘁

孙中山在改组国民党的过程中，逐步形成了三民主义新政纲，廖仲恺对这一新政纲及其相关政策理解得最为透彻，奉行得最力。廖仲恺说过，“本党之宣言及政纲，是革命的性质”，“嗣后无论如何，必须以此宣言为奋斗进行之标准，努力前进，贯彻本党主义，完全达到目的”。在孙中山决志改组国民党，实施“联共”政策时，廖仲恺也最拥护。

国民党召开第一次全国代表大会期间，邀请一些共产党员参加。有一天，与会代表们讨论是否通过新党章，在党章写入“党员可以跨党”的条文，当时有代表坚决反对，认为这一条文“联共”“亲共”，破坏国民党的纯洁性。言论一出，会上一片哗然，廖仲恺马上挺身而起，提出批评，坚决支持党员可以跨党，他说：“对于加入本党的人，我们只需问他是否诚意来革命的，此外即不必多问。”他认为共产党员加入国民党，帮助国民党改组，这是为国民党注入活力，是一种新生命。廖仲恺的发言说服了多数与会者，后来投票表决时，新党章获得通过，象征孙中山“联共”政策成为定案。时人评价道：“廖先生一生于党国最伟大的功绩，首在赞助总理改组国民党。”

廖仲恺从自身的革命实践出发，对孙中山提出的“中国革命，非以俄为师，断无成就”的论断深有同感。国民党“一大”会议之后，廖仲恺在支持并落实孙中山“联俄”政策方面，同样是尽心尽力，他接待苏联派来帮助中

---

① 尚明轩、余炎光编：《双清文集（上卷）》，北京：人民出版社 1985 年版，第 641 页。

国革命的鲍罗廷等国际友人，虚心地向他们学习，诚恳与他们共事，并且关心苏联顾问的生活，帮助他们解决工作和生活中的难处。相处之后，苏联友人对廖仲恺评价很高，把他视为志同道合的知己。据鲍罗廷夫人回忆，她与丈夫和苏联其他同志刚刚到广州时，非常不适应中国的生活，但有幸与廖仲恺结识，得到很多帮助，每次他们遇到困难时打电话给廖仲恺，问题一定会得到解决。有一天半夜，一位在黄埔港的苏联船员生病，情况危急，必须转送医院，但是苏联同志们人生地不熟，便打电话给廖仲恺求助，没想到廖仲恺不顾睡眠，当夜立刻亲自往医院接洽，患病的苏联船员才得以前来医治，保住性命。

正当廖仲恺以全部心力执行孙中山和国民党的决策之际，哪知风云变幻，1925 年 3 月 12 日，孙中山病逝，廖仲恺痛失革命的导师和挚友，而革命的果实也岌岌可危。因为这时国民党右派利用在国民党中央和广东各地窃据的党政军部分权力，操纵一些军队和地方武装，破坏工农群众组织，甚至掳杀工农群众和工农运动干部。掌握实权的国民党中央执行委员里的一些人，同北洋军阀联手，和帝国主义勾结，正密谋发动武装叛乱，妄图颠覆广东革命政府。在此危急的关键时刻，廖仲恺挺身而出，号召全党同志继承孙中山未竟之志，发扬孙中山革命精神，继续贯彻“三大政策”，坚持反帝国主义和反封建主义，将孙中山开创的革命事业进行到底。

孙中山（左）与廖仲恺

就在孙中山先生逝世后的几天，廖仲恺便在黄埔军校对第三期入伍生做了《实现总理遗志》专题演讲。他哽咽说道：“孙总理是国民革命的首领……现在总理逝世了，我们党内失去了一个导师，一个指导者……我们要继承总理未竟之志，应该把总理遗留的三民主义，作为国民革命的唯一指南针和救国的唯一方针。”

1925 年 5 月，他又在《革命周刊》第一期发表了《革命派与反革命派》一文，震慑国民党右派。这篇文章旗帜鲜明地提出中国革命的性质，即对内要打倒官僚军阀、一切反动力量，对外要抵抗帝国主义者的重重压迫。在革命前进的过程中，必然要发生革命派与反革命派的分化与对立。看一个人是否忠于革命派，要看他的实践。革命队伍内的反革命派往往以伪装身份出现，以假象骗人，他们勾结官僚军阀与帝国主义者，极力压抑占我国人口最大多数的农工。廖仲恺还揭露反革命派表面上以“稳健”自居，实际上行反对三民主义之事，背叛总理遗言。

《革命派与反革命派》反映了廖仲恺彻底的民主革命精神，基于上述思想，他坚定不移地站在工人一边，支持工人反对帝国主义、军阀、国民党右派的斗争。一次，廖仲恺从广宁县农民协会的报告中，得知该县县长阻挠减租运动，他非常生气，派人叫县长到农民部，严厉教育了一番，说：“你究竟是拿谁的薪水，吃谁的饭？你拿政府给你的薪水，吃农民的饭，却无视政府的政策，不支持农民。人家说县长是农民的父母官，你不去保护农民，却去调停农民的减租运动。你已经失去当县长的资格，回家去吧。”就这样，廖仲恺撤除了县长的职务。

为了培养农民运动的干部，廖仲恺大力支持在广州建立农民运动讲习所，他派出国民党中央农民部秘书、共产党员彭湃担任讲习所第一届主任，并亲自兼任第一届和第二届的教员，还多次百忙之中到讲习所讲演和授课。廖仲恺也曾不辞劳苦，多次到香山（今中山）、南海等县访问农民，了解农民的疾苦。他随身携带行军床，晚上就睡在农民家中，与农民同吃同住，体验他们的生活。

廖仲恺非常同情工人罢工，也支持工人的反帝运动。1925 年 6 月 19 日，震惊中外的省港大罢工爆发，廖仲恺担任广东群众性反帝斗争组织“广州各界对外协会”主席，又亲自主持了广州工、农、商、学、兵各界人民群众及香港罢工工人共 10 万人参加的反帝集会和示威游行，并发表重要演说，演说中主张取消中国与各帝国主义国家签订的不平等条约。他的言论使集会者大受鼓舞。廖仲恺还与罢工委员会成员一起制订罢工策略，维护工人的权益，抵制敌人的破坏。何香凝晚年回忆当时廖仲恺忙碌的情景说：“真是可以说废寝忘餐了，每天清晨就出去，很晚才回家来，常常在半夜还要起床，为省港罢工委员会交涉事情或筹募款项。”

廖仲恺、何香凝之墓（南京紫金山西麓）

廖仲恺是最忠于孙中山及其革命

事业的国民党领导人，他和妻子何香凝于 1903 年秋结识孙中山，从此夫妻俩就追随孙中山投身民主革命运动。廖仲恺虽历经艰险，冒性命之危，却从不后悔，更难能可贵的是，1925 年孙中山病逝后，廖仲恺强忍着悲痛继承孙中山遗志，捍卫联俄、联共、扶助农工“三大政策”，直至生命尽头。在廖仲恺去世（1925 年 8 月 20 日）之后，遗孀何香凝又继承夫志，不忘革命本心，把儿子廖承志培养成革命事业接班人，使革命精神代代相传。

自由之花 《逸史》亦华

——冯自由与孙中山

韩明章

有一篇《说中华民族之花果飘零》①，描述“一园中大树之崩倒，而花果飘零，遂随风吹散；只有在他人园林之下，托荫蔽日，以求苟全；或墙角之旁，沾泥分润，冀得滋生”，借以比喻散落海外的华侨华人，“流亡在外的侨胞，都注意到如何能再回大陆，而只以侨居异地，为临时之计”，道出了无数海外华侨华人的心声，也是近代中国华侨遥居海外却策动国内革命、不忘初心的写照。

冯自由，1882 年 12 月 23 日生于日本横滨一个华侨家庭。原名懋龙，字建华，祖籍广东省南海县（今广东省佛山市南海区），14 岁即加入兴中会，自诩为“马前一小童”，跟随孙中山从事革命，“于总理创业垂统之伟绩丰功，嘉谟嘉猷，以及诸先烈先进经邦纬国之精神，致命遂志之奇节，莫不亲见亲闻，参与其事”②。他所著的《革命逸史》是近代中国民主革命历程的记录，并被誉为信史，以革命的亲历者、严谨的史家视角，为中国近代史提供了丰富的、鲜为人知的史料。

冯自由像

《革命逸史》初集林森题字

① 唐君毅：《说中华民族之花果飘零》，《祖国周刊》1961 年第 35 卷第 1 期。
② 孙科：《孙科序》，见冯自由：《革命逸史（上册）》，北京：新星出版社 2009 年版，第 1 页。

横滨初会 半生追随

横滨被誉为孙中山海外策源革命的摇篮。横滨中华街是日本乃至亚洲最大的唐人街，与神户南京町、长崎新地中华街，并称为日本的三大中华街。有学者认为，“19 世纪末横滨中国城的建立，实际上与近代中华民族的建构过程同步”。1853 年横滨开埠，成为日本国内第一批通商口岸。缘于地理位置毗邻东京，交通便利，横滨吸引了中国东南沿海的许多商人接踵而至，逐渐在山下町一带开辟出了“南京町”。日本官方称这里为“清国人居留地”，西方人则称为“中国城”。町内以广东移民居多，粤语自然成了侨民的通用语言。冯自由的父亲冯镜如便是粤籍华侨中的一个。

冯镜如生于香港，英籍华人，英文名 Kingsell，译音经塞尔，兄弟 4 人，冯镜如排行老大。父亲冯展扬，早年在香港经商，后因为结识太平天国“红头贼”而被捕关押进南海县狱，最后瘐死狱中。冯展扬的囹圄之灾，对冯镜如感触极大。冯镜如为免受株连而东渡日本逃生，在横滨山下町五十三番开设文经商店（又称文经活版所），以经营活版印刷和装订为生。冯镜如平日为人仗义疏财，排难解纷，在当地侨商中很有威望。甲午一战，清朝惨败，他毅然剪除辫发，被旅日华侨称为“无辫仔”。

冯镜如与孙中山相识是由横滨均昌洋服店主人谭发介绍的。1894 年 11 月 24 日，孙中山在檀香山创立兴中会，以“驱逐鞑虏，恢复中华，创立合众政府”为誓词宣传发动革命。在从檀香山返回香港的船上向乘客及登轮侨胞演说时，有一位叫陈清的华侨颇有共鸣。当船在横滨靠港停泊时，陈清便邀请好友谭发登船，谭、孙一见如故，并表示愿意襄助。广州起义失败后，孙中山和郑士良、陈少白一起乘日本邮轮“广岛丸”逃往日本，1895 年 11 月 17 日到达横滨，投奔横滨南京町的谭发。谭发介绍 3 人住在山下町五十三番的冯镜如开设的文经商店 2 楼，于是文经商店成为孙中山革命事业与横滨华侨华人的汇聚地，孙中山自此得到了当地华侨的人力、财力、物力支持。11 月 20 日，兴中会横滨分会成立，冯镜如被推举为会长，其四弟冯紫珊为干事，年仅 14 岁的冯自由也加入兴中会，成为会中最年轻的同志。

冯家作为海外众多华侨的一个缩影，既与海内同乡同胞往来商品贸易，又支持国内同胞和有识之士革新中国。冯自由出生成长于这样的华侨家庭，在与孙中山相见相识往来渐多后，思想更加独立开放。据冯氏在《革命逸史》中自述，“兴中会成立后约一星期，某日中山、少白、士良三先生在余家午膳，余侍末座。中山先生询余好读何书。余曰，好读小说。中山先生曰，好读哪部小说？余曰，《三国演义》。中山先生曰，《三国演义》人物汝最喜欢何人？余曰，孔明。中山先生笑曰，汝知喜欢孔明，即是明白古今顺逆之理。我等之兴中会便是汉朝之刘备、诸葛亮。今之满洲皇帝，便是曹操、司马懿。我等之起兵驱逐满洲，即如孔明之六出祁山也。因谓余父曰，令郎能熟读《三国演义》，何不令其入会？余父遂命余填写誓约”，这便是冯自由童年即加入革命党的原因。

当冯自由自称“马前一小童”的时候，孙中山已经成为领导中国民主革命的先行者，吹响了第一次广州反清起义革命的号角。

先是，甲午战争前夕，孙中山在《上李鸿章书》中，提出富强与治国的根本在于“人能尽其才，地能尽其利，物能尽其用，货能畅其流”，但其主张并未被采纳。甲午黄海一战，清朝30年洋务运动的“自强”成果在4个多小时中灰飞烟灭，痛感改良无望、报国无门的孙中山转向革命。1894年11月，孙中山在檀香山创立兴中会，揭开了民主革命的大幕，1895年2月21日，在香港联合辅仁文社的杨衢云、谢缵泰成立香港兴中会，以经营贸易的“乾亨行”商号为名，广结志士，图谋反清。10月10日，商讨决定于10月26日（农历九月初九）在广州起义。后因事机泄密而失败，港府颁发驱逐令，孙中山5年不准进入香港。第一次广州起义虽然失败，但孙中山并没有放弃革命的信念，而是转向海外远赴日本，宣传革命，广结同志，将革命的种子传播至海外华侨华人世界。

更名“自由”　革命以谋

早年海外华人多受凌辱，华人子女更是如此。冯自由加入兴中会后，耳濡目染，思想更趋自由平等，反对压迫。1895年冯自由在东京晓星学校未及毕业便中途退学，就是不堪忍受屈辱所致。东京晓星学校是在日本的法国天主教会所办，教学以法文为主，辅以英文、日文，全校学生约200人，以欧美和日本儿童居多，华人则只有冯自由和均昌号谭发的弟弟谭庚二人，经常被其他同学欺侮，有的甚至说中国人污秽“Chinese people，too much dirty”，并且常常被寻衅殴击。冯自由曾因自卫而伤到挑衅的欧美同学，被校长惩罚，终因不堪同学凌辱而退学回到横滨。①

海外华侨虽然远渡重洋身处异域，但依然固守落叶归根的传统思想，广大

① 冯自由：《横滨大同学校》，见冯自由：《革命逸史（上册）》，北京：新星出版社2009年版，第48页。

华侨强烈希望自己的子女能够熟习中文，了解祖国。1898 年，侨商在横滨创办大同学校，接收当地华侨华人子女，以便使更多的华侨得到系统的教育。学校的教学兼以中学、西文、东文，初期中文教员均为广东籍，如南海陈荫农、顺德陈默庵、番禺汤觉顿，西文教员顺德陈鉴湖，东文教员井上太郎。冯父镜如为大同学校协理，叔父冯紫珊为值理。为学习中国文化，冯自由进入横滨大同学校学习，除了学业和思想日益精进外，在大同学校这所横滨最早的近代新式华侨学校结识了一大批日后的志士同仁，包括苏曼殊、郑贯一等，为以后的革命事业积累了广泛而又丰富的人脉。

横滨大同学校尤其侧重国内时事与救国教育，唤醒华人子女的祖国意识。冯自由本人回忆，学校经常在教室黑板上和课本上书写“国耻未雪，民生多艰，每饭不忘，勖哉小子”等语，并编写短歌：“亡国计，如何计，愿难成，功莫济。静言思之，能无恋愧！勖哉小子，万千奋励！”这样方便学生每日诵读，号召学习不忘救国，激励和鞭策学生救国救民、勿忘国耻。冯自由入读大同学校后，品学兼优，考试名列前茅，意气风发，甚至有“扶危定倾舍我其谁”的豪语气概，还曾经写下一副对联：“大同大器十七岁，中国中兴第一人。”

1899 年春，冯自由因课业优异、熟悉英语，被徐勤推荐为康有为的海外随行翻译，只是冯自由对康有为等的专制与保守思想越发排斥而拒绝。1900 年，因为反对康有为等对自由言论的禁锢，改名自由。“自由”的“出世”是与当时华侨的思想变化同步的。戊戌变法失败后，维新派远赴海外继续鼓吹改良维新，日本的华侨华人也多追随者，并先后创办了大同学校、《清议报》。1898 年 12 月 23 日在日本横滨创办的《清议报》，以“主持清议，开发民智”为宗旨，大量介绍西方资产阶级政治学说，是戊戌变法后康有为、梁启超在海外所创的第一个舆论机关，对于推广民智、提振民气有深远影响。1899 年 12 月 19 日，在梁启超离开日本前往檀香山后，《清议报》和东京高等大同学校均由麦孟华代办，报纸言论受到康有为的遥控监管，舆论风气骤然收紧。1900 年夏初，康有为对报中言论颇为不满，不许再提“自由”二字，“独立”二字也被禁止。冯自由加入兴中会后受革命思想的熏陶，对康有为的保守行为颇为不屑，称“汝不敢言自由，我即更名自由，看谁人可以侵犯我之自由”，并在黑板上大书“冯懋龙即日改名自由”字样，以示与康有为割裂。改名一事，表明冯自由已然认识到康梁维新派保守保皇的真面目，革命思想日趋成熟且坚定。

1900 年，冯自由进入东京早稻田大学学习，耳濡目染，思想更趋自由，对革命的信念越发坚定，与大同学校的同学郑贯一（自立）、冯斯栾（自强）

等组织开智会，创办《开智录》，以“救中国之沦亡，济黄种之灾厄”为目标，提倡办学校、办报馆、著书、演说，与《清议报》论战，以开民智，宣传革命。期间，冯自由写作小说《贞德传》（一名《女子救国美谈》），颂扬了抵抗英国侵略的法国女英雄贞德，通过贞德的故事阐明救国不是一个人的事情，而是全体国民共同的事情。

1901 年春，鉴于“东西各报忽有清廷将割让广东于法国之风说”，冯自由与李自重等人组织创立广东独立协会，经常到孙中山住处筹商讨论，得到了孙中山的赞赏，成为广东籍留学生与孙中山接触的开始。后来又创办《国民报》，出任发行兼编辑人，号召大家以“破中国之积弊，振国民之精神”为宗旨，进一步宣传推介革命。

冯自由在日读书期间的办报经历以及其对革命信念的坚定，赢得了孙中山的认可与信任。1902 年，冯自由肄业于早稻田大学，受孙中山委托，出任香港《中国日报》驻日记者，进一步宣传发动革命。后来孙中山转赴檀香山时，甚至将革命军事学校的党务委托于冯自由。在孙中山到檀香山改组《檀山报》时，曾写信嘱托冯自由协助聘任可靠之人出任主笔主持《檀山报》，与保皇派的《新中国报》论战。

1903 年，为进一步联络更多的有志之士，发展革命的有生力量，冯自由加入横滨洪门三合会，封为“草鞋”（即将军）。受孙中山的委托，冯自由与兴中会员梁慕光在横滨组织三合会，秘密联络会党人士，发展会员。鉴于洪门会党在海外有着广泛的信众基础和物力、财力，为获得洪门和海外华侨华人的支持，1904 年，孙中山经洪门前辈钟水养（木贤）介绍在檀香山加入致公堂，任职“洪棍元帅”。通过加入洪门，以此为契机，在海外革命活动打开了一个新局面。孙中山在美洲致公堂大佬黄三德等人的支持下，改组洪门的报刊，夺回被保皇党所把持的致公堂喉舌《大同日报》的大权，与保皇派展开论战，为革命制造舆论。后来，海外洪门成为辛亥革命的重要依靠力量，在孙中山的筹款活动中发挥了重要的作用。黄花岗起义前夕在美洲募捐时，获得温哥华致公堂捐港币 1 万元，加拿大致公总堂将维多利亚致公总堂的公产抵押得 1 万元全部捐助革命，并在旧金山设立洪门筹饷局，通过发行债券动员组织华侨捐款，为革命筹措了大批资金。武昌起义爆发，致公堂仍在为革命党人汇款，甚至武昌起义成功后孙中山回国，都是在美洲洪门致公堂资助下顺利成行的。据王时泽回忆，入会仪式由冯自由等主持，入会程序有钢刀架膀宣誓、跳火盆、共饮鸡血酒等，然后冯自由向入会者交代了一些规矩，最后每人交纳 10 元会费。所以后来冯自由自称“同道中人”是源于孙中山早年为参加革命也曾加入海外洪门。

1905 年 7 月 19 日孙中山从欧洲返抵日本，即由宫崎寅藏和杨度等人介绍与黄兴认识，并开始筹划联合革命。7 月 30 日，孙中山、冯自由等人从横滨到东京参加预备会议，会议确定了中国同盟会名称，推举孙中山为总理，以“驱除鞑虏，恢复中华，创立民国，平均地权”为纲领。随着革命形势的发展，8 月 20 日，在日本人内田良平牵线下，孙中山联合各省留日学生代表在东京联合成立中国同盟会，并仿照西方民主政治中行政、立法、司法三权分立的原则，设立同盟会本部机构执行部、评议部、司法部，冯自由首批加入中国同盟会，与梁慕光、田桐等 18 人被推为评议部议员。

随着海外舆论宣传的升温，革命事业如火如荼。27 日，由冯自由介绍，秋瑾在黄兴的住处加入同盟会，被推为评议部评议员和浙江主盟人。像冯自由、秋瑾等海外华侨和留学生，在同盟会的统一领导下，国内外纷纷建立支部和分会，联络华侨、会党和新军，发展党员同志，同盟会逐渐成为全国性的革命组织，革命力量日渐壮大。

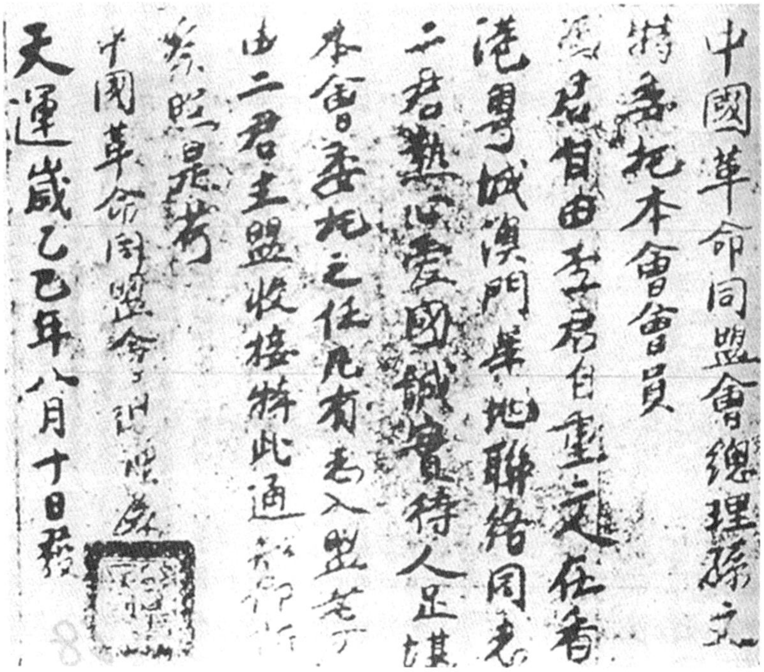
中國革命同盟會總理孫文
特委托本會會員
馮君自由李君自重在香
港粵城澳門等地聯絡同志
二君熱心愛國誠實待人足堪
本會委托之任凡有志入盟者可
由二君主盟收接特此通知仰各
知照是荷
中國革命同盟會總理孫
天運歲乙巳年八月十日發

1905 年 9 月 8 日，孙中山在同盟会给冯自由及李自重的委任状

9 月 8 日，冯自由受孙中山委派，与李自重（冯自由的妻兄）二人赴香港组织同盟会香港分会，冯自由任书记及《中国日报》记者。委派函如下：

中国革命同盟会总理孙文特委托本会会员冯君自由、李君自重二人在香港粤城澳门等地联络同志。二君热心爱国，诚实待人，足堪本会委托之任。凡有志入盟者，可由二君主盟收接，特此通知，仰祈察照是荷。中国革命同盟会总理孙文押（印）

鉴于地理位置的特殊性，香港既是革命指挥和策划中心，又是经费筹集与转汇中心、军火购制与转运中心、海内外革命同志联络与招募中心，也是每次起义失败后革命党人避难与中转中心。从 1895 年建立香港兴中会至 1911 年辛亥革命成功，孙中山领导发动的 10 次武装起义中，有 6 次是香港兴中会和同盟会香港分会以香港为基地秘密发动的。

冯自由能被孙中山委任主持香港分会，除了孙中山的信任外，还与冯自由和香港的特殊关系有关。1902 年，冯自由与李自平结为伉俪。李自平原名三多，其父为香港金利源和水利源药材店的老板李煜堂，李煜堂创立了广州电力公司、广州河南机器磨面公司、泰生源出入口货行等企业，并加入香港同盟会，支持革命运动，甚至将所开办的金利源药材店作为革命活动的秘密联络处。李自平的长兄李自重，原名李炳星，1900 年赴日本留学，后与冯自由相识投缘，在横滨共同组织广东独立协会，曾在孙中山所创办的革命军事学校学习，并加入同盟会。鉴于香港具有连接海外与国内的特殊性和重要性，1905 年，冯自由与李自重等受孙中山委托回香港组织同盟会分会。

冯自由在香港分会期间，利用《中国日报》宣传媒介平台，宣传推广革命。曾创用“三民主义”一词，在《民报》广而告之。1906 年，冯自由任中国同盟会香港分会会长，并取代陈少白任《中国日报》社长兼总编辑，进一步借助香港独特的地理位置以及冯氏在香港的特殊角色，联通海内外革命志士，直接参与筹划中国西南各省的数次起义。

1910 年夏，冯自由赴加拿大，任温哥华《大汉日报》总撰述，兼美国旧金山《大同日报》笔政，与保皇党喉舌论战，进一步在海外宣传革命、鼓动反清，团结当地华侨华人支持、支援革命，充实革命队伍。1911 年初，孙中山来到加拿大时，洪门人士迎候于车站者数千百人，冯自由在致公堂设立洪门筹饷局，积极举办筹款活动，支持响应孙中山，并提议“各埠致公堂皆置有产业，若能使之变卖助饷，实为事半功倍”，后募的抵押款项合计港币 3 万元。在孙中山离开加拿大后，冯自由受委托组建中国同盟会加拿大支部，出任支部长，通过其华侨的特殊身份动员当地华侨华人，为黄花岗起义筹到了巨额经费。

民国肇建 任职中枢

武昌起义后，冯自由被推举为旅美华侨革命党总代表回到祖国，协助组建南京临时政府。1912 年 1 月 1 日，南京临时政府成立，孙中山就任临时大总统，宣誓“倾覆满洲专制政府，巩固中华民国，图谋民生幸福，此国民之公意，文实遵之。以忠于国，为众服务，至专制政府既倒，国内无变乱，民国卓立于世界，为列邦公认，斯时文当解临时大总统之职，谨以此誓于国民”。冯自由出任临时大总统的机要秘书，协助孙中山于临时政府时期初步建章立制。2 月 22 日，被委任为外交部商务司长。

1912 年，孙中山委任冯自由为外交部商务司长的委任状

3 月 10 日，袁世凯在北京接任临时大总统，经孙中山、黄兴推荐，5 月 7 日，冯自由被任命为北京政府临时稽勋局局长，汇集革命史料。关于“临时”一词，时人多有不解，因当时所有局都没有“临时”二字，据报载称，“此次革命成功民军具有功勋者甚多，现在对于此事欲行考核，遂设立此项机关，借以位置冯自由。然南京临时政府成立时并无稽勋局之设，既恐与南京官制不合，又恐惹起参议院之反对，乃冠以临时二字，以示非永久的机关也。如参议院反对，则仍可取消云”。民国初立，万象更新，但新成立的临时政府的临时局长，在中国近代史上也算是一个奇特现象了。①

① 参见 1912 年 5 月 25 日《申报》。

在稽勋局局长任内，除了稽勋编撰和办理恤赏事务[①]，冯自由还促成了民国后第一批留学生的派遣。10 月，为了奖励有功勋于革命和有志于革命的青年子弟，稽勋局选派宋子文、杨杏佛、任鸿隽、刘鞠可、黄芸苏等 25 人，由教育部送往美国和欧洲留学，财政部专拨款项作为留学的置装费和路费，这批学生成为“稽勋留学生”，为民国建设储备了一批专业人才。

1913 年二次革命爆发，国民党与袁世凯双方势力剑拔弩张，“只问顺逆，不问党派”，北京城中因戒严而风声鹤唳，冯自由一度被搜查逮捕。[②] 经保释后南下避难于香港，却被香港当局以协助捉拿中国乱党为名再度拿获，有报章以《冯自由险些不得自由》为噱头，鼓动香港政府拘押，但后经法庭判定而释放。[③]

离开香港辗转到日本，冯自由任华侨联合会会长，联合海外各方力量，支持孙中山建立中华革命党，被委任为中华革命党党务部副部长。旋奉孙中山之命赴美国，向华侨宣传反袁，为革命继续筹款。1915 年，任国民党美洲支部长、中华民国公会总会长等职，和林森等人到各地筹得 120 多万元军费，为讨伐袁世凯提供了海外援助和支持。

1917 年，冯自由响应孙中山的号召，与党人一道拥护《临时约法》，要求恢复国会。7 月 17 日，孙中山率舰抵达广州，正式揭起护法旗帜。冯自由追随南下，任海陆军大元帅府参议，协助孙中山在广州开展护法。1918 年 5 月 20 日，非常国会改组军政府，以七总裁取代大元帅，孙中山因被架空，辞去大元帅一职，护法运动失败。

改组风波　成败萧何

护国运动、护法运动接连失败，1922 年 8 月，孙中山离开广东北上，寻求新的出路，开始联俄外交。1923 年，孙中山决定改组国民党，冯自由被指派为国民党临时中央候补执行委员兼常务委员。

1924 年，孙中山同意共产党员以个人身份加入国民党，帮助改组国民党。1 月 20 日，中国国民党第一次全国代表大会在广州召开，冯自由虽被指定为大会宣言审查委员会委员，但因对与苏联合作和改组国民党持怀疑、消极态

① 冯自由：《民元临时稽勋局小史》，见冯自由：《革命逸史（第三集）》，北京：中华书局 1981 年版，第 346－367 页。

② 参见 1913 年 7 月 28 日《申报》。

③ 参见 1913 年 12 月 22 日《申报》。

度，对孙中山联俄、联共政策一直不认同，甚至表现出公开的对抗态度。鉴于冯自由的离心偏向，国民党一届二中全会之后，冯自由受到了孙中山的公开斥责，并被引之为戒，警告党内，若有“再无端挑起是非，我们就将采取对冯自由一样的方法来对待他们”。冯自由离开广东赴上海。

1924 年冬，冯自由和章炳麟、田桐等人在上海商讨反对国民党“容共”改组，“号召同盟旧人，重行集合团体，以匡救危局”。冯自由以“护党救国公函”作为该文件的标题发稿布告，希望得到党内同志的支持。1925 年 1 月 7 日，冯自由在北京组织成立“国民党海内外同志卫党同盟会”，希望进一步引起党内注意。3 月 8 日，冯自由等人组织的“国民党同志俱乐部”在北京大学第三院召开成立大会，发表宣言称“吾党三民主义与共产主义，绝不相侔”，反对联俄、联共、扶助农工“三大政策”。

1925 年 3 月 12 日孙中山逝世。3 月 27 日，冯自由被国民党中央执行委员会开除党籍。作为国民党右派，冯自由曾通电公开批评蒋介石、汪精卫。但他也坚持不与同属国民党右派的西山会议派合作。1927 年蒋介石发动“四・一二”政变，冯自由对蒋介石屠杀中国共产党人及进步青年十分反感，转而经商，表示不愿与蒋介石合作，后来也没有参加国民党内反对蒋介石的派别活动。1935 年，经孙科提议，冯自由得以恢复国民党党籍。

1928 年春，冯自由感于“国人对于革命开国之往事，茫无所知，实足以影响国运之兴亡，乃发奋搜集三十年来所宝藏之各种书札笔记表册报章等，并广征故旧同志所经过之事迹”，写成《中华民国开国前革命史》3 卷。

冯自由像，《民国名人图鉴》刊载，杨家骆编，1937 年

1936 年，冯自由“环顾国内出版之开国记载，仍复浅陋不详，而国人对于辛亥前革命伟业，亦多数典忘祖，喜谤前辈，此真民国盛衰存亡之大关键”①，续作《革命逸史》，侧重个人传记及轶事，本意“补正史所不及”，与载述每次革命运动本末的《中华民国开国前革命史》相辅相成，互相印证，补其所未及，“加强国人对本党之认识，了解民国缔造之艰辛，阅历之险阻，确立共同之信念，而振发其爱国保种之心志，奠定民族复兴之始基，则其直接

① 冯自由：《自序》，见冯自由：《革命逸史（上册）》，北京：新星出版社 2009 年版，第 11 页。

间接贡献于党国者，诚不浅矣”[1]，至 1948 年方全部完成。

冯自由自称其《革命逸史》是“最有根据及最有价值之正史材料”，但“缺乏清季革命时代的正史”。平实而论，冯自由笔下的史料有其原珍的价值，但亦有很多错漏与不实。这是不能苛求的，因为一个人的经历和视野有限，难以多维度地把握其“原生态”，这或许是“横看成岭侧成峰”的要义所在。

1958 年 4 月 6 日，冯自由在台北病逝。冯自由一生追随孙中山从事国民革命，被誉为“最年轻的党内元老”。冯自由与孙中山在海外策源革命中初见初识，在筹划革命中砥砺前行，在继续革命中产生分歧，其思想并非从一而终，而是渐进变化的，有时是在反复中演化的。对历史人物的定位与评价，要具体情境具体分析，既要看到历史环境对个体的约束与限制，又要看到历史人物个体对历史的推动与贡献，将历史人物归位于历史的时空轨迹中，方不失公允。

① 孙科：《孙科序》，见冯自由：《革命逸史（上册）》，北京：新星出版社 2009 年版，第 1 页。

革命富人　共和元勋

——李纪堂与孙中山

李　飞

香港，就其地域而言，对于祖国大陆，可谓“弹丸之地”；论其地位，对于近代中国历史而言，却十分特殊，甚至举足轻重。孙中山青年时期在这里接受了现代文明的洗礼，萌发了报国、救国的革命理想和信念，未及几载，他以民主革命先驱的身影，指点江山：凭借这里难得的地理优势，组织、宣传、策划反清大计，掀起了武装反清的风雷。

孙中山之所以选择香港作为反清的跳板，不仅因为这里的“地利”——毗邻省垣广州，便于起义的“输入”与退守；更缘于此处有“人和”——反清志士藏龙卧虎，志同道合者铁肩担道义，更有肝胆相照的“革命富人”愿意毁小家、纾国难。

众所周知，革命事业的开展，除了满腔热血的革命志士之外，更需要大量的财力与物力支持，而在孙中山筹集巨额革命经费的过程中，香港的商界正是重要来源之一，甚至可以称为主力。援助过孙中山的香港商人很多，如黄咏商、余育之、李煜堂、李自重、李纪堂、林植勉等，而只有李纪堂，被冯自由称为“清季革命党员捐助历次起义军饷最巨者，以李纪堂为第一”[①]，堪称主力中的主力。

李纪堂像

有人曾誉称“华侨为革命之母”，而不惜一切代价，甚至自毁家产，支援孙中山早期革命事业的李纪堂，以上百万身家的“豪富”身份毅然投入革命大业，从“革命富人”一度变成破产入狱的

① 冯自由：《革命逸史（初集）》，北京：中华书局1981年版，第92页。

“革命穷人”，则以事实说明了虽不属于狭义华侨范围内的华人港商，在爱国情感和支持革命的问题上，与华侨并无二致[①]，甚至因为他们毗邻祖国，而对革命有着更深刻的感受和体会，以至做出更大的牺牲与贡献。从“革命富人”到“革命穷人”，再到“共和元勋”，李纪堂的事例生动地诠释了无论是华侨还是华人港商，只要作为中华民族的一分子，在祖国面临危难亟须革新之际，同样都会伸出援手，出钱出力，成为推动历史进步的重要力量。

初识中山　投身革命

李纪堂（1873—1943），名柏，学名宝伦，号纪堂，广东新会人。他的父亲李升，又名李璇，本在新会七堡教书，1854年为了躲避战乱，举家从新会迁居到香港，在香港创业，主要从事金钱兑换业务，先开设了礼兴号金山庄，后来又将业务扩展至土地买卖、船舶租赁及供应船只物品等，渐成巨富。在1876年全港前20名纳税大户中，李升排名第12，至1900年李升去世之际，他的资产已有600万元，远超当时香港政府同年财政总收入180万元，堪称香港首富[②]，被誉为“商业奇才”“华人领袖”，至今香港还有以李升命名的两条街道——李升街和高升街。出生于香港首富之家的李纪堂，却并未选择声色犬马、夜夜笙歌的富家子弟悠游生活，反而“自幼活泼好动，绝无富家骄惰气习”[③]，最终走上了一条革命之路，这既是李升的教育有方，更是李纪堂的天性所致。

李升像

以李升命名的李升小学

① 在晚清、民国时期，有香港居民身份证的华人，受港英法律保护，在当时记述中往往视作华侨。

② 李龙潜：《明清广东社会经济研究》，上海：上海古籍出版社2006年版，第334页。

③ 冯自由：《革命逸史（第三集）》，北京：中华书局1981年版，第157页。

李升共有 8 个孩子，李纪堂排行第三，也只有他最终走上了持续资助革命的道路。

李纪堂于 1873 年出生在香港，从小活泼好动，喜欢骑马练枪、击球操舟和打猎，凡事亲力亲为。少年之际，香港政府曾经招募义勇军维持地方治安，李纪堂即被选中并担任队长。成年后，李纪堂进入日本游船公司香港分行工作，担当买办，因为“生性任侠，热心好事”，路有不平事，往往挺身而出，后来被推选为香港东华医院的值理，即成为太平绅士，有随时维持地方秩序的权力。可以想见，当李纪堂耳闻目睹清朝政府的腐败黑暗，眼见了西方列强对中国的肆意欺凌，又怎能忍心置身事外，冷眼旁观，做一个冷血麻木的看客？

1895 年 10 月，孙中山在广州发动了第一次未遂的反清起义，失败后逃亡香港，准备搭乘日本货船“广岛丸”东渡①。孙中山在香港上海汇丰银行取款时，被守卫银行的侦探认出是“在省城造反之孙逸仙先生”，而李纪堂当时也恰在银行，看到了“尚留有辫发，身着白夏布长衫”的孙中山，却碍于形势，并未和孙中山洽谈②。说来也巧，一两天后，孙中山派人到日本轮船公司购买船票，李纪堂正好在公司充当华人经理，便在船上专门拜会了孙中山。李纪堂向孙中山表达了自己的仰慕之情和钦佩之意，孙中山也很欣赏这个朝气蓬勃的年轻人。到达日本之后，孙中山还继续给李纪堂写信，宣扬他的理想，动员李纪堂参加革命。

谢缵泰像

值得指出的是，时年 22 岁的李纪堂对孙中山的崇拜，可能并不是被孙中山的革命理想所吸引。据冯自由回忆，当时的李纪堂“尚未具有远大之国家思想，但知崇拜朱洪武、洪秀全一流人物而已”③，孙中山在他眼中可能仅是一个敢于造反的大英雄，但正是这种憎恶腐败政治，从而敬仰敢于向黑暗挑战的勇士的朴素情感，成为李纪堂走上革命之路的最初原动力。

送别孙中山后，李纪堂开始对孙中山的革命事业有了更加深入的了解。与此同时，他与兴中会老会员、香港英文《南华早报》记者谢缵泰开始密切往来，从谢缵泰那里系统

① 冯自由《革命逸史（第三集）》中记轮船号为摩岛丸（第 158 页），而陈锡祺《孙中山年谱长编（第一卷）》（中华书局 1991 年版，第 100 页）中则引《神户又新日报》定为广岛丸，今从广岛丸。

② 陈春生：《访问李纪堂先生笔录》，见丘权政、杜春和选编：《辛亥革命史料选辑（上册）》，长沙：湖南人民出版社 1981 年版，第 38 页。

③ 冯自由：《革命逸史（第三集）》，北京：中华书局 1981 年版，第 158 页。

获知了孙中山及兴中会的革命宗旨和革命理想。1900 年春天，由谢缵泰和杨衢云介绍，李纪堂加入兴中会，正式成为革命团体中的一员。几个月后，孙中山自新加坡乘船回日本，经过香港过了一夜，在船上召集骨干，商议决定趁北方大乱之际，在南方发动三洲田起义，李纪堂即在会上被任命为兴中会驻港财政主任。这个香港首富之子，并未选择锦衣玉食、不问世事的舒适生活，从此走上了一条别样的革命人生。

纾难倾家　发动革命

在李升的有生之年，可能碍于父命，李纪堂与革命保持着一定的距离。1900 年父亲去世之后，李纪堂不仅分得遗产 100 余万元，还继承了父亲留下的一个名为“益隆银号”的店铺。香港分家产是算公平的。李升共有 8 个孩子，据冯自由记载，李纪堂能分到父亲财产的近 1/4，虽然无法判断真假，此说法可见李升对这个儿子的喜爱程度。然而，这个儿子并未按照老父的遗愿继续经商致富，反而选择了资助革命、毁小家成大家的曲折道路。想必富有爱国情感的李升也会含笑于九泉之下。

1895 年孙中山发动的广州起义失败后，香港各界对兴中会的革命前途并不看好，几乎没有人愿意出钱资助革命，这种情形直到 1900 年李纪堂加入兴中会方得以改变。所以冯自由称李纪堂在革命最艰苦的时期加入革命党，“实不啻为兴中会添一最强大之生力军也”。

1900 年 6 月，孙中山抵达香港海面，筹备发动三洲田起义，决定由郑士良、黄福等赴惠州，筹备起事；史坚如、邓荫南赴广州，组织力量和暗杀机关，而香港则由杨衢云、陈少白和李纪堂负责接济枪械和军饷事务，孙中山随后拨给李纪堂军费 2 万元。7 月，李纪堂自己又捐出 3 万元作为革命经费。10 月，三洲田起义爆发后，孙中山为取得刘学询的资金帮助，曾写信给刘学询建议由刘作为首脑，组织政府，而在新政府中，孙中山推荐杨衢云负责财政，李纪堂负责外政（外交），盛宣怀负责内政，孙中山自己则担任兵政①，由此可见孙中山对李纪堂的器重与推许。

三洲田起义从 1900 年 6 月开始筹备，无论招募人手还是购买枪械，耗资都甚多，2 万元根本不够用。李纪堂捐出 3 万元之后，因国内和国际的情势突然发生变化，孙中山决定延缓起义，但三洲田聚集的武装力量早已惊动了清政

---

① 陈锡祺主编：《孙中山年谱长编（上册）》，北京：中华书局 1991 年版，第 251 页。

府，清政府派兵进行弹压，无奈之下，以郑士良和黄福为首的起义军于仓促之际发动，很快就遭遇了失败。义军就地解散，或死或伤，也有逃往香港的，从6月筹备期开始到最后10月起义军被迫解散，除了捐出的3万元，革命党人的给养补充和遣散抚恤死伤的费用，大部分由李纪堂负责，据说为数甚巨，多达十八九万元，所耗不赀。事后，评定三洲田起义一共耗银10万元，如果算上李纪堂捐助的3万元，那么李纪堂为此次起义付出了20万元左右的代价。

三洲田起义失败后，杨衢云随即在香港遭到清廷暗杀。1902年，谢缵泰的父亲同时也是三合会前辈的谢日昌，决定与太平天国天王洪秀全的从侄洪全福一起在广州起义，意在推翻清朝统治，光复汉人朝廷，这次行动得到了李纪堂的全力支持。兴中会发动的广州、三洲田两次起义均告失败，李纪堂遂决定独自承担革命大业，等到成功之日再奉请孙中山返回广东主持大计。根据计划，起义将在1903年正月初一发动，趁着广州文武官员全体在万寿宫行礼之际，放火为号，占领军火库，控制各衙署，然后宣布共和政治。起义依靠的主要力量为三合会成员，因为谢日昌与洪全福皆是会党中的老前辈。然而发动起义最重要的是钱饷与枪械，洪全福预计义军筹饷需要50万元。1902年8月，由谢缵泰引荐，李纪堂第一次和谢日初、洪全福见面商讨起义之际，便慨然允诺了所有军费由他独自承包，几乎奉献出自己家产的一半。出于保密需要，李纪堂并未向兴中会通报此事，所以身在越南的孙中山尚不知晓，不过后来李纪堂听说孙中山那边经费困难，便又资助陈少白几千元的旅费，还托他给孙中山送去1万元，表示赞助，并向孙中山报告了起义计划，说如果起义成功，一定请孙中山回粤主持大局。不过，起义的消息还是在1902年底泄露了出去，清廷提前动手，捣毁了广州的起义筹备机关，捕杀革命党10余人，起义宣告失败，洪全福逃至香港，谢日昌为此愤极成疾，于翌年病故。而李纪堂为此次起义捐出的50万元亦血本无归，打了水漂。除此之外，还得负担善后抚恤、抚助遗族等费用。经过此次事件，李纪堂损失极大，至少丢掉了一半的财产，冯自由称“纪堂经是役后，家渐中落，日形拮据之象”。陈少白评论李纪堂“少不更事”，在朋友的眼中，他虽然缺少革命的手段和智慧，但对革命事业的热情和物质上的无私奉献，当之无愧地名列第一。

资助报社　宣传革命

中國日報
CHINESE DAILY NEWS

李纪堂常年资助的《中国日报》

广州起义失败后，孙中山在日本总结经验，深知若想革命成功，应先从思想上动员民众、武装民众，必须设立宣传机构，才会形成更广泛的社会基础。1899 年，孙中山委托陈少白在香港开办了《中国日报》，既作为兴中会的机关报，又是兴中会在香港的党务军务工作机关。报社发行《中国日报》和《中国旬报》，刚开始并未明目张胆地公然宣传反清，只是以讽刺时政、针砭时弊的形式传播革命主张。报纸采用机器铅字印刷，皆由孙中山用菲律宾革命党人提供的“布引丸”购械退赔的费用，在日本购买。然而当时经费非常有限，刚刚加入兴中会的李纪堂也时常来报社，眼见如此窘相，自然不能无动于衷，在资助起义的同时，李纪堂包揽了报社的所有日常费用，他坚持每月出资 800 元，后来的《中国日报》社长冯自由回忆，从 1900 年到 1906 年，《中国日报》的经费几乎都来自李纪堂一人的资助，“《中国日报》赖以维持不坠者，李（纪堂）之力为多焉”①。

然而自 1902 年李纪堂策动广州起义失败之后，他的家业也开始走下坡路，在这种情况下，他还能以一人之力坚持资助《中国日报》长达 7 年，直至自身破产，《中国日报》与香港著名印刷商文裕堂合并，成立了新的文裕堂股份有限公司，李纪堂又往新公司注资 5 万元，并在公司中充任财务经理。1906 年春，因为《中国日报》刊登了攻击两广总督岑春煊违法收取粤汉铁路路权的言论，岑春煊下令禁止《中国日报》入境销售，《中国日报》售量大减，财务上又陷入窘境，当时黄兴恰从新加坡归来，途经香港，下榻报社，报社竟然向黄兴借钱以购买印刷报纸的纸料，困难之状，可见一斑。

1906 年，可谓祸不单行。该年 7 月，因文裕堂经营不善，《中国日报》破

① 冯自由：《革命逸史（初集）》，北京：中华书局 1981 年版，第 67 页。

产，为了不让文裕堂把《中国日报》拍卖给他人，冯自由联合李纪堂、李煜堂、伍耀廷等人，筹款5 000元，将《中国日报》买下，新股东共有8人，冯自由被推为社长和总编辑。在8位股东所筹集来的5 000元中，李纪堂就独占3 000元，是新的《中国日报》最大的股东。然而这时的李纪堂已开始潦倒，同仁也大多知道他的境况。冯自由称改组后的《中国日报》，财务上主要依赖李煜堂源源不断的补充。李纪堂虽然逐渐缺乏经济能力，但无论直接还是间接，只要力所能及，他还是一本最初的热情，对报社尽绵薄之力。1907年，李纪堂忽然出资1 000元，在《中国日报》刊载征集关于广东地方自治的文章，并设定一、二、三等奖给予奖励，使得冯自由大为感动，认为李纪堂在“不甚得意时，尚不忘地方政治之改良也”。

创办农场　辅助革命

1901年，资本尚雄厚的李纪堂在九龙青山屯门一带购买了五六百亩土地，投资1万余元，兴建了青山农场。在农场中，李纪堂开辟土地，从事种植业和畜牧业，并盖了楼房。他开设农场的目的，却不仅仅是投资农业。青山农场的开办具有很强的目的性，即解决三洲田起义失败后流落香港的革命志士的生计问题。青山农场招募了400多名工人，其中一大半都是三洲田起义失败后流落香港的志士。李纪堂将他们安置在农场中，不仅保护了革命的潜在力量，同时也能将这些主力干将集中起来，以便发动下次的斗争。与青山农场相配套，李纪堂在港岛中环开设了“青山栈”商店，作为农场的门市店，专门出售农场中的鸡蛋、瓜果、蔬菜、鸡鸭鹅等农牧产品，因产品质量优良，尤其是鸡蛋，个大味美，深受外国人的喜爱，农场鸡蛋产量为香港第一，也为李纪堂积累了颇多用于革命的资金。

农场地处九龙一角，面积广阔，方便隐蔽和居住，所以它并不单纯是一个农场，还是从兴中会到同盟会以来革命党来往香港时的一个招待所和联络中转站。只要进了农场，就由李纪堂解决衣食住行。陈少白、冯自由、李自重、刘思复、汪兆铭、喻云纪等人就常在青山农场中试验枪炮弹药的威力和自制炸弹的效果，从而为起义做好武器上的准备。1907年潮州黄冈及惠州七女湖等起义失败后的革命党人，如许雪秋、李子伟、陈纯、林旺等，亦纷纷流亡香港，为了躲避清朝官吏的缉捕，他们就隐藏在李纪堂的青山农场中。青山农场事实上担负了革命党安置成员、迎来送往的任务，所以开销一直巨大。刚开始尚能盈利，但随着时间的推移，工人人数减少，接待资助的成本加大，农场开始亏本。李纪堂为了革命事业，并未将农场关闭，反而硬着头皮顶上，一直坚持到民国成立后。据李纪堂回忆，他在农场中前后投资共三四十万元，但究竟最后收回来多少，估计他自己也不清楚。因为这些钱最终还是全部投给了革命事业。

位于香港屯门区中山公园内的红楼，当年是孙中山与革命同志聚会的地方，而今天的中山公园就是李纪堂昔日兴建的青山农场

除农场之外，李纪堂还先后开办了李升格致书院和“采南歌”剧社。李升格致书院是李纪堂为纪念亡父捐款 10 万元兴建的学校，意在发展科学教育，提升华人知识水平。“采南歌”剧社创建于 1904 年左右，由教育家程子仪提议，宗旨为改良粤剧，用新式戏剧来宣扬革命思想。李纪堂为此捐资 2 万元，排演出了《黄帝征蚩尤》《六国朝宗》等多部宣扬民族主义的新式戏剧，开启了“革命新剧”的先河。剧社主要招收 12～16 岁的少年近百人，编写了《文天祥殉国》《侠男儿》《儿女英雄》等多部爱国主义、民族主义色彩浓厚的剧本，针砭时弊，表扬忠义，在香港、澳门等地多处演出，颇受好评，潜移默化地宣扬爱国思想，成为辅助革命的有力手段。

百万富翁　锒铛入狱

1905 年，李纪堂加入了新成立的同盟会，若从 1900 年算起，他已经为中国革命事业奔走了 5 年，贡献出近百万元资产。具有任侠之风的李纪堂热心革命，对自己的产业和经商事业却不甚热心，也缺乏手段。除了开办青山农场，他并未做太多的实业投资，所以大额资金总是缺乏稳定的来源渠道。李纪堂对革命的资助常常是大手笔，而他几次大手笔的资本投资试图博取更多的利益，却无一成功，损失极为惨重。

1903 年，即洪全福策划广州起义失败后的第二年，李纪堂将自己的私产抵押给银行，贷款 60 万元，其中 30 万元用来进行金融投机，用作“炒金钱”的资本，剩下的则作为革命经费，先后捐助《中国日报》近 10 万元。李纪堂认为倘若不设法筹些资金，不但自己的私产很快告竭，“将来革命事业亦难为无米之炊”。但他选择了自己并不擅长的金融投机，结果惨遭失败，30 万元很快化为乌有。1904 年，李纪堂为弥补损失，冒险在日俄战争期间走私饮食供给俄国战舰，结果被日本军舰捕获物资，李纪堂又损失了 20 万元。他从父亲手中继承的益隆银号，也因经营不善、用人不当而常年亏损。“因革命而致亏空，因亏空而冒险营业，愈宜亏空”，1903 年李纪堂 60 万元的贷款始终不能还清，每年还要支付几万元的利息，但丝毫不能动摇他捐资革命的信念和意志。所幸青山农场的微薄收入和一些现金，在当时还可以勉敷些日常开支，但也无力偿还巨额债务。到了 1907 年 8 月，李纪堂已无力偿还债务和利息，被大债主控告上法庭，法院判处李纪堂破产，并且入狱关押了数天。1909 年，又因债务问题李纪堂再次被控告至法院，当时李纪堂已无力还债，法院只好判处他入狱半年。一个香港首富之子竟因常年支援革命、给革命筹集经费，不惜倾家荡产，债务压身，最后破产入狱，在当时轰动一时，闻者无不感慨。李纪堂出狱之后，还想着在狱中没有对革命做出贡献，出狱之后要更加努力。这段跌宕起伏的人生，可谓完全因革命而发生巨大的转折。

共和元勋　宦途蹇滞

出狱后的李纪堂如他所愿，在随后的广州庚戌新军起义、辛亥三月黄花岗起义中确实发挥了作用。因常年为革命党提供资金和枪械，李纪堂与香港军火业的商人极其熟悉，为这两次起义采购所需的枪械及联络策动，都是李纪堂参与且尽心尽力完成了的任务。两次起义失败后，又负责在香港参与善后工作。按照革命党内部分工，李纪堂自兴中会时期以来，主要负责的就是在香港接应同志和募款购械等工作，所以得心应手，极为熟悉。1911 年 10 月，武昌起义爆发，各省革命党人纷纷开始响应，广东水师都督李准的反正，谢良牧出力甚多，也有李纪堂的部分功劳，李纪堂接受了策反李准的任务，在李准和胡汉民之间互相传递信息，居中联络，磋商李准的投降条件，最终促成李准下决心投降，率领水师反正，使得广东“光复”。11 月，广东宣布独立，胡汉民组织成立广东军政府，担任都督，委任李纪堂为交通司长。经过了10余年的奋斗之后，李纪堂倾家荡产资助革命，终于迎来了革命的成功，李纪堂也成为当之无愧的元勋。

然而，胜利的喜悦太过短暂了，1913年以后，就相继爆发二次革命、护国战争等，国家动荡不安、政局不靖、鸡犬不宁。在广东所有广东籍的“老革命”当中，李纪堂功高望重，所以在军政府时代就出任了广东省交通司长，后又担任琼崖公路局局长、民产保证局局长以及四会、恩平两县的县长。但李纪堂始终保持了任侠热心的本色，换句话说，即对世事人情缺乏深入了解，没有识人之明，所以他在为政期间常会因为用人不当而产生很多弊端，从而阻碍自己的官场升迁。不过李纪堂经历由百万富翁到破产入狱的大起大落后，似乎对这些世事人情看得较为淡薄，自己身为革命元老，居功甚高，但他也从未因此自矜身价，县长之类的小官，他也毫无怨言地去做。李纪堂始终未能学会在官场中的“交际之道”，他性格正直，根本不愿接见他不喜欢的人，因此在官场中郁郁不得志，最后索性搬回香港，潦倒万状。他的老朋友冯自由分析，李纪堂出身富家，幼年读书太少，所以对于从政毫无经验，每次从政，都因用人不当而被迫离职。虽然他性情淡泊，“微员下吏，亦愿屈身以就”，但“当局以其往日政绩平常，多爱莫能助，至为可悯”①。1912至1937年，李纪堂的从政之路始终没有太大的起色。1938年日军占领广州，李纪堂搬回香港九龙租住，每月租金30元，日子过得很拮据。国民政府听闻后，即嘱托某在港机关每月救济李纪堂港币200元，以示对元老的照顾。

其生也荣　其逝也哀

1941年底，李纪堂应国民政府电召到达重庆，出任国民政府侨务委员会委员。他年近七十，在抗战最艰难的时期还准备为国家再做一番事业。李纪堂想在华侨工业上发挥余热，当时正好有华侨陈某组织了一个侨光汽车木炭炉制造公司，想借用李纪堂的威望募集资金，聘李纪堂为董事长。不料筹办数月，又因用人不当，本钱30万元全部赔光，而且找不到贷款维持公司运作，所以公司还未正式开办即告夭折，这对李纪堂造成一定的打击。1943年夏，李纪堂足疾发作，到了秋天，又患上心脏病，国民党中央党部便将他送至武汉疗养，蒋介石特批3万元作为疗养费，岂料至1943年冬，李纪堂在武汉病情加

① 冯自由：《革命逸史（第三集）》，北京：中华书局1981年版，第163页。

重，不治逝世，享年71岁。

李纪堂的丧葬由国民党中央党部秘书处及侨务委员会办理。上至党国要人、革命元老，下至亲朋好友、同乡晚辈，如吴敬恒、王宠惠、孙科、胡毅生、吴铁城、陈树人、姚玉平、刘纪文、冯自由等数百人，在重庆参加了为李纪堂隆重举办的追悼会。邹鲁为李纪堂作传，称“其急公好义之事迹，洵足为后人模范”。冯自由在《革命逸史》中，专设两篇文章记录李纪堂的感人事迹。作为知根知底的老朋友和老战友，冯自由情不自禁，为李纪堂撰写挽诗6首，歌颂了李纪堂资助三洲田起义、资助《中国日报》、资助1902年洪全福广州起义、开办青山农场、参加辛亥革命缔造共和等重要事功，他动情地写道：“从1900年到1907年近十年中，香港革命机关之党务报务，均由陈少白负责主持，而其经费则仰给于纪堂。而纪堂对于少白所请，有求必应，毫无吝色。故纪堂对于革命事业之贡献亦以此七年间为最伟大，可以谓之庚子至丙午时代兴中会中流砥柱。”根据后人统计，李纪堂从加入兴中会到辛亥革命爆发，共向革命党输纳资金100多万元，这当中还不包括他在青山农场为来往众多的革命同志提供食宿等开支，他已经奉献了自己的全部身家，甚至还有借款。李纪堂仗义疏财，倾家报国，这种“义侠”的精神不仅深深感染了当时他身边的诸多战友，即便今天读起李纪堂这段从“革命富人”到“革命穷人”的传奇经历，也不由令人掩卷感慨，这位堪称“纾难倾家第一人”的革命元老，当真是空前绝后，永耀光辉。

一次相逢　一生追随

——黄乃裳与孙中山

王志伟

黄乃裳像

1900年，对于中国大多数普通人来说是一个平常年，但是对黄乃裳而言，这一年虽然平常却又隐现着不平凡之处。就在这一年，黄乃裳结识了孙中山——辛亥革命后当选中华民国第一任临时大总统。

正是这次会晤，改变了黄乃裳的人生轨迹，因为钦服孙中山，黄乃裳自此走上了追随孙中山革命的道路。往后的岁月，黄乃裳或遵照孙中山的指示，舍命从事革命宣传；或遥相呼应孙中山的主张，发动起义再造中华；或从旁赞襄孙中山的事业，革命建国顾问再造。风来雨去，黄乃裳与孙中山的人生途路时有交集，亦有别离，时空隔断的只是尘世人际，两人彼此心通神会，不同源流也能同汇汪洋，琴弦虽异，其情也能同工。因孙中山的缘故，黄乃裳的人生也注定别样精彩。

西方东方　扬名有“方”

1900年以前，黄乃裳与孙中山形同陌路，志趣无缘。

同是1896年，孙中山与黄乃裳，各处东西一方，却是各自扬名自堂堂。

这年10月，孙中山在伦敦被清朝驻英使馆拘禁，并准备秘密将他送回中国处死，史称“伦敦蒙难”，后得英国友人相救获释，顿时名扬四海。从此，孙中山成了革命的标签，受到众多华侨的赞誉和追捧，孙中山在华侨中得到了应有的尊重和资助，无怪乎后来他会给予众多华侨不吝之褒誉。

这一年，比孙中山大 17 岁的闽清县人黄乃裳（1849—1924）仍然慎独于福州，醉心于传统文化，探求并希冀仕途的通达。或许有感于福州的闭塞，或许有责于未能宣传老友康有为的维新主张，或许为了更多地吐露自己的胸臆，黄乃裳开拓性地创办了福建的第一份自办报纸——《福报》，其主旨是向古老的国度和被禁锢于三纲至上的国民发蒙风行一时的维新思潮。《福报》开宗明义：辨识时势，增广见闻，“访闻时事，登之报章”；扬善抑恶，申正纠偏，“一眚之微，传闻易广，为不善者亦稍知畏惧，无敢恣睢，为善者亦得广为播扬”；扩开言路，图谋兴革，“俾政令沿革藉为刍荛之采，上达枢府，下及节镇，人人广进言之路，人人获听言之益”；反陋正俗，尽义申冤，“有讼鞫之事含意未伸、陈义弗尽者，则一一列之报中，俾览者知其冤抑可以平反，或曲直攸分，问官得法”[①]。报纸是新事物，天马行空的文字、“海外奇谈”的信息、肆意昂扬的情愫，展示的是旧故园，描摹的是新动态，流动的是新思想，展演的是新世界。徜徉于新天地中的黄乃裳，在觅得新知识的同时，也一鳞半爪地获知在伦敦有个中国人身陷囹圄后又被英国人救走的故事。“孙文”被反复提及，黄乃裳或许无碍于心，因为当时独领时代风骚的是康有为，孙中山只能是阅读报纸的人们茶余饭后的谈资。

1897 年黄乃裳以拔贡的身份入京会试，戊戌变法开始后，他积极投身于如火如荼的维新运动之中，“满望中国的衰弱，得贤君以振兴之”[②]。岂料，痴心得到的是杀戮，热血换来的是通缉。百日维新之后，慈禧太后囚禁光绪皇帝并再度垂帘听政，六君子被屠杀，黄乃裳遭通缉，危难时分黄乃裳避走上海，旋即归闽，次年（1899 年）毅然举家迁往新加坡，是避难，也是觅生。南洋是闽粤人魂牵梦绕、牵肠挂肚的天堂，也是他们时不时诅咒几句的吃人魔窟。去南洋，路途漫漫，海涛滚滚，有衣锦还乡的欢笑，也有流落他乡的落魄，更有暴尸荒野的哀泣……

晚晴初会　肝胆盈胸

在新加坡，黄乃裳身处华侨之间，他日常接触的华侨们会时常谈论起孙中山，不仅是因为孙中山时不时有新动态的传闻，侨胞间更有流露抱怨清朝的心声，将这两件事联系起来，孙中山成了黄乃裳脑海中时常浮现的意象，以往

---

① 参见 1896 年 4 月 28 日《福报》创刊号。

② 黄乃裳：《绂丞七十自叙（线装本）》，上海 1925 年版。转引自闽清县政协文史资料委员会：《闽清县政协文史资料（第 15 辑）》，香港：香港天马出版有限公司 2007 年版，第 311 页。

《福报》残留的记忆被一点点钩沉，逐渐变得清晰起来；时过境迁，加上自身遭遇，黄乃裳脑海中的孙中山或不再是“乱国贼子”的形象，渐而变成“理性”的先行者。或许，孙中山所走的路就是自己百般寻觅而一直未能尝试的拯国救民之路。如果能与孙中山见上一面，倾吐一番，该有多好！

晚晴园旧景

1900 年，黄乃裳途经新加坡回中国招募劳工，在女婿林文庆处作短期逗留，无意中得知孙中山竟然也在新加坡。于是，“见孙中山一面”的念头即时涌上心头，而且一发不可收拾。1900 年孙中山本不在新加坡，因为他的日本好友宫崎寅藏突然遭到新加坡殖民当局的逮捕，危难时刻宫崎寅藏求救于孙中山，孙中山获知求救信号后从西贡赶来，出于道义，更是为了友情。解救宫崎寅藏的过程曲折且复杂，孙中山不得不逗留在新加坡，借用各方力量，打通各个关节，借以寻求事情之最后解决。

林文庆是孙中山的朋友，通过林文庆牵线，黄乃裳与孙中山见面便没有那么曲折了。会见之前，孙中山可能对黄乃裳没有太多印象，黄乃裳对孙中山的印象也局限于华侨口中断断续续的叙述描绘及以往阅读《新报》时的文字勾勒。或许是因为都曾接受西方文明，又或许是因为都是基督徒，双方的会面从一开始就显得祥和、平静、顺利和友好，但是，会谈背后也有思想的冲击、观念的冲突、追求的差异以及人生信念的不同。

会见的地点在晚晴园——侨商张永福的别墅。那是一个平常的日子，身处异国他乡的两个中国人，开启了人生中的第一面。历史见证了这一刻：长袍与西装，中学与西学，闽人与粤人，维新与革命，悄然相遇在一起，纠结、碰撞、趋同，最终归一。

闽清话与粤语如何沟通现已无从考究，但音色、音调的不同难以隔绝两颗彼此渴望交流的心；有条件要交流，没条件也要创造条件交流。时至今日，当年会面的场景已归迹于历史的尘封，消弭于历史时空的隧道，唯有残留的文字默默诉说着当年的志士、彼时的事和那刻的情。徜徉于黄乃裳古稀遗存的文字海洋，我们可以窥见，会见使得黄乃裳见识到了一个具有鲜活精神风貌的孙中山，他是如此强烈地震撼了黄乃裳的心扉。孙中山的谈吐、做派、视野、见识、抱负、情怀，举凡都让黄乃裳感知了古老中国之外异域文明的别样风采。中华文明能孕育伟人，西方文化又何尝不能呢？眼前的孙中山或许就是最好的例证。透过黄乃裳古稀遗存文字的纸背，我们可以感知，当年与黄乃裳见面时的孙中山谦虚中带有激情，畅谈时纵横捭阖，学识渊博，视拯救国家命运为己任，有一颗救民于水火的赤子心，说到国难义愤填膺，说到民苦潸然泪下；对于黄乃裳，孙中山也表示了相当的尊重，他赞许黄乃裳筹建新巫“新福州”垦场，认可黄乃裳翻译的《大美国史略》[①]，激动时孙中山甚至“离座为揖”表达对黄乃裳的敬重。

第一次会见是友好的，也是圆满的，在接下来的日子里，黄乃裳又三次和孙中山促膝长谈，“余心向往孙君已久，因造其寓晤谈数四”[②]。在黄乃裳临行回国的宴别会上，孙中山以“凡人欲为社会国家谋幸福喜乐者，须自愿自始至终贯彻负悲哀痛苦之责。观马丁路德与华盛顿诸人，可谓榜样”为临别赠言，期许之情溢于言表。

这次会见，孙中山对黄乃裳的印象如何，无太多文字可查。但是，孙中山给黄乃裳留下的印象绝对是深刻的，“觉向所存公德之心，略为提高。而对所为功德事业，亦略有把握……”[③]，以至年逾古稀，黄乃裳回想起当年的见面情景，还有历历在目之感，以“谦冲镇静，学问渊博，满怀悲悯，流露放言功举止之外”[④] 来形容当时孙中山给自己留下的印象。会见之后，黄乃裳对孙中山的认知加深了，孙中山的形象变得清晰、生动和深刻，孙中山的理想、抱负、精神与气魄，使黄乃裳看到了民族复兴的希望，孙中山的指引也让黄乃裳找到了救国救民的新道路，这条道路虽然前途未卜，但黄乃裳认定了要走到底。

“跌倒”与“爬起”并存！从此，黄乃裳就在这“扑”与“站”的征程中接受磨练，迎接捶打，探索成长。从鄙视革命到同情革命，再从支持革命到投身革命，黄乃裳在革命的道路上开始经风雨，见世面。

---

① 黄乃裳在《自序》中称译书为《美国史略》，经学者考证，应是《大美国史略》，翻译于1895年。之所以称《美国史略》，当是古稀之年的黄乃裳误记，该书已不多见，其价值在于黄乃裳翻译此书时所写的序。

② 黄乃裳：《绂丞七十自叙（线装本）》，上海1925年版。转引自闽清县政协文史资料委员会：《闽清县政协文史资料（第15辑）》，香港：香港天马出版有限公司2007年版，第314页。

③ 黄乃裳：《绂丞七十自叙（线装本）》，上海1925年版。转引自闽清县政协文史资料委员会：《闽清县政协文史资料（第15辑）》，香港：香港天马出版有限公司2007年版，第314页。

④ 黄乃裳：《绂丞七十自叙（线装本）》，上海1925年版。转引自闽清县政协文史资料委员会：《闽清县政协文史资料（第15辑）》，香港：香港天马出版有限公司2007年版，第314页。

投身革命　风雨同舟

从1900年开始，黄乃裳就成了众多坚定支持孙中山革命事业的华侨之一，他还成了义务宣传孙中山和维护孙中山形象的南洋代言人。

黄乃裳在他管辖的华侨劳工中，主动宣传孙中山的思想主张，赞誉孙中山的为人和塑造孙中山的伟人形象。1903年“《苏报》案”革命志士邹容殒命囹圄，革命同志痛悼之余，继承先烈之志成为革命者不约而同的共识。1904年，黄乃裳出于义愤，本于革命担当，不顾自身安危，从新加坡带回邹容的《革命军》（为掩人耳目而改名《图存篇》）千余册，散发于福建漳州、厦门、福州等地。当时清廷虽已老朽，但余威尚在，他敢于在“万马齐喑”时分，明目张胆散发反清刊物，无疑是在拿身家性命做赌注。他没有畏惧，没有逡巡，因为他明白，散发出一份革命读物就意味着播种下一颗革命种子。虽然了无痕迹，但是，春雨一旦来临，革命新芽就会蓬勃萌发。

1905年，黄乃裳受命在福建宣传革命，“闽省此处派黄乃裳前往宣传”。黄乃裳百般考虑，认为还是报纸能够在舆论宣传时发挥较大的威力，于是，“知天命”之年的黄乃裳决定重拾旧业，于厦门主办了《福建日日新闻》（即后来的《福建日报》），作为宣传革命的手段和媒介，荷负主笔之任的黄乃裳常常夤夜奋笔疾书，针砭时弊，剑指当政；揭腐露丑，戏谑天朝；宣权利之说，明义务之题；开启民智，培养新民；抵拒美货，示威争权①。毁的是清贵权势，造的是旧国新民；图的是中华重生，盼的是华夏屹立。同期，黄乃裳又着手开展联络福州“汉族独立会”会长郑权，希冀和郑权携手在厦门开展武力推翻清廷的舆论宣传。

1906年6月，黄乃裳受命再赴新加坡，于晚晴园谒见孙中山，汇报闽省革命现状，后在孙中山的介绍和帮助下加入同盟会，成为南洋华侨中较早的同盟会会员之一，“接福州黄乃裳……所来报告及最近发展情形的函电，一一向先生报告，先生即刻复电，分头指导，并拟定日期，请黄乃裳……来星（加坡）入党”②，“福建黄乃裳……先后前来星加坡，在晚晴园见了孙先生，报告闽、潮两处地方的情形、运动的成绩，并同时加入同盟会”③。加入同盟会后，黄乃裳更加积极参加革命活动。

① 1905年4月23日的《福建日日新闻》具体记载了抵制美货事件。

② 张永福：《南洋与创立民国》，上海：上海中华书局1933年版，第36页。

③ 张永福：《南洋与创立民国》，上海：上海中华书局1933年版，第38页。

1911年10月10日武昌起义，引爆了各省的反清火药桶。福州辛亥起义的爆发虽然有偶然因素，但不可讳言的是，在整个起义筹备过程中黄乃裳倾注了大量的心血。1911年初，黄乃裳在福建起义的策源地福州创办了《左海公道报》（半月刊），播理念，寻共识；通信号、传消息；广结缘、多联系；聚人心、凝血气，为福州辛亥革命的爆发做了前期舆论动员工作。5月，黄乃裳与许崇智、孙道仁携手泛舟闽江下游的魁岐江面，策计革命，谋划起义。10月，黄乃裳开始私下编练学生炸弹队，为"光复"福州从军事上筹谋准备；11月，福州革命爆发，起义当日，黄乃裳意气冲天，花甲之年勇当旗手，领袖群伦勇扑顽敌，"擎绉制新国旗，由南台机关部，率带学生军百余人，至司令部，又至武备大学堂，将新旗竖于杆首，飘扬于风清日丽之空中"[①]。他凭的是胆，靠的是革命必胜之念，枪弹横飞处，残阳被血染，经过激烈战斗，革命最终如期胜利[②]。正是：

才抛别泪归故州，
又擎红旗导铁流。
花甲赤心剖帝制，
共和热血谱春秋。

毁坏百易，建设万难。福州辛亥起义胜利后，面对战火之后的残局，不惧时艰的黄乃裳没有畏缩，没有回避，没有算计，立刻投身于共和新建，牵头募集资金百万元，对稳定当时福建局势发挥了重要作用。他出任福建省交通部长，厕身福建政府建设。整吏治，除腐败；禁鸦片，停花会；去发辫，易服饰；理财政，倡文教；恤下情，抚功烈。同时，着手准备北伐事宜，千方百计筹集3万元军费以及各种衣物，为北伐军出师、北援南京免除后顾之忧。福建北伐军出征之日（1912年1月17日），黄乃裳再挑首旗，彰其定建共和之志，表其追随孙中山政府之情。北伐军抵达南京，受命于临时政府，去顽逆，护忠良，定社稷，安国邦。因此，黄乃裳屡受南京临时政府的通令嘉奖。

清廷垂塌，而临时政府未立，黄乃裳即开始为孙中山当选临时大总统寻求支持和活动。孙中山自异域归国、驻跸沪上，黄乃裳立刻致电孙中山，"老友黄乃裳，欢迎我君，欢祝我君，并劝勉我君，勉为泰东第一华盛顿"[③]。接到

---

① 黄乃裳：《致陈楚楠、张永福函》，《槟城新报》，1911年12月4日
② 黄乃裳：《致陈楚楠、张永福函》，《槟城新报》，1911年12月4日。
③ 《孙大总统与黄君乃裳往来电文》，《左海公道报》，1912年1月30日。

黄乃裳来电，不顾舟车劳顿的孙中山立时复电：“接电如亲旧雨，第奖饰逾量，文何敢当，谨复。”① 字虽了了，其情弥重，非望重之友，谅孙中山不致如此！孙中山当选临时大总统后，黄乃裳再致祝福，“老友黄乃裳顷得宁电，十七省代表全体举君主中华民国，喜极欲狂，叩贺！叩贺！更愿君勉为泰东第一华盛顿，裳无任盼示”②，有肯定，有祝福，有期许，有勉励。日理万机、冗务缠身的孙中山次日再复电黄乃裳：“电来厚誉，公仆任重，文惟有勉从国民服务，以无负老友之望，谨复。”③ 建国理政，拯民救民，为平生之志，为赤心之念，为公仆之责，为不负老友之望！

临时政府初立，全国震荡，孙中山政府面临巨大危机。此刻，环绕孙中山出谋划策是一种协助，替孙中山独当一面、左右应付是一种帮助，黄乃裳安定地方、稳固国基、减中央之负担、增政府之权威，更是一种别有深情厚谊的襄赞。地方稳、国家固，中央才能得民心、顺民情、有权威、有力量。隔着千山万水，黄乃裳有功不居，有利不图，以无声无息的实际行动赞襄孙中山的事业，是为国，是为民，是为了自己心中“致君尧舜上，再使风俗淳”的历久弥坚的崇高信仰。

羊城聚首　共和逐梦

二次革命失败，袁世凯执掌国政，孙中山被迫流亡海外，黄乃裳甚是悲愤，悲在孙中山已从民国元勋变成了袁世凯政府的通缉犯，愤在袁世凯背信弃义独断专横。“饮酒要逢客知己，话心更需友投机”。与袁世凯势不两立的黄乃裳退居乡野，不问政事，“达则兼济天下，穷则独善其身”的儒士之风淋漓彰显。于民间故土，民穷、民困、民智无知，历历在目，感慨良多。黄乃裳决定建设乡村，开凿水渠，拦河建坝，取水灌田，滋养的是田地，护佑的是黎民；开办学校④，创建教育，传播的是知识，延续的是文化，传承的是文明。播撒火种，收获启蒙。时至今日，一代代闽清人仍在不断地述说着黄乃裳的遭际传说，感激黄乃裳被泽后世的功德。

1920 年 12 月，孙中山再组革命政府。民国重造在即，孙中山想到了黄乃

① 《孙大总统与黄君乃裳往来电文》，《左海公道报》，1912 年 1 月 30 日。

② 《孙大总统与黄君乃裳往来电文》，《左海公道报》，1912 年 1 月 30 日。

③ 《孙大总统与黄君乃裳往来电文》，《左海公道报》，1912 年 1 月 30 日。

④ 黄乃裳认为，“中国的积弱由于民智不开，而开通民智有治本、治标二法：办学为治本之图，办报为治标之计”（参见黄乃裳《绂丞七十自叙》）。因而，乡居田野的黄乃裳在闽清等地创办 10 余所中小学校。

裳，于是即刻电邀黄乃裳前往。那时，黄乃裳已经体弱多病，年岁老迈，接到孙中山的电邀，他激动、欣喜，但又纠结。激动于孙中山还没有忘记自己这个已经处居乡野多年的故友；欣喜于孙中山邀请自己担任新组革命政府的顾问，可以朝夕伴随在孙中山身边，谈政论治，拯民救国，携手同进，共度时艰；纠结更多的是自己年逾古稀，体残多病，心有余而力不足。那一夜，黄乃裳失眠了，灯光如豆，划破漫长的黑寂，穿透无边的苍穹；身影或枯坐或徘徊，脑海中翻江倒海，思虑一刻不停地割舍权衡。那一夜，黄乃裳或许想到了多年前的晚晴相遇，或许想到了激情燃烧岁月时的革命宣传，或许想到了辛亥如火如荼的风火硝烟，或许想到了孙中山为国民勇担当和敢去舍，或许想到了革命失败后的失落、屈辱和悲愤……黄乃裳是怎样度过那个纠结的无眠夜晚，我们现在已无从知晓，只是知道黄乃裳很快就回复了孙中山，接受邀请，担任大元帅府高等顾问，以实际行动表达对孙中山的推崇和支持。

1921 年初，黄乃裳打点行装、抱病前往，去广州投奔孙中山，继续革命，以承接共和建设的大业，延续民主革命的情谊。①

在广州越秀山下的中华民国政府办公处，孙中山得悉黄乃裳来到的消息，即刻放下手中要务，起身出迎。行辕门前，斜晖中黄乃裳佝偻着拄杖矗立，孙中山渐行渐近，两手相握，四目相对，没有太多语言，有的只是紧紧握手与泪眼婆娑。岁月无情，当年的风流倜傥已变成如今的垂垂老矣，但是，变的只是身体容颜，不变的是那两颗愈挫愈勇、不断追求和彼此推崇敬重的心。

怎奈，有心建国风骨老，意在策马身血枯。次年（1922 年）2 月，黄乃裳不得不因病告退，有留恋，有憾事，有不舍。返闽当天，回眸扰乱了心绪，泪水打湿了船头。

闽清黄乃裳墓地

黄乃裳在广州活动的史料记载不多，他献策几何，建言几多，已然不是我们追寻的重点，问题的核心在于：年逾古稀、多病缠身的黄乃裳，为了信仰，为了捍卫共和大业，躬身

① 1921 年初，黄乃裳赴广州担任中华民国军政府高等顾问，当年 6 月黄乃裳旧病复发，并日益严重。1922 年 2 月，黄乃裳从广州赴厦门救世医院就医，6 月出院，即归闽清寓所，具体参见黄建聪所著的《黄乃裳传》。

前线，竟可以不惜埋骨他乡而为理想鞠躬尽瘁的高风亮节，委实令人肃然起敬，值得我们后人赞誉、敬仰和缅怀。黄乃裳是一个有追求、有精神的人，是一个大写的人！做事当做这样的事，做人当做这样的人！

1924 年黄乃裳溘然长逝，践行了一生追随孙中山的夙愿。一次相逢，一生追随，永不后悔！黄乃裳伟哉！

绝地筹款　实业兴国

——邓泽如与孙中山

田　果

位于广州市白云山南麓先烈中路的黄花岗烈士陵园，是为纪念 1911 年 4 月 27 日（农历辛亥三月二十九日）在广州“三·二九”起义牺牲的烈士而建的，园内有一座刻着《广州辛亥三月二十九日革命记》的石碑，在“筹款代表”名录中，第一个名字就是邓泽如。

邓泽如，何许人也？

他为了革命荡尽家财，几乎成了革命者的“筹款机”；他有志用自己的学识勘探广东的矿产资源，发展矿业，以图实业兴国。他就是邓泽如。

邓泽如，名文恩，字远秋，号泽如。1869 年生于广东新会。早年家贫，19 岁跟兄长下南洋谋生。他从割胶工干起，得到南洋富商陆佑的赏识，成为账房先生。此后他开锡矿、种橡胶、开文具店和杂货店，经过十几年的奋斗，已拥有 500 多亩橡胶园和多间店铺。渐渐地，他成为当地华侨社会中一个事业有成、有经济实力的人物。他处世待人谦厚谨慎、平易随和，当地华侨人士都乐于和他交往，至 19 世纪与 20 世纪之交，他已成为马来亚瓜拉庇劳华人圈中举足轻重的人物，他的人生有着灿烂的前程。

邓泽如像

但是，富足的日子并不能使邓泽如内心平静，他侨居马来亚的时候，中国国内社会动荡，民不聊生，在国际上的地位日益低下。海外华侨因此遭受侨居地政府的歧视和压迫，这使邓泽如感到，非革命中国不足以图强，非革命不能改变旅外侨胞的卑微地位。他曾这样描述自己的心境：“久侨海外，习见侨胞日受不平等待遇，知由于国势之不振，而满族之歧视也，慨然思所以拯之。”

革命者“筹款机”

1906 年秋，孙中山在新加坡成立同盟会时与同志合影

1906 年 4 月，孙中山自欧洲返抵新加坡，他要在当地发展同盟会组织，发起成立新加坡同盟会分会。同年 8 月，马来亚的芙蓉、吉隆坡、怡保、槟城等地相继成立同盟会分会。正是在这一年，37 岁的邓泽如在马来亚瓜拉庇劳加入中国同盟会，这意味着他成了孙中山的信徒。邓泽如从此多方了解孙中山及其思想，渐渐懂得了许多革命道理，看到了祖国的希望。但在此时，他与久仰的孙中山尚未谋面。

从 1906 年起，孙中山将他的革命运动工作的重心从日本转移到南洋。往后的日子，孙中山一共策划和领导了 8 次武装反清起义，都是以南洋为指挥中心。他以此为革命活动的轴心，四处奔波，联络革命志士，筹措起义的款项。

1907 年，孙中山发动镇南关起义，急需军饷，他对邓泽如其人早有所闻，就写信给汪精卫，让他经越南到马来亚去找邓泽如。汪精卫来到邓泽如的家，恰逢邓泽如出门在外，便留下一张字条：“来访不遇。拟明晨再来，祈少待为荷。精卫。”邓泽如回来后知道有事，一直追汪精卫，到了新加坡才追上。这一次，他给了汪精卫几千元，这是他支持孙中山革命的开端。此后，他与孙中山之间来往信札不断。

邓泽如是瓜拉庇劳同盟会分会的负责人，入会以后，逐渐成为一个能干的革命党领导人和基金筹集人。镇南关起义受挫后，新加坡同盟会的活力逐渐褪去昨日的辉煌，孙中山决定将活动的重心转到马来半岛其他地方。1909 年 2 月，孙中山亲自去森美兰、芙蓉、吉隆坡宣传革命，至此，邓泽如才第一次与孙中山会晤。迟来的膝谈、衷诚的敬慕，激励着邓泽如练就为一位职业革命筹款家。

1909 年 4 月初，有一批在国内起义失败撤出的官兵需安顿，而预计中的泰国和缅甸方面的汇款未到，孙中山捉襟见肘，已经揭不开锅了。为解燃眉之急，立即想到写信给他的同志、中国同盟会马来亚瓜拉庇劳分会会长邓泽如。

信中说："弟处已绝粮矣，而办事要人，尚有十余人在此相依，而日内又有安徽省与熊成基起事之同志、炮队营官带洪承典来星（新加坡），皆不能不招呼。故暹、仰二款未到之前，尚须三百元（叻币，英殖民政府发行的货币），乃足支月内之用，此又不得不恳足下等供给一月之费。"①

1909 年 4 月中旬，就在孙中山向邓泽如发出告急信不久，邓泽如的汇票寄到了新加坡。5 月，又有 50 元寄到。1910 年八九月，又陆续寄去 1 000 多元。孙中山在给邓泽如的复信中感叹道："近况如此，真为大事进行之大阻滞也。幸尚有热心如兄者，否则吾等不免有坐困此地之虞矣。"

1910 年的一天，邓泽如正在马来亚森美兰州瓜拉庇劳县自己的药材店里忙碌，又接到一封信，是孙中山写来的。信中说："吾党财政之困难，真为十余年来所未有，望足下与心持兄竭力动之……"1910 年夏，同盟会南洋支部根据孙中山的提议，从新加坡迁到槟榔屿。邓泽如的责任更重了。

根据胡汉民等当事人记述，南洋华侨中支持革命最为积极的是中下层阶级。他们热情有余，财力却有限。而富有的华商们对革命多持冷漠态度。孙中山看中邓泽如与富商陆佑的特殊关系，曾让邓泽如劝陆佑捐出 10 万元，革命成功后以云南矿业 10 年的开采特权作为回报，即使这样，也未能说动陆佑。

革命党在华侨中募捐筹款的艰辛，以辛亥革命前为广州起义筹款为例，真是甘苦备尝：先是为了掩人耳目，为广州起义募款是以"中国教育捐"名义进行的。胡汉民在新加坡、邓泽如在马来亚同时筹款，邓泽如披星戴月，马不停蹄，跑遍马来亚大小 16 个城市，沿门劝捐，"周历南洋，东讲西说，劝捐募款，常数日数十日不归"，但是募款第一阶段的成果令人大失所望。胡汉民在新加坡劝捐时，召开筹款会议，有人却避而不见。他们曾登门拜访一户富商，经过整整两个小时的劝说，仅筹得 20 元。

两个月时间已经过去，他们募到的钱款总数不过 12 000 元，离英属殖民地 5 万元的预期相差甚远。刚从缅甸募款回来的黄兴对这个结果非常失望。黄兴对邓泽如等人说："现在荷属殖民地的 5 万元看来靠不住了，英属殖民地的 5 万元如果也不能达到预定目标，全局就面临瓦解。我也不打算回香港了，干脆继汪精卫之后，再做一次牺牲生命之举，以暗杀来醒国人！"说完当场泪下。

农历十一月二十九日这天，离家已经一个多月的邓泽如回了趟家。第二天，黄兴也从马六甲、芙蓉等地辗转到了邓家。这一天，恰好邓泽如的儿子出生。42 岁的邓泽如喜得长子，黄兴给他取名为邓光夏，取"明德之后必有达人，

① 广东省社会科学院历史研究室、中国社会科学院近代史研究所中华民国史研究室、中山大学历史系孙中山研究室合编：《孙中山全集（第一卷）》，北京：中华书局 1981 年版，第 407 页。

光复大业夏声厥灵”之意。次日，邓泽如与黄兴又继续出发，踏上募款路程。黄兴感叹道，邓泽如真有“大禹治国，虽闻呱呱之声而不遑宁处之概”。

想不到，募款至此开始有了大起色。

1911 年 1 月 1 日，邓泽如、黄兴等人抵达芙蓉，这是邓泽如个人影响力极大的地方。他们召开了同盟会芙蓉分会会议，会上，黄兴即席发表了动人演说，他激动地表示，愿意牺牲个人生命发动下一次革命起义。听者无不为之动容。

当地革命领袖之一谭德栋，最先表示要捐 500 元，后来增至 1 000 元，听了黄兴的一番演说之后当即表示，愿毁家纾难，倾其所有，捐出 5 000 元。谭德栋“积勤一生、为国毁家”的行动感动了在场的众多侨胞，大家纷纷慷慨解囊。当地同盟会的重要人物郑螺生、李源水、李贵子和黄怡益等当即各捐 1 000 元，还有人自愿卖掉铁路或锡矿的股票，以援助革命军饷。各位同盟会领袖表现的献身精神、革命志士的冒死行刺、孙中山的“海外同志出钱，海内同志出命”的号召和同盟会二号人物黄兴的舍生取义的决心，激励着华侨领袖们带头助捐，无形地带动了捐款的骤增。

很快，在 1911 年的第一个星期内，筹款金额已经达到预定的目标。马来亚的筹款成功，对东南亚其他地区和北美的筹款是极大的鼓舞。最终，法属殖民地筹得 3 万多元（换算成叻币后的数字，下同），荷属殖民地筹到 3.2 万元。而正在美国进行募捐的孙中山，即时将这个振奋人心的消息向侨胞公布，促请华侨社会为革命认捐，最后募得了 7.7 万元巨款（加拿大 6.3 万元，美国 1.4 万元）。

邓泽如除了募捐筹款外，还为逃离中国的革命党人提供藏身之处。1909 年，东南亚英荷属地的同盟会总会从新加坡迁到槟城，孙中山请邓泽如主持总会活动。1911 年 10 月武昌起义时，邓泽如又进行一次新的筹款活动。孙中山从欧洲回中国时途径槟城、新加坡，12 月 16 日，在停泊于新加坡的船上会见了邓泽如。孙中山任民国临时大总统后，通知邓泽如募集一笔基金购买国家公债，这件事情办得很顺利，有一名吉隆坡的华侨富豪一下就全部认购。

从 1907 年 10 月到 1911 年 4 月底，在所能见到的孙中山致邓泽如的 38 封信函中，其中嘱托其捐款或涉及筹款的就有 25 封。从中越边境的镇南关起义到广州黄花岗起义，都可找到孙中山催促邓泽如加紧募捐的信函。后来，邓泽如将这些信函悉数收入《孙中山先生二十年来手札》，成为历史的见证。

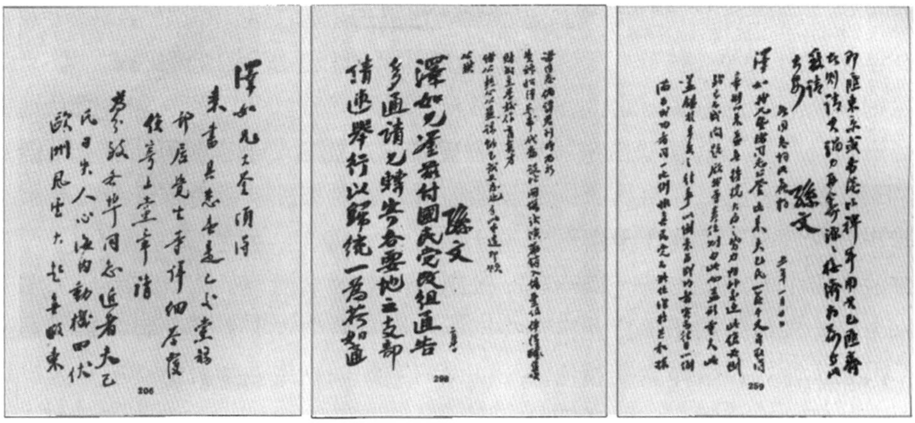

孙中山寄给邓泽如的信（含代笔）

探矿业　兴实业

孙中山从报纸上得闻武昌起义成功，1911 年 11 月，即从美国绕道欧洲，途经新加坡回国时，孙中山力邀前来会见的邓泽如回国帮忙，准备委以要职，但邓泽如婉辞。

1912 年元旦，孙中山在南京就任临时大总统以后，驰电南洋促请邓泽如回国，并嘱请他护送自己的眷属赴南京，邓泽如以托寄之重，感到义不容辞，遂把南洋的党务工作委托给谭扬，于同年 2 月 6 日启程回国，并陪同孙中山的眷属游历了南京、上海、杭州，又在广东住了几个月。后来形势发生变化，孙中山退位，袁世凯上台。7 月 24 日，邓泽如回到马来亚继续经营矿业。

回国初期，广东都督胡汉民曾邀请他担当实业司长，但邓泽如推辞不任，而是亲自勘探广东省内资源，调查矿务。他觉得自己精于矿业，在旅居南洋期间，曾写有一篇《南洋锡业概论》，主张采矿择矿时用掘井算法、按款绘图、按图设问、按问立法，认为那样才能做到层层清楚，一目了然，并提倡选筛锡矿用天然水滔法。

邓泽如想运用自己的学识勘探广东的矿产资源，发展国内的矿业，以图实业兴国。1913 年初，广东都督胡汉民召邓泽如回国，邓泽如抵达广州，胡汉民劝他在广东经营锡矿并任省银行总经理，邓泽如表示对开发矿业有极大的兴趣，并着手访问了一些据称有矿藏的地区。他在粤北经过数月详细和审慎的田野调查，1913 年 6 月 12 日将调查所得写成《调查北江煤矿之意见书》，力陈中国依赖进口煤的弊病，强调集资开采北江煤矿，对广东有三大利：“沿粤路左右，英（德）、曲（江）、乳（源）一带最属集中之地，广开煤矿，源源接运，可无缺乏之虞，利于全粤者一也。北区据粤垣之上游，地瘠民贫，如有煤矿，则矿井上下食力者万余人，附近贸易日臻繁盛，该处人民既富且庶，地方亦必安定，此利于全粤者二也。日本之煤矿，远在数千里，尚可贯输于吾粤，若韶州等属，距省三四百里，则转运甚为利便，是不独抵制外来，并可远销于各埠，其利何穷，此利于全粤者三也。”

他指出中国地大物博，矿产蕴藏极富，而华侨离两粤最近，挟有振兴实业的人力财力，他鼓励华侨借此机会在广西、广东设立工厂，开办银行，采掘矿产，扩充实业，与南洋商业相辅并行。他的主张得到旅外华侨的支持，为以后在海南开矿、植胶和在广西办矿业打下了基础。

1913 年 6 月，邓泽如同意主持一个藏矿企业，该企业由国民党广东分部给予资助。正当进行具体安排时，袁世凯任命陈炯明继胡汉民为广东都督。胡汉民去职之前，设立一个办事处清理国民党对华侨的财务往来，并请邓泽如主持办事处。该办事处所需活动经费由省金库开支，但遭到一些政府首脑的反对，陈炯明最后做了让步，办事处也就此关闭。二次革命失败后，邓泽如再次回到马来亚。

1914 年孙中山流亡日本，组织中华革命党，邓泽如担任南洋各埠筹款局委员长，为支持国内反袁斗争而积极筹款。讨袁、护法期间，邓泽如重操旧业，按照孙中山的指示，又来往奔走南洋各埠，积极为讨袁筹款，他与许崇智、邓铿等以“中华实业公司”的名义联系南洋各地华侨，筹得数十万元作为讨袁活动经费，为推翻袁氏帝制复辟做出了贡献。

1918 年，邓泽如 50 岁生日时，孙中山亲笔题写了“仁者寿”的匾额相赠。胡汉民起草祝贺信，廖仲恺执笔，汪精卫、陈炯明、居正、林森、徐谦、许崇智、邓铿、戴季陶、朱执信等多位国民党政要向他祝寿，都签了名。贺信中提到：“黄克强（即黄兴）先生语余曰：‘以言南洋爱国之士，吾必以邓君泽如为巨擘。’”

此后，邓泽如一直追随于孙中山左右，并担任过多个重要职务。1920 年 11 月底，孙中山在广州重组军政府，邓泽如应召回国，任广东军政府内政部矿务局局长兼广东矿务处处长。

1922 年 6 月，陈炯明部兵变，邓泽如前往香港与孙中山取得联系，筹款讨逆。8 月，被任为中国国民党广东支部长，发表讨陈宣言。之后，任讨陈办事处第三科主任、驻港讨逆办事处理财员。他在短短几个月内，筹得 40 余万元作为讨陈活动经费。

1923 年，邓泽如任大元帅府大本营建设部长、两广盐运使等职。是年冬，孙中山在俄国革命影响下，决定改组国民党，委派廖仲恺、邓泽如等 9 人任临时中央执行委员，共同负责筹备改组事宜。1924 年 1 月，国民党第一次全国代表大会在广州召开，确定了“联俄、联共、扶助农工”三大政策，邓泽如当选为中央监察委员。

盐运使　筹军费

大元帅府时期，为了尽力筹集军费，孙中山不得不采取军事优先的财政政策，因而只能频繁“以无预算之盐税应付有定额之军饷”，盐运使的任命也与是否能按额支付军饷密切相关。自 1923 年起，孙中山先后派伍学熀、邓泽如、伍汝康、赵士觐改革盐税，增加收入以支撑饷银。

首任盐运使是伍学熀，1923 年 3 月上任，至 5 月初辞职。5 月 7 日，邓泽如被孙中山任命为两广盐运使，10 月 27 日辞职。11 月 2 日，伍汝康接替邓泽如就任两广盐运使，不到两个月宣告辞任。1924 年 1 月 2 日，赵士觐接替伍汝康，到 4 月 27 日辞职。之后，邓泽如重新回到两广盐运使任上，并延续到广州国民政府成立。

1923 年 5 月 7 日，邓泽如被孙中山任命为两广盐运使。上任以后，仍延续前任的盐税政策，但该种政策并未立即改变盐税歉收的状况。从 5 月 12 日到 5 月 30 日，18 天仅收入 5 万余元，其中还包括从商铺“英芳生记”借入的现银 3 万元和接收前任移交的 1 000 余元，实际上这 18 天的盐税收入仅 2 万元，不及正常月份的 1/20。[①] 为彻底改变被动窘状，邓泽如于该年 6 月中旬开始实行“优先现税”办法。考虑到在运道阻塞、盐斤堆积的情况下，如果仍照饷盐原价筹缴盐税，没有盐商愿意增添额外的负担。于是，邓泽如以八成的价格给予配盐，盐商只需缴纳 24 万元就可以得到 30 万元的税单。在出让盐税利益的同时，又规定 45 日内倘若没有配足饷盐，还可以继续临时标配，以此来减轻盐商对限期销盐的恐惧。盐务署在向盐商出让

两广盐运使署特别党部宣传标语

① 陆海军大元帅大本营公报 · 36 号公布，参见沈云龙主编：《中国近代史料丛刊（第五十六辑）》，台北：文海出版社 1989 年版，第 1928 – 1929 页。

部分利润的同时，也对未予配合的盐商做出了限制，即“未经盖有优先符不得配盐”。因而，所谓“优先现税”并不仅仅是配盐的优先顺序，而是作为税单是否可以销解的凭证。为鼓励盐商多认领，盐运署采取了“新税搭旧盐”的办法，即认缴现款 15 000 元可以搭配旧盐 400 包。盐商如不认缴现税，旧税单就无法销解。在此政策“刺激”之下，盐商们大多开始“合力尽筹”，短短半个月时间，政府即筹到大洋 18 万元。此后 3 个月，邓泽如又先后 3 次向盐商征收优先现税，总计大洋 90 余万元，除了折价由八折变为八五折外，其余均采用同样的办法。实行“优先现税”以后，盐税收入有了很大改观。盐务署的收入从 5 月不到 10 万元增至 6 月 27 万元，到 8 月飙升至 52 万元有余，而其中“优先现税”占所有盐税收入的 94.6%。

可以说邓泽如在两广盐运使位置上的“优先现税”盐政改革，尽管还存在不少问题，但是在当时的情况下，已在最大程度上维护了各方利益，保证了大元帅府的财政来源。

夕阳悠　喜著书

1923 年秋，孙中山着手按照列宁主义路线改组国民党。10 月 25 日，他指定一个 9 人临时中央执行委员会，其中包括邓泽如、林森、廖仲恺及跨党成员谭平山等，任务是改组国民党。令人惊奇的是，邓泽如在此以前完全支持孙中山，从不发表任何政见，这时却发表意见反对与共产党合作，但是改组工作按计划照常进行。

1924 年 1 月，在国民党第一次全国代表大会上，邓泽如和张继、谢持、李石曾、吴稚晖等人一起当选为中央监察委员。6 月 16 日，邓、张、谢向中央执行委员会提交要求弹劾共产党的决议案，7 月 3 日，提案被拒。4 天后，中央执行委员会发出指示，号召党员解除误会，重申国民党要求所有入党的人必须服从党纪。1925 年 3 月，孙中山逝世。不久，国民党决定改组政府。邓泽如反对将该项决议提交讨论表决。6 月 30 日，他以中央监察委员会的名义提出对中央改组会议的弹劾案并要求延期改组。尽管他加以反对，国民政府仍于 1925 年 7 月 1 日成立。邓泽如虽未参加西山会议派的活动，但据说他对这个派别给予财政上的支持。[①]

在 1926 年 1 月召开的国民党第二次全国代表大会上，邓泽如再次当选为

① 包华德主编，沈自敏译：《中华民国史资料丛稿译稿：民国名人传记辞典（第十分册）》，北京：中华书局 1981 年版，第 88 – 90 页。

中央监察委员，随着北伐进行，国民党分裂加剧，邓泽如支持蒋介石。1927年4月9日，邓泽如和另外几个中央监察委员共同谴责武汉国民党左派政府，这个声明为4月12日国民党在上海清洗激进派开辟了道路。5月5日，南京国民党成立“清党”委员会，邓泽如是7人委员之一。8月，蒋介石为谋求国民党的团结暂行辞职，邓泽如亦辞职，和古应芬一起去日本。他们回国后不久，广州“张黄事变”发生。12月16日，南京政府委派邓泽如、古应芬调查汪精卫在此次事件中的作用。他们于1927年12月31日提出的调查报告对汪精卫大加批评。邓泽如由是回到广州，虽仍任中央监察委员和国民政府委员，实际已过上退休生活。

1931年4月，邓泽如又重新在政治生活中露面，和肖佛成、古应芬、林森联名发表声明，要求弹劾蒋介石，因为他软禁了胡汉民。5月，孙科、汪精卫、陈友仁等人在广州成立分裂派政府，邓泽如被任命为国民党西南执行部常委、西南政务委员会常务委员。1931年9月，日军占领沈阳，为应付国难，双方言和。

邓泽如像

1927年以后，邓泽如虽然仍是中央监察委员，但很少过问政治，每天或看书写字，或种花养鱼，或约同一二知己游览名胜古迹，悠闲度日。邓泽如晚年潜心著书，把自己的革命经历及有关的国民党历史材料编成《中国国民党二十年史迹》及《孙中山先生二十年来手札》等。在江门篁边乡故居庭院中有一副对联“一庭花影云拖地，半夜书声月在天”，这大概是他年老之后的心声吧。

1934年12月27日，邓泽如因病在广州逝世，终年65岁，葬于广州市近郊下元岗龙眼洞。

先烈之血　主义之花

——许雪秋与孙中山

王华生

许雪秋，何许人也？

许雪秋这个名字，对于今人来说，可能感到很陌生了。上网搜索，会发现有许多关于他的介绍，如：

许雪秋像

> 许雪秋（1875—1912），名梅，原名有若，又名雪湫，汉族，近代华侨资本家，资产阶级革命家，民主革命党人。广东海阳（今潮安彩塘宏安三村）人。①

毕竟，网上的史料很有限，有些还有以讹传讹之嫌，未免缺乏准确性和权威性，与许雪秋同时代的辛亥革命元老冯自由所著的《革命逸史》的介绍，或可供更多的参考：

> 许雪秋原名有若，雪秋其字也。广东潮安宏安乡人。父经商南洋致富，雪秋幼随父在新加坡学习懋迁。性慷慨，任侠好客，缙绅士大夫江湖侠客咸乐与之游，有小孟尝之称。②

中国民主革命家何香凝女士对许雪秋有这样的评价："先烈之血，主义之花。"当今历史研究学人，如广东省社科院王杰研究员对他这样评价：许雪秋散尽家财，支持革命，矢志不渝，蒙冤受难，饮誉"潮汕民国第一人"。

孙中山十分认同华侨乃革命之母的说法，在海外华侨中，新加坡华侨对革

① 吴绪山、谢俊艺：《许雪秋：潮汕民国第一人》，《深圳特区报》，2011 年 10 月 17 日第 A08 版。

② 冯自由：《革命逸史（第二集）》，北京：中华书局 1981 年版，第 183 页。

许雪秋给华侨林受之的助饷收据，盖有孙中山颁授用于黄冈起义的鹰球图章

命出力投入最大，黄冈起义就是最好的集中体现。参加过黄冈起义的辛亥革命前辈林凤文在《南洋华侨与黄冈革命战役》中说：“星洲革命侨胞对于行将起事之黄冈战役十分深切注意，盖此次系由海外华侨所策动，关系民族之前途，又恐地方遭焦烂，热望义师一起，速战速决，马到成功，生死关头，息息相关，人人同德一心，战战兢兢。”新加坡华侨张永福、陈楚楠等人“无不尽力以赴，或踊跃输将以助军储，或筹策宣传以利进行，或奔走募资帮同接济，前后统计，捐出三数万元”，这还不包括众人的单项捐款。其中，林受之“毁家助饷”，捐出叻币 1.4 万元，许雪秋特向其颁发委任状：“中华革命军东军全权都督许雪秋委任林受之为中华公司总理，调查分会事。因本都督军务冗繁，诚恐未能长察内容，即委彼代予全权，查有为非作弊，应准便宜惩革。此谕。一出保单，非林付不准。”①

许雪秋作为东军都督，无疑是新加坡华侨中的代表性人物。那他与孙中山的交集如何？后人应如何评说呢？

反清举动　树帜岭东

许雪秋早年的人生经历及其在故乡的反清革命活动，十分明晰：许雪秋出生于故园，自小随父前往南洋经商。父亲去世后，他继承了一大笔遗产，却无心于工商事务，偏好练武骑马，加之性格豪爽，仗义疏财，被人称作“小孟尝”。

1902—1903 年，福州人黄乃裳经常到南洋马来半岛鼓吹种族革命，他曾中过举人，思想敏锐，知识渊博，通晓中外故实，是官方认可的有功名的知识精英；他又有在教会供职的经历，善于宣传演说。很多闽粤侨民都被他的宣讲所感染。热血青年许雪秋自然也对这些先进的革命思想十分向往，对黄乃裳异

① 林凤文：《南洋华侨与黄冈革命战役》，见江中孝、邓开颂主编：《丁未潮州黄冈起义史料辑注与研究》，天津：天津古籍出版社 2007 年版，第 222 页。

常倾倒，遂成为志同道合的忘年交。这时在新加坡，保皇党康有为等人所办的《天南新报》停刊一段时间了，兴中会会员九列组织了中和堂，进步侨商陈楚楠、张永福等创办了《图南日报》宣传革命，在这些因素的影响下，加上耳闻目睹祖国内忧外患的艰难局势，南洋各地华侨反清、救中国的革命意识逐渐生长起来，一股民主革命思潮逐渐掀起。此情此景下，许雪秋更是“隐然有逐满兴华舍我其谁之志”。

1904 年秋，许雪秋邀请黄乃裳、陈宏生等一起回国。10 月 27 日晚，许雪秋、黄乃裳、陈宏生、吴金铭和李杏坡等在潮州宏安乡许家老宅“寄云深处”开会立坛，宣誓颠覆清朝，相约发动同志，筹措军械军饷准备起义。经过几个月的活动，许雪秋结识了潮州府属潮安、饶平、汕头、澄海、潮阳、南澳等各市县三合会领导人余丑、余通、陈涌波等几十人，反清的势力逐步集结。

1905 年农历正月十二日晚，许雪秋召集同志制订起事计划。他们共同推举许雪秋为革命军司令，陈宏生为闽粤度支部长，吴金铭任参谋长；同时联络学界、会党与邻省革命同志，派陈宏生到福州，联系黄乃裳，发动福建进步人士起来响应革命；李杏坡负责联络学界，吴东升负责联络邻省志士，吴金铭联系饶平会党余丑、余通、陈涌波等。当时，由旅居南洋的嘉应籍华侨张煜南倡建的潮汕铁路正要动工，许雪秋设法向潮汕铁路当局游说，取得了铁路建筑工程的部分承包权。于是以承包铁路工程为名，密派余丑、余通、陈涌波为修路工头，招收 700 多名会党成员充当工人。同时，以维护在建铁路沿线治安为名，由吴金铭以绅士名义禀请当地官府同意，招募近 400 名会党兄弟组成团练，操练军事，并以这两支力量为骨干成立起义队伍，约定农历三月十五日举事，但由于用人不慎，计划泄密，李杏坡被捕并遭处决。吴金铭亦被抓，后由当地绅士刘龙苍、郭竹君联名保释。

许雪秋也被人告发，称其为革党首领，道府派人密查。许雪秋凭先前曾用钱向清政府捐过一个候补道官衔，与道台旧识，于是身怀手枪，单独一人来到潮州道府“自首”，然后“侃侃抗辩”，极力为自己洗脱罪名。在此情形之下，当时的道台也找了个借口，以许雪秋是地方大绅为由，不予深究。

开弓没有回头箭，许雪秋革命之心既起，便一发不可收拾。

黄冈起义　南国雄风

1905 年 3 月举事未成，许雪秋背着“臭名”返回南洋，默默募集粮饷和军需，为再次起义未雨绸缪。这时，中国的革命形势显露出新的前景。1905 年 8 月，革命党人聚集日本，中国同盟会在东京创建，提出“驱除鞑虏，恢复中华，建立民国，平均地权”的革命纲领，孙中山被推举为同盟会总理。同盟会本部决定以“中华国民军政府”的名义在国内各地组织发动反清起义。为统一领导革命活动，孙中山于1906年秋冬间主持制定了《革命方略》（又称《中国同盟会革命方略》），油印发给各地会员，以便大家遵照执行。

许雪秋正是遵行《革命方略》的排头兵。汕头学者黄羡章在《潮汕民国人物评传》一书中，称誉许雪秋为“潮汕民国第一人”。认为，孙中山领导的反清革命，潮汕地区追随者众多，以资历、职位、军功论，许雪秋都名列前茅。尤其是他1907年领导了潮州黄冈起义，为反清斗争中一次惊天动地的武装革命，对推翻清朝封建统治、建立民国政府功不可没。

确切说来，潮州黄冈起义是同盟会成立后发动的一次大规模武装暴动，也是孙中山第一次依据《革命方略》，亲自委派军事将领策划和领导的起义，而这个受命之人正是许雪秋。1906年2月，孙中山到新加坡。平素就很崇拜孙中山的许雪秋，经过张永福的介绍，得以结识孙中山，并加入中国同盟会。当时孙中山也有在广东再次发动革命暴动的想法，得知许雪秋在潮州革命的经历以及他所掌握的潜在革命力量，深为嘉许，便委任他为中华国民军东军都督，领导粤东一带的武装革命。这次任命有着非同寻常的意义，同盟会香港支部负责人冯自由撰述：“自丙午同盟会本部编定革命方略以来，总理依据方略以委任都督，雪秋实为第一人。”

受命孙中山的直接委任后，许雪秋的革命热情更加高涨，他迅即回国，秘密联络各方力量，散发以鹰球作图案的票布，招收会党人员，扩充革命队伍，“时党众已至千余”，饶平人余既成、余通、陈涌波等成为骨干。这年冬，他偕余丑、陈涌波等至香港，与冯自由联系，汇报筹款、策划经过，陈明起义时机已逐渐成熟，要求致电东京，请孙中山派员回国协助。孙中山收到电报后，分派乔义生、方汉成、方瑞麟、李思唐、方次石和日本人萱野长知、池亨吉等到香港，相机前来助力。

随后，许雪秋在宏安乡家中召开会议，议定1907年2月19日举行起义，兵分几路同时发起进攻。一路由薛金福与乔义生、李思唐等统领，以饶平县浮山镇为据点，率领起义党人攻打潮州；一路由方汉成、方次石等为指挥，从黄冈进发攻打汕头；一路由许雪秋偕方瑞麟、谢良牧等300人埋伏在潮州城郊，伺机攻城；还有一路60人预先潜入城内，作为内应。起义日期将近，饶平一路因将“四时起兵”误听为“十时”，未能按时集中。许雪秋在潮州东门外一直等到天亮，未见起义队伍踪影，只好下令各部解散，等待命令。几天后，薛金福等被捕牺牲。许雪秋派陈宏生处理善后，自己则亲赴香港，向冯自由等汇报起义变化因由。冯自由即将变故电告孙中山，孙中山复电强调：此后举行起义，须与惠州、钦州、廉州（今广西北海、合浦县城廉州、钦州浦北等地）起义之师并举，以便牵制清军，万勿孟浪从事，致伤元气。为此，许雪秋留在香港，等候指示，以图跟进。

上述情节说明，起义党人从饶平浮山、黄冈等地出兵攻取潮州府城，因联络失误、协调不周，行动半途而废。但革命力量在此次行动中被发动了起来，黄冈起义的大幕已经拉开。许雪秋写信给孙中山，表示要继续努力整合各地革命力量，“以图再举，此遭定谋妥当，庶不负先生所委也”。但就在此时，潮州黄冈城内已激流汹涌，势在必发，加上官府开始抓捕革命党人，丁未年四月十一日（1907 年 5 月 22 日）晚，余既成、陈涌波等上千名党人誓师起义，经过一夜激战，革命军攻下黄冈城，首次升起“青天白日满地红”旗，宣告成立军政府，发布革命告示。

漢文臺灣日日新報
電報
東京電報（二十七日朝發）
廣東暴動
廈門電報（二十八日發）
東京電報（二十九日發）
改正煙草專賣法
雜報
滿洲時事

1907 年 5 月 30 日《汉文台湾日日新报》头版头条刊登了黄冈起义的消息

黄冈起义，清朝政府惊恐万状，连下四道谕令，派重兵围剿义军，双方连续 5 天激战。由于寡不敌众，粮饷匮乏，义军最终宣告解散。黄冈起义发动后，许雪秋闻讯从香港率同志赶回汕头，分赴各地催促举义响应。无奈黄冈义军解散，大家深为懊恼。许雪秋还设想轰炸清朝提督李准运兵轮船，以图再举，但因清兵警戒严密，无机可乘而停止，最后只好乘船返回香港，再往南洋。

“青天白日满地红”旗首次在黄冈上空升起并持续 5 日之久，被誉为发辛亥革命之先声。此次黄冈起义虽然失败了，在辛亥革命史上却创下多项第一：

中国同盟会成立后的第一次武装起义。同盟会成立前，兴中会先后发动 1895 年广州起义和 1900 年惠州三洲田起义。两次起义失败后，孙中山总结经验教训，于 1905 年成立中国同盟会，提出三民主义学说，制定《革命方略》，使民主革命的目标更加明确。接着，孙中山到新加坡，在张永福等人的支持下，经过一年多的筹划准备，终于发动了黄冈起义。与黄冈起义基本同时发动的有 6 月惠州七女湖起义，稍后发动的还有 9 月钦州防城起义和 12 月广西镇南关起义。1907 年，孙中山组织发动了 4 次规模较大的反清武装起义。

孙中山第一次委派军事将领。经张永福介绍，许雪秋加入同盟会，并与孙中山结识。孙中山向许雪秋面授《革命方略》，并以同盟会总理名义委派他为东军都督，颁赐鹰球图章，让他负责粤东反清军事起义的具体工作。后来，孙中山委派钦州防城起义领导者王和顺为南军都督。孙中山对当时的革命形势很乐观：“日来潮起于东，钦廉应于西，全省风动。尚有数路，次第俱发。当合广、韶、惠、潮、钦、廉诸军，以联为一气，则粤事机局宏远，大有可为也!”①

孙中山第一次派遣成批留学生参加武装起义。1906 年萍浏醴起义时，东京同盟会中的留学生虽然“纷纷回国从军”，却是“自动之义师”，“本部于事前一无所知”。黄冈起义则不然，孙中山得知起义在即，在东京派遣留学生乔义生、方汉成、王斧军、方瑞麟、张煊等 11 人先后归国，参加起义。这是孙中山第一次派遣留学生参加军事行动，开创了农工商学兵联手革命反清的先例。

第一次成立军政府。黄冈起义翌日，军政府成立，陈涌波为司令，余既成、张跃为副司令，全军按照孙中山《革命方略》编为 16 个中队、64 个小队，并以“广东国民军大都督孙”和“大明军政都督府孙”名义发出布告。黄冈军政府存在时间不长，却是中国大地上第一个民主革命政权。

第一次留下青天白日旗飘扬的影像。青天白日旗由陆皓东设计，原准备作为 1895 年广州起义的军旗，但因起义事泄，陆皓东牺牲，未及使用。1900 年惠州三洲田起义时，青天白日旗第一次用于军事行动。此后，孙中山领导的多次武装起义，都以此旗为标志。这些起义中，能够拍照留下青天白日旗迎风飘扬影像的，黄冈起义是第一次。

第一次发行银票。黄冈起义的军需费用大部分由南洋华侨资助，小部分由国内爱国人士捐助。此外，军政府成立后发行银票，加盖鹰球印，与银圆同时流通。这是中国民主政权第一次发行货币。

汕尾接械　竭力无功

许雪秋策划领导黄冈起义，奠定了他的辛亥革命功勋的历史地位，也是他一生中最值得书写的亮点。但在许雪秋的革命生涯中，还有另一件重大的事

① 广东省社会科学院历史研究室、中国社会科学院近代史研究所中华民国史研究室、中山大学历史系孙中山研究室合编：《孙中山全集（第一卷）》，北京：中华书局 1981 年版，第 336 页。

情——汕尾接械之役。

黄冈起义失败后，许雪秋反思总结，亲赴越南河内向孙中山报告，认为主因在于“土炮不敌洋枪”，并表示，如能购得先进军械，他可在海陆丰沿岸召集党人再行发难。孙中山同意了许雪秋的主张，立即派日本人萱野长知往日本购置军火及负责租船运输事宜。冯自由后来回忆说：“革命党从外国运载军械以供起事之需者，以汕尾一役为最著。”

1907 年农历八月，许雪秋已发动海陆丰沿岸会党上万人，预备在军械到达时，发动起义。同时，前往日本购买军火的萱野长知亦电告香港，称枪械已备好，并租用日本货船“幸运丸”运送。本以为万事俱备，却发生了一个意想不到的波折。由于日船停泊汕尾近海，引起清军高度注意，军械最终未能接收上岸。许雪秋及党人见日船一去不返，大为懊丧。日船到达香港后，港督得电，称有日本商轮代革命党人载运大批军械至港，请求扣留，日船遂“匆匆返日”，购买军火一事彻底泡汤。

本来，接械一事失败的原因错综复杂，特别是后面的情节根本与许雪秋无关，但“各方咸归咎于雪秋之筹备不善”。尤其是同盟会香港支部负责人胡汉民更是言辞激烈，又作万言书报告，将错误全归于许雪秋，更是在孙中山面前及同盟会之中极力贬斥许雪秋，以至孙中山在致萱野长知的信中说：“其时已了然于东事之失败，其责任全在许雪秋一人。”①

分途发展　异曲同工

汕尾接械之役导致许雪秋已不复为同盟会领导所信任，于万分失望之际，为寻找革命出路，他只好转向当时也主张反清革命的光复会，走上了与同盟会分途发展的道路。许雪秋接械失利后，“仍志不少懈”，重赴南洋筹款再举。但南洋“所相识热心国事之同乡，多成强弩之末，无可设法。以是淹留数月，一筹莫展”。1908 年 3 月，孙中山由越南至新加坡，正锐意经营钦州及河口军事，无余力帮助许雪秋再举，许雪秋因此大为失望。此时，同盟会员陶成章自日本游南洋，以同盟会干部招待不周为辞，在荷属爪哇各岛另倡设光复会，许雪秋“纷然和之”，“别树一帜，南洋各埠同盟会员之属潮梅籍者，因之稍受影响”。许雪秋加入光复会后，抵制同盟会在南洋的筹款活动。此后，孙中山为了发动云南河口起义，特派汪精卫、邓子瑜二人赴荷属文岛各处筹款接济，

---

① 江中孝、邓开颂主编：《丁未潮州黄冈起义史料辑注与研究》，天津：天津古籍出版社 2007 年版，第 43 页。

竟受各埠同志反对，无功而回。究其原因，“即陶成章、许雪秋等别树一帜之结果所致也”①。

许雪秋加入光复会后，已不再如以前那般活跃，“自是息影南洋者三年”，直到1911年武昌起义后，许雪秋偕陈宏生、陈涌波等黄冈诸首领归国，组织南路进行军，先后“光复”饶平、潮安、惠来、大埔诸县。

民国肇始，中央政权薄弱，潮汕地区民军林立，各树一帜，派捐派饷，不相统属，其首领之多，俗称“十三司令”。其中，属于光复会的有许雪秋、陈芸生、陈涌波等，属于同盟会的有张醁村、孙丹崖、梁金鳌等，派别分明，纷争不已。

许雪秋因曾被孙中山任命为东军都督，故有意谒见胡汉民，以求得任命，整顿民军，但未成行。胡汉民已委任张醁村、孙丹崖为统领潮属各军正副司令。“许与余既成、陈涌波等谓胡都督不念旧谊，且并不征求众意，遵用局外人为正副司令，咸忿形于色”，“不肯就范”。张醁村虽被胡汉民任命为潮汕第四军司令，但对各支民军无法加以控制。他既不能使许雪秋等民军事事就范，又不愿以武力加诸许雪秋等部，迫不得已在两个月后奉命离开潮汕。广东副都督陈炯明遂委任旧军官陈宏萼为宣慰使，率部抵汕，建立了军政府，但陈宏萼很快就成为地方势力的工具。陈炯明遂派惠州民军首领林激真率领亲军一标千余人，由惠州乘船至广州换轮开赴汕头，去夺回对该地的控制。1912年3月15日，林激真发动了对汕头的进攻，许雪秋等率民军策应，击败陈宏萼及支持他的民军，攻克汕头。林军进入汕头后，纵兵抢掠，对潮汕人民肆意欺压。许雪秋支持林激真，曾带兵抄抢汕头商会会长赖礼园家，勒索兵饷。“于是潮汕各属团体及海外华侨、会馆、学校等均垂电纷驰，声讨林激真盘踞潮汕，违法乱纪，种种罪恶”。在人民群起反对的情况下，陈炯明不得不下令将林激真部遣散回籍，委派已反正的前清碣石总兵吴祥达为潮汕绥靖主任，率两营开赴潮汕。吴祥达“挟汕尾旧恨”，于1912年5月12日乘许雪秋不备，突然袭击汕头旧道署许雪秋民军司令部，将许雪秋、陈芸生、陈涌波等人杀害。一位为建立民国做出重要贡献的革命党人竟死于民国初创，孙中山等人闻之亦感到震惊和痛惜，下令广东当局对此案严加查办，但后来不了了之。直到1924年，许雪秋才被追认为中华民国烈士。

---

① 冯自由：《革命逸史（第二集）》，北京：中华书局1981年版，第189－190页。

千秋功罪　评价殊同

许雪秋是孙中山依据《革命方略》委任为都督的第一人，是辛亥革命时期广东地区有影响的人物。他“醉心革命”，“以岭东运动为己任”。他以百折不挠的勇气，先后发动潮州起义（未遂）、黄冈起义、汕尾接械之役，以及参加光复潮汕的战斗，打击和推翻了清朝在粤东的专制统治，推动了革命形势的迅速发展，为辛亥革命在粤东地区的发展和胜利做出了重大贡献。他忠于祖国、热爱革命的精神是值得我们学习的，这些功绩是应该肯定的。但是，许雪秋也有缺点和错误。第一，他每次起义皆筹备不周，急于发动，致使一次又一次的起义都归于失败，特别是汕尾接械“坐误事机”，使“全局顿挫”，大伤革命党人的斗志。第二，在南洋抵制同盟会的筹款活动，不利于革命运动的进行。第三，他支持林激真进攻汕头，纵兵抢掠，导致潮汕动乱。当然，后两个缺点和错误同孙中山对许雪秋的不信任有直接或间接的关系，但许雪秋的行动不利于革命运动的进行和社会秩序的稳定。尽管如此，这些缺点和错误同他的功绩相比，功绩更是主要的，他作为一位爱国革命华侨是当之无愧的，也是值得我们永远纪念的。

仗义疏财　南洋先锋

——陈楚楠与孙中山

朱儒超

在风云际会的近代中国，有一批自强不息的华夏子孙，于海外谋求生存乐土的同时追寻着振兴中华的契机。他们禀赋勤劳勇敢、不畏艰难的民族品格，筚路蓝缕，逐渐拥有雄厚实力，成为华侨资本家。他们是孙中山进行民族民主革命的重要支柱，为了追随孙中山实现共和的理想或慷慨解囊，或倾家荡产，甚至魂断中华。南洋作为华侨重要的聚集之地，涌现了众多可歌可泣的革命志士，陈楚楠便是其中一颗璀璨的明星。

义结桃园　心连星洲

1905 年 7 月，从欧洲东归的孙中山途经南洋之时，百忙之中致电尢列，要求会见新加坡著名人士陈楚楠。当轮船停泊新加坡之际，尢列引领陈楚楠等人登船拜访了孙中山。孙、陈二人之手紧紧握在一起的时候，终于实现了两人期盼已久的第一次会面，也将南洋华侨与中国革命紧紧地扣在了一起。

孙中山对这位南洋义士早有耳闻。陈楚楠原名陈连才，祖籍福建厦门，1884 年出生于新加坡，其父陈泰是新加坡颇有名望的资本家，为英国殖民当局所信任和器重。陈楚楠早年亦曾漂泊南洋各地闯荡，与其兄长陈连局合营橡胶生意，由于经营有道，很快成了南洋橡胶业名人。商业上的成功并未使他安心享受殷实家资带来的荣光，面对清末岌岌可危的民族危局，远在异乡的陈楚楠始终心系祖国，不忘身为中华儿女的民族责任感。

早在 1898 年，年仅 14 岁的陈楚楠接受了康有为和梁启超等维新人士大力宣传的改良思想，从此，他以满腔爱国热忱开始积极探索救国救民的道路。此后，陈楚楠与新加坡的维新派领袖邱菽园交往密切，在其指引下，广泛阅读《清议报》《新民丛报》《开智报》等宣扬维新思想的刊物，深受影响，又积极参加林文庆、邱菽园等人组织的“好学会”，声援维新派的立宪活动。

陈楚楠像

鉴于南洋日益重要的国际地位以及众多的华侨聚居，孙中山希望能立足当地，借助南洋的广大资源，以便有效地抵制保皇思想的泛滥，发动当地华侨支持他的革命事业。为此，他曾于1901年指派香港兴中会的骨干尢列前往新加坡探路。尢列以行医为名，设立从事革命的秘密机关“中和堂”，宣传兴中会“驱除鞑虏、恢复中华、创立合众政府”的革命纲领，试图召唤华侨转向革命阵营。尢列在南洋的活动颇有成效，他深入浅出地讲解了孙中山的反清思想，阐述了实现革命的方针、方法和目标，揭露保皇派鼓吹开明君主专制而反对革命的实质，争取了一大批南洋杰出华侨对孙中山革命事业的理解和支持。有志求知与探索的陈楚楠，带着疑惑和好奇专门拜访了尢列，尢列以慷慨激昂的语调和旁征博引的雄辩使陈楚楠茅塞顿开。两人一见如故，心悦诚服的陈楚楠迅速接受了孙中山的革命思想。

在尢列的支持和鼓励下，陈楚楠与志同道合的侨胞张永福、林义顺等建立了时常聚会商议颠覆清廷的活动场所——“小桃园俱乐部”。这是陈楚楠革命生涯的一大转折，确立了他此后追随革命的方向。他曾以“思明州之少年”的笔名，在新加坡《天南新报》及香港的兴中会机关报《中国日报》上发表文章，公开摒弃保皇思想，有力地批判了清政府的腐败无能，向世人昭示他鲜明而决绝的革命立场。

1903年，上海发生“《苏报》案”，清政府勾结租界当局查封了宣扬革命思想的《苏报》，逮捕了革命党人邹容和章炳麟。深受革命思想熏陶的陈楚楠面对邹、章二人被捕的黑幕，义愤填膺，他曾试图利用其家族在新加坡的地位和影响解救二人，遂联合了一批志同道合的华侨联名致电英国驻沪领事馆请求援引保护国事犯条例，勿将邹、章引渡清廷。此事失败后，陈楚楠集资翻印了5 000册邹容的《革命军》，在南洋大力派发，还派人带往广东、福建等地散发，以期扩大革命阵营的影响力。[1]

---

① 丘权政、杜春和选编：《辛亥革命史料选辑（续编）》，长沙：湖南人民出版社1983年版，第29－42页。

"《苏报》案"使陈楚楠进一步认识到思想传播媒介对于革命宣传的重要性，"欲成大事，非先唤醒民众不可"①。他似乎找到了一种更为有效的斗争手段。为此，他与张永福集资5万元，于1904年创办了《图南日报》，聘请尢列为名誉编辑，开创南洋革命党人办报宣扬反清思想之先河。

1905年新年伊始，陈楚楠等人精心设计了一种月历牌，上印"图南日报"字样，并附上一副对联，上联为"忍令上国衣冠沦于夷狄"，下联为"相率中原豪杰还我河山"，还写有"文字收功日，全球革命潮，图开新世局，书檄布东南"等字语，公然鞭挞清朝贵族的专制统治，激发华侨的民族之情。《图南日报》以其独特的风格大力宣传革命思想，广受侨胞欢迎，创办不到一年，发行量竟有2 000余份，一跃而成为南洋地区革命宣传的前沿阵地，增强了革命党人的信心，给正在美洲与保皇派激烈论战的孙中山注入新的同盟力量。倍感欣慰的孙中山，以独特的方式万里驰书陈楚楠，对陈楚楠为革命所做的努力和贡献殷殷奖勉，并附上20美金作为对《图南日报》的赞助。这是孙、陈二人第一次隔空的交集，陈楚楠为此激动不已，更加坚定了革命立场，孙中山也由此铭记了这位年轻有为的南洋富商和革命同志。

孙中山此次途经新加坡，会见陈楚楠是旅程的主要目的。临行前，孙中山已经在欧洲的英、法、德等国与留学生进行了多次会晤，扩大革命活动的思想日臻成熟，并酝酿组建更加紧密的革命政党，正准备赶赴中国留学生最多、思想最活跃的日本东京，去商讨将全国的革命志士"合成大团"事宜。他也希望加快推进南洋革命团队的组建步伐。当孙中山听取了陈楚楠对南洋地区的思想动态、革命志士活动的总体概述之后，对他为革命所做的努力表示高度赞赏，鼓励他继续为实现推翻清朝、建立民主共和国的远大理想而奋斗，并尽快将在南洋创建革命组织的计划提上日程。

二人初次见面，相见恨晚，陈楚楠希望孙中山能在新加坡稍作停留，以便更多接受有关革命方略的面授机宜，以具体指导建立南洋地区革命组织的事宜。孙中山也希望能寓居多些时日，以相商如何进一步争取南洋华侨支持革命的问题。陈楚楠等人大喜过望，即到新加坡警厅做担保，获得了英国殖民当局对孙中山上岸逗留的允许。

陈楚楠在其组织的"小桃源俱乐部"隆重接待远道而来的客人。孙中山与南洋革命同仁畅谈共和革命的理想，促膝探讨革命形势如何发展。孙中山敦促陈楚楠等人着手筹备建立革命团体的各项事宜，以便形成领导核心，推动革

① 丘权政、杜春和选编：《辛亥革命史料选辑（续编）》，长沙：湖南人民出版社1983年版，第31页。

命事业的有序进行。他对侨胞们寄予无限期望，说道："革命党总要苦斗，将来自然会有好结果的。"陈楚楠等人被孙中山坚定的理想信念深深折服，纷纷表示愿意终身追随革命。

孙、陈二人第一次会晤，彼此留下了深刻的印象。陈楚楠久仰孙中山大名，早已在其号召之下从事伟大的革命事业；这一次当面领教了孙中山侃侃而谈的文韬武略与非凡气度，更激发了他矢志不渝的革命意志。

创会"晚晴"　树帜《中兴》

短暂停留之后，孙中山启程赶赴日本，他抑制不了内心的喜悦，途中即提笔给陈楚楠写信，信中说：

> 楚楠仁兄大人足下：
>
> 星洲一会，欣慰生平，惜为时匆匆，不能畅叙一切，为憾。弟今不停西贡，直往日本，先查探东方机局，以定方针。方针一定，再来南地，以招集同志，合成大团，以图早日发动。今日时机已熟，若不再发，恐时不我待，则千古一时不会，恐不再来也。[①]

这是孙中山与陈楚楠的革命之约，他希望尽快在南洋召集革命志士共图大业。信函虽短，语重心长。

1905 年 8 月，孙中山在日本联合全国留学生及革命志士，在东京宣告成立中国近代第一个革命政党——中国同盟会，担任同盟会总理。他揭橥了"三民主义"的旗帜，提出了创建共和制度的奋斗目标。1906 年 2 月，孙中山如约再次来到新加坡，下榻于陈楚楠与张永福等人为其精心布置的晚晴园，此地也成为此后孙中山来新加坡的常住之地，成为南洋革命活动的中枢。孙中山此行的目的是希望能在新加坡建立同盟会的南洋总部，以便加强对该地革命的领导权。

经过两个月的紧张筹备，孙中山约定陈楚楠、李竹痴等人在居所晚晴园秘密召开大会。大会召开之前，孙中山已将入会盟书拟就，招陈楚楠、李竹痴和张永福等人在楼上先商议大会召开的具体事项，并要求他们先把盟书缮抄。随后，孙中山主持大会，宣布成立中国同盟会新加坡分会，会址就设在晚晴园，

---

① 广东省社会科学院历史研究室、中国社会科学院近代史研究所中华民国史研究室、中山大学历史系孙中山研究室合编：《孙中山全集（第一卷）》，北京：中华书局 1981 年版，第 275 页。

陈楚楠被与会者一致推举为会长。这次会议起草了分会的相关章程，明确了组织的使命，并举行了庄严的入会仪式。孙中山解释了三民主义的意旨，郑重地说："我这同盟会的组织，是希望发展得很大很大的。我们的责任，当然是牺牲，但是牺牲到什么程度，我们总不能预说。设使牺牲到剩二个人存在，亦算是同盟会存在的一日。"① 与会者无一不被深深感动，纷纷以热烈掌声表示赞同。

随后，会员遵照孙中山言传身教，逐一宣誓加入同盟会。陈楚楠首先起立，庄严宣誓："联盟人，陈楚楠，当天发誓，驱除鞑虏，恢复中华，创立民国，平均地权，矢信矢忠，有始自卒，如或渝此，任众处罚。"众人如是一一宣誓完毕，孙中山将自己的盟书交给陈楚楠保留，陈楚楠等人的盟书由孙中山取去。最后，孙中山又郑重地授给陈楚楠等人握手符号及会话的秘诀。② 至此，新加坡分会宣告建立，这是东南亚华人社会有革命党正式组织的开端，也是孙、陈二人革命情谊进一步发展的见证。会后，孙中山和陈楚楠等与会人员在晚晴园合影留念，铭记这一庄严的时刻。

1906 年，孙中山（前排左四）与同盟会会员陈楚楠（前排左三）等人在新加坡晚晴园的合影

① 中国社会科学院近代史研究所、近代史资料编辑组编：《华侨与辛亥革命》，北京：中国社会科学出版社 1981 年版，第 97 –98 页。

② 中国社会科学院近代史研究所、近代史资料编辑组编：《华侨与辛亥革命》，北京：中国社会科学出版社 1981 年版，第 97 –98 页。

1906 年陈楚楠（右）与孙中山（中）、张永福（左）在新加坡的合影

6 月，孙中山再次到访新加坡。此时，闽粤等地革命形势日渐高涨，与南洋革命党人的互动更加紧密。陈楚楠及时将福州黄乃裳、潮州许雪秋二人发来的函电详细向孙中山汇报。孙中山即刻复电，做了详细指导，并拟定日期，请黄乃裳、许雪秋来新加坡加入同盟会。得到孙中山支持的陈楚楠积极进取，逐步在东南亚各地增设 100 多个机构和通讯社，扩大了分会的影响力。

新加坡分会建立后，陈楚楠继续深入开展革命宣传工作。在分会成立之前的 1905 年，《图南日报》因资金紧缺，发行量锐减。陈楚楠苦心支撑，依然难以扭转颓势，不得已宣告停业。此时，迷惘中的陈楚楠收到孙中山从日本寄来的信函，得知孙中山“现与同志在东京创办一杂志，名曰《民报》，不日可以出版”，还将邀请他打理新加坡方面的业务。陈楚楠倍受鼓舞，再次与张永福等人集资创办了《南洋总汇报》，作为继续宣扬革命、响应《民报》的舆论阵地。然而，招股时审查不严，致使刚刚步入正轨的新报社因股东内部政治立场不同而产生严重矛盾，大股东中立派人士陈立秋因害怕得罪清政府，提出了拆股意见，并由抽签决议报纸的归属。结果，刚刚创建的《南洋总汇报》落入保皇派手中，成为保皇派的机关刊物。陈楚楠等人的努力再次付诸东流，不幸为保皇派做了嫁衣。

新加坡分会成立后，陈楚楠有心重整旗鼓，发力再续革命宣传之喉舌。孙中山一直高度重视舆论宣传，为此特别指示，应该更加明确新报纸的革命方向，标定革命宗旨，以实现中华振兴为目的，名字就改为“中兴报”。得到孙中山的支持和鼓励，陈楚楠决心努力办好新报纸，作为同盟会新加坡分会的机关报。

1907 年 8 月 20 日，由陈楚楠与张永福、林义顺等人出资筹办的《中兴日报》正式出版，宗旨开门见山，“开发民智，而使数百万华侨生其爱种爱国之思想”，并阐明实现该宗旨之理路，“救亡之道，惟在日聒以言，提撕其自尊之心，使求自立之道。其智之未开，则觉之；其智既开，而惑于邪也，则正之”，更加旗帜鲜明地宣扬革命思想。

孙中山对新报纸的创办极度重视，对该报寄予了殷切的期望，他致函陈楚楠等人说到“《中兴报》旦夕开张，贺甚之！此后星坡又多一文明导线，企予望之”，认为“今日吾党在南洋之急务……即设法维持《中兴日报》是也，《中兴日报》与大局甚有关系，不能不竭力维持”①。

《中兴日报》的创办，再续了南洋革命党宣传之喉舌，为革命党人与保皇派的论战提供了一个强大的论战高地，胡汉民、汪精卫、居正等同盟会著名理论家撰稿助战，孙中山也以“南洋小学生”的笔名发表文章，批驳保皇派宣扬的“革命招致瓜分”的谬论，使这场论战分外激烈。南洋思想界一时笔枪墨炮，杀声四起。《中兴日报》吸引了各界人士争相阅读，日销量高达4 000余份，使南洋华侨更加深入地了解了孙中山的革命主张。经过“革命”与“保皇”的大论战，同盟会声势更加浩大，新加坡分会会员也由成立之初的10余人增至400余人，② 革命队伍发生了量与质的飞跃。新加坡出色的舆论宣传工作，使孙中山对陈楚楠更加器重。

赞襄革命　毁家纾难

革命思想深入人心之后，筹款支持孙中山发动武装反清便成了南洋革命者经常性和急迫性的要务。这也是陈楚楠对中国革命的又一重要贡献。

同盟会创立之后，孙中山组织和领导了7次武装反清起义，这些起义的巨大经费大多来自海外华侨的捐款。陈楚楠主持的新加坡分会多次承担了孙中山安排的筹款重任。

1905年9月，中国同盟会成立不久，孙中山在东京致函陈楚楠：“弟于西十月七号由此发程去西贡，与彼中大商商办举行债券筹款一事。拟筹足二百万，以为革命之资。由南洋各埠客商认借，每券千元，实收二百五十元，大事成功，还本利千元，由起事之日始，限五年内还清……未知贵埠有无富商认借，此亦觅大利之一道也，望足下图之。”③

孙中山试图以发行革命债券的方式获得南洋华侨的资金援助，他将这笔巨额的筹资计划托付给陈楚楠，虽然这一计划后来因不切实际而不了了之，但足

---

① 黄珍吾：《华侨与中国革命》，台北：“国防研究院”1963年版，第207页。

② 冯自由：《革命逸史（第六集）》，北京：中华书局1981年版，第167－168页。

③ 广东省社会科学院历史研究室、中国社会科学院近代史研究所中华民国史研究室、中山大学历史系孙中山研究室合编：《孙中山全集（第一卷）》，北京：中华书局1981年版，第287页。

以看出，陈楚楠在孙中山的心目中，不仅是南洋党务上的支柱，还是经济支援革命的“摇钱树”。

1906 年 12 月，孙中山写信给陈楚楠和张永福，希望他们能筹集数千元支助起义军置办饷械。孙中山认为，“以星坡会员之众，风气之开，而又气雄力厚，诚能奋发义侠，所得必不止三千元之数”，以便将此款用于广东潮州方面的起义，同时希望“更得数千元交子瑜兄，再举惠州，以谋牵制，则东路之师必大威。此万余元之运动费，不能不望之星洲同志”。这是孙中山对南洋华侨支助革命的殷切企盼，也是对陈楚楠工作的信任。陈楚楠接信后，深知举事已箭在弦上，便立即在住所紧急召集同志开会讨论事宜，分头筹款，及时将资金汇给了起义指挥者许雪秋，保证了起义的顺利部署。此后，同盟会在粤、桂、滇三省发动多次起义，如惠州七女湖、钦州防城、广西镇南关以及云南河口等起义，孙中山每次均令陈楚楠筹款接济，陈楚楠亦踊跃响应，唯恐不力。

为革命筹款助饷，陈楚楠总是以身作则，带头募捐，几近倾其所有资助革命，甚至挪用与其兄长合办的“合春号”公司的公款响应孙中山号召，导致公司出现严重亏损，家族财产损失巨大，兄弟二人因此发生严重的财产纠纷，不得不对簿公堂，其母亲甚至一度剥夺他对家族财产的控制权。这是陈楚楠从事革命以来遇到的最大挫折。他放弃了商业上继续进取的大好时机，全心投入革命事业，以至已有的成就付诸东流。革命征途依旧漫漫无期，他的家庭与事业却因此遭受拖累。然而，严重的家庭矛盾并未改变他一心革命的意志，在孙中山的鼓励下，他更加坚定了为革命毁家纾难的决心。

陈楚楠不仅为起义筹款助饷，还尽力营救起义失败后被捕的革命党人。黄冈起义失利后，退往香港避难的同盟会员、三合会首领余既成被香港当局逮捕入狱。陈楚楠得知消息后，立即筹集诉讼费 2 000 多元，聘请新加坡大律师兜安氏前往辩护，使关押了 8 个月的余既成胜诉出狱。云南河口起义失败后，韦公卿等 900 多名义军将士退入越南境内，被法国殖民者驱赶出境，逃往新加坡，又被英国殖民当局以乱民拘留。孙中山指示陈楚楠等人务必设法向新加坡当局争取入境许可，保存革命力量。陈楚楠为此忧心如焚，多方奔走交涉，终于准予担保入境。为安置众多革命义士，陈楚楠借用兄长居所暂做安顿。然而，众多义军每日上千斤大米的沉重开支成为亟待解决的难题，此时正在新加坡的孙中山亦深感忧虑，便与陈楚楠等人商议措施，最后决定由陈楚楠等人筹集资金，在郊区蔡厝港开设“中兴石山”采石场，作为临时安抚之地，又将部分义军介绍到槟榔屿、吉隆坡等地的工厂或矿山就业，为孙中山的革命事业保存了大批革命骨干和有生力量。由于陈楚楠、张永福、林义顺等在经济上无法继续支持，同盟会南洋支部迁往槟城。

艰苦卓绝的斗争终于迎来辛亥革命的胜利，消息传至南洋，陈楚楠等人为之一振，他数年来的付出终于见到了孙中山为苦难的中国带来民国的曙光，他为迎接这个胜利的时刻跃跃欲试。此时，他接到革命同仁黄乃裳的求援电报，得知故乡福建省库空虚，地方不靖，民心不安，亟须资金救援。陈楚楠以同盟会新加坡分会会长身份成立以陈嘉庚为会长的福建保安会，并在一个月内募捐到 20 多万元汇回福建，为安定福建危局贡献了关键的砝码，为孙中山在南京稳定全国局势遥相呼应。

1912 年 4 月，孙中山辞去临时大总统职务，开始研究实业救国计划，致力于发展中国实业。在其号召下，上海成立华侨联合会，陈楚楠被推举为代理副会长，主持日常工作。任上，他开设华侨公寓，代办华侨所需事务，积极争取华侨回国建设祖国，并在《国民新闻》开辟专栏报道海外华侨动态，增进国内民众对海外侨胞的了解。

1915 年 1 月，孙中山领导的中华革命党新加坡支部建立，陈楚楠被任命为副支部长，成为继续追随孙中山革命的南洋骨干之一。其间，陈楚楠一直不忘孙中山所提出的振兴女子教育一事，于 1917 年同张永福、庄希泉等人发起创办“新加坡公立南洋女子中学”，担任第一届董事会主席，积极践行孙中山的女权主义思想。

同年，孙中山重返广东，在广州组建护法军政府，当选为海陆军大元帅，与北洋政府分庭抗礼。孙中山没有忘记南洋这位毁家纾难、支持革命的爱国华侨，遂邀请陈楚楠访问广州。陈楚楠应邀到广州谒见孙中山，再次与孙中山畅谈革命理想，并被聘为军政府参议。1923 年 8 月，任广州大本营咨议。

回归故里　息影家园

1925 年 3 月 12 日，孙中山不幸在北京病逝，陈楚楠为失去伟大的革命导师十分悲痛。此后，中国政局动乱不已，面对国家依旧在黑暗中苦苦挣扎的现实，陈楚楠顿感壮志难酬，一度淡出了他矢志奋斗 20 多年的革命舞台，在新加坡重拾他经营不振已久的商业。

然而，陈楚楠远居异国他乡，心系祖国，始终密切关注中国革命事业的发展。1933 年，福建事变发生后，陈楚楠受邀担任福建省政府委员，兼任实业厅厅长、铁道部商办潮汕铁路股份有限公司整理委员。他企盼新成立的“中华共和国”是国民革命新的希望之光，便欣然受命赶赴福建，试图帮助义军稳定局势。他曾计划在福建创办银行，促进矿业和水产资源开发，以期践行孙中山的实业计划，然皆因政局动荡而无法实现其宏伟抱负。福建政权昙花一现，不足两个月便宣告失败，李济深等人逃亡海外。失望之余，陈楚楠于当年重返新加坡经商，从此正式退出革命舞台，不再参与政治。

晚年陈楚楠与家人的合影

抗日战争时期，日本政府扶持汪精卫在南京成立伪政权，企图利诱南洋有影响力的华侨到南京壮大伪政府声势，张永福出任伪政权“国府委员”和“中央监察委员”。陈楚楠亦是日本人拉拢的重要对象，然而，深受孙中山思想洗礼的陈楚楠断然拒绝日本人高官厚禄的诱惑，以拳拳赤子之心坚持抗战立场。

赋闲在家的陈楚楠时常来到晚晴园缅怀孙中山和他曾经的革命征程，辛亥革命之后，同盟会分裂，新加坡分会亦人事星散，晚晴园逐渐被废弃，产权甚至被卖给了印度商人。此时的晚晴园，早已人去楼空，不见孙中山当年侃侃而谈的宏伟身姿，只剩荒芜的杂草迎风飘摇。为纪念孙中山，陈楚楠联合华侨陈占梅等人共同努力将南洋华侨革命策源地——晚晴园重新购回，并用国民政府的拨款修葺一新，作为后人瞻仰孙中山的革命圣地。陈楚楠为此发表了《晚晴园与中国革命史略》，纪念孙中山与他及南洋华侨革命的辉煌历程，该书被称为记载南洋同盟会活动的重要文献之一。

1971 年 9 月 21 日，爱国华侨陈楚楠病逝于新加坡，享年 88 岁。他出生于异国他乡，耗尽了毕生的积蓄和热血的青春追随孙中山，为祖国的独立、民主与富强默默奉献一生，其精神和功业为后世所景仰。

情聚“晚晴”　半世英名

——张永福与孙中山

杨新新

在支持孙中山从事革命的南洋华侨中，有一位颇具传奇色彩的人物，他便是孙中山在新加坡等地的活动基地——晚晴园的主人张永福。由于抗战期间，张永福投向汪精卫，晚节不保，背上“华侨汉奸”的骂名，以致此后很长一段时间里，其追随孙中山的生平、事功也渐渐被正义的历史所遗忘。然而，从历史的角度回眸过往，张永福之于孙中山革命事业的功绩，却不容忽略。单就他把奉养年迈母亲陈宝娘的晚晴园借给同盟会使用一事，便足以给新加坡的革命史册增添色彩。

星洲之子　华夏传人

张永福家族在新加坡本埠相当显赫，足以让宋旺相在《新加坡华人百年史》中对他父亲张礼（又名张理）着墨一番。据宋旺相称，早在新加坡开埠后不久，张永福的祖父便从饶平南来，在 Bukit Tunggal 种植甘蜜和胡椒，张永福的父亲张礼则于 1833 年出生于新加坡本埠，为新加坡的第一代土生华人。土生土长的张礼从贩卖丝绸和丝线开始，很快便在美芝路创立“长美号”，经营各种生意，包括买卖香料和充当贸易中介，并与丁加奴（今登嘉楼）、吉兰丹、巴厘岛、越南等地建立了贸易往来。张礼除经营贸易外，还在新加坡本埠投资房地产业，及至他去世之日，张氏一族已显贵一方，被新加坡华界誉为“新加坡之子”。①

据张永福女儿张茂迪回忆，张礼之妻陈宝娘为印度尼西亚 Muntok（荷属东印度公司的一个港口）华人后裔，是当地甲必丹之女。张礼和陈宝娘结婚

① 周兆呈主编：《百年辛亥：南洋回眸》，新加坡：联合早报 2011 年版，第 84 页。

后，住在新加坡密驼路一处大宅内。张礼夫妇一共育有二女六子，张永福于1872年出生，在张家排名老二。除大哥和三弟因病早逝外，大姐张春莲嫁给本埠著名商人林炳南，生下对新加坡建设有功且支持过孙中山革命事业的林顺义。四弟张永锡、五弟陈华丹，都曾支持过孙中山的革命活动。特别是五弟陈华丹，还与张永福一起参加了同盟会。

张永福年轻的时候，曾协助父亲张礼打理“长美号”的生意，每月有10～15元的收入。在父亲的指教下，早年得到历练，积累人脉与经验。父亲去世之后，张永福正式接手了家族生意，成为张家的掌门人。此时，张氏几兄弟已分别结婚生子，张家在密驼路的老宅人丁兴旺，显得非常拥挤，张永福为使母亲有更好的居住环境，遂买下马里士他路的“明珍屋”，将之易名为“晚晴园”，供母亲颐养天年。不过，由于当时马里士他路一带人气还未兴旺，喜爱热闹的陈宝娘，更喜欢住在密驼路的老房子。

张永福对母亲非常恭敬。陈宝娘在家中被后辈称为“老佛爷”，对她又敬又畏。每次只要有陈宝娘在场，家中小孩都变乖，绝不敢轻易造次惹恼她。而陈宝娘本人也非常有威仪，不但每次出门都要乘坐专门定制的马车，且要由女婢伺候，将专用的金银酒杯带在身边，供她喝茶使用。当然陈宝娘对张家小孩也有温柔、可爱的一面。在她打牌之前，女婢都会让孩子们摸一摸瓷菩萨的肚子，祈求她赢钱。如果在牌桌上“获胜”的话，陈宝娘会很高兴地将钱分给大家，否则大家便要躲得远远的，以免她发脾气。也许是这些缘故，张家后人在外人眼中显得非常有教养。

在张永福家，给陈宝娘做寿是大事。“老佛爷”生日前几天，外孙林顺义便会在位于实里达的家前搭戏台，请潮州戏班演上好几天的大戏。亲朋好友都会受邀参加寿宴，住在附近的“苦力”们在这几天也能得到额外站在路旁免费看戏的机会。除此以外，张永福本人也会在陈宝娘生日当天，在惹兰勿刹的工厂搭台摆酒，为母亲举办寿宴。到会的宾客有的送来“福如东海、寿比南山”的大红蜡烛，有的则送上贺寿用的金字红布条。张永福的夫人、长媳妇陈淑字则煮好一碗鸡蛋寿面，祝婆婆“添福添寿”。

张永福家族对中国节庆传统文化习俗的传承值得一提，每逢中国农历春节将至之时，张家上下便开始准备新衣，请本埠有名的理发师来家中，代为修饰头发。同时带上礼物，派出司机送他们走亲访友，四处拜年。春节当日，张永福则要亲自在家门前挂上“长美”（点号）的布条，以示庆祝。到了农历七月，根据本埠华人的习惯，是祭祖拜神的日子，张永福家虽然不设祖宗祠堂、牌位，但张妻陈淑字会认真准备祭祀。张永福本人虽然不信鬼神，总说祭品是为活人准备的，但作为孝道的一种体现，他也不反对家人祭祖。

张永福的孝顺，从张家的一件“逸事”中也可以得到反映。陈淑字的父亲去世时，正遇上女儿张茂迪出麻疹。陈淑字很着急，一方面要披麻戴孝当孝女，操办父亲后事，另一方面又得照顾生病的幼女，难能两全。张永福出人意料地向陈淑字提出，可以让他在外边纳的小妾彩球代其披麻戴孝，以便让她更好地照顾病中的张茂迪。“孝慈”不能两全的陈淑字，自知单凭一己之力难以反驳张永福的提议，不得不应承了张永福的这一颇为荒谬的建议。此后，彩球也不时来张家小住，而张永福到上海等地“出差”，也常常带上彩球。彩球对张家的女孩们不错，不忘购买最时尚的上海时装分赠孩子们，因此，张家人最后也接纳了彩球，视其为家族中的一员。

虽说张永福不信鬼神，但对宗教持较为开明的态度。张永福家对面是长老会教堂，每逢礼拜天，穿着整齐的信徒便乘着马车、汽车到教堂来做礼拜，其中便有张永福的朋友宋旺相律师。张永福本人不是基督教徒，却有不少教会中的朋友，他对基督教也不排斥。最明显的例子是，侄女张漱珠论婚嫁时，有人把她介绍给刚从英国回来的卢本立医生。卢医生是虔诚的基督教徒，张永福夫人陈淑字开始是反对这门婚事的，认为卢医生信仰基督教与张家的宗教观念不合。张永福却开导夫人，认为年轻人彼此相爱才是最重要的，宗教信仰不是问题，最终让张漱珠嫁给了卢医生。

仰慕孙文　革命殷勤

张永福由一名不谙世事的青年华侨，转而开始关心政治局势，并逐步参与、支持孙中山等革命党人领导的活动。这与他家境富裕，从小受过良好的中华文化教育有关，也与他同新加坡本埠富商、著名维新名士邱菽园以及“本属近邻，竹马之交，长大就成为知己”的陈楚楠两人之间的交往有极大的关系。

早在1900年，新加坡发生日本浪人的“刺康案”，孙中山为营救日本宫崎寅藏、藤幸七郎，从西贡赶到新加坡。孙中山首先拜访了在英国期间结识的林文庆博士以及他在香港求学时认识的吴杰模。其间也接触了原本支持维新派的黄乃裳。同年，与孙中山、杨鹤龄、陈少白一道被称为“四大寇”之一的尢列，为协助孙中山在南洋等地组织革命活动，也来到了新加坡。由于尢列青年时期便参加了会党，又是一名擅长治疗性病和疑难杂症的祖传中医师，在他抵达新加坡之后，为扩展革命活动，创立了“中和堂”新加坡支部，并将革命范围扩展至吉隆坡、槟城、霹雳与柔佛等地。

张永福与邱菽园、陈楚楠等人过从甚密，从各类国内外寄来的报章、刊物上接触新思想，参加了邱菽园、林文庆等人组织的“好学会”，又与78位新加坡本地华人联名上书清政府，反对慈禧废黜光绪皇帝，支持康有为等人领导的维新变法活动。

张永福逐渐从支持维新派转而支持革命派，与义和团事件有关。他深感清政府腐败衰弱，加之康有为被指责侵吞海外捐款等丑闻对维新派十分失望，张永福遂与陈楚楠一道脱离了维新派，单独发起成立了一个小团体，名曰“小桃园俱乐部”，聚集一些志同道合的朋友，谈古论今，关注时事变化。

1903年，上海“《苏报》案”发，章炳麟、邹容等在英租界被拘捕下狱，清政府向英领事馆交涉，欲将二人引渡究办。张永福与陈楚楠等人十分同情《苏报》及章、邹等人的立场和处境，激于义愤，他们在新加坡以“小桃源俱乐部”的名义致电上海英国领事馆，希望勿将二人作为国事犯引渡给清廷，以重人权。此后在国内外各方面的有力声援下，章炳麟、邹容最终被上海租界法庭分别判处监禁，而未被清廷引渡。这也是南洋有识之士首次大胆公开反对清廷之举。

“《苏报》案”后，张永福与陈楚楠等认为：“欲成大事，非先唤醒民众不可。”两人说干就干，付诸行动，合资5万元，于1904年又在新加坡创办了《图南日报》。他们通过《天南新报》助编黄伯耀认识了尢列，聘请尢列为名誉编辑，同时邀请香港《中国日报》记者陈诗仲担任总编辑。《图南日报》也就成为南洋华侨最早宣传反清革命的报纸。

由于《图南日报》坚持反清立场，该报创办后不久，便与维新派主办的《天南新报》展开了针锋相对的论战。因《图南日报》在南洋华人中威望与影响力不断提升，引起了清政府与保守派的妒忌，他们反对并攻讦《图南日报》，清政府驻新加坡总领事甚至要求英国殖民政府向张永福提出警告。在“亲戚见垢，朋友绝交”以及英国殖民政府的压力下，《图南日报》销量由最初1万张左右减至1 000余张。长期订购报纸者仅20家左右，其余多为赠阅。但张永福等并无畏惧，顶住各方压力，坚持办报，宣传革命。①

《图南日报》曾将邹容的《革命军》一书改为《图存篇》，翻印2万余册，托新加坡孔明斋书店代售，并托黄乃裳等人秘密携带2 000册回福建、广东潮州等地散发，张永福还趁外甥林义顺回国之机，顺道携带1 000多册沿途分送。此外，张永福等遍查各省府、州、县晋绅名录，按其地址将此书寄达所在府上，连北京的翰林院、总理衙门也都一一奉寄，使《图存篇》在较短时间

---

① 高伟浓、秦素菡：《南洋华侨张永福生平及其思想转变》，《东南亚研究》2005年第6期，第56－57页。

内送毕。与此同时，《图南日报》还举办征文、征诗、征联等有奖活动来活跃版面，扩大发行量，报纸销路因此被读者看好。该报在对南洋华侨宣传革命思想中起了积极作用，被赞誉为“南洋华侨革命党机关报之鼻祖”。[①]

1905 年春节前，《图南日报》印制了一批载有反清革命内容的日历牌（新加坡本地华人称之为月份牌），分赠南洋英、荷所属殖民地的华侨。日历牌上题为“忍令上国衣冠沦于涂炭，相率中原豪杰还我河山”，下题为“暂理皇汉帝位满清光绪三十一年岁次乙巳为耶稣降生后一千九百零五年至零六年”，以及“文字收功日，全球革命潮，图开新世界，书檄布东南”的诗句。日历牌中间还印有自由钟及独立旗等。该日历牌通过华人带至檀香山后，恰巧被正在当地的孙中山见到，孙中山此时才得知新加坡亦有此反清革命思想的华侨，喜悦异常，随即亲自寄去 20 美元购买《图南日报》20 张，并致信革命党人尢列询问该报为何人所办，不久尢列复函告知相关情况。于是，孙中山又修书一封寄给张永福等处，希望有机会能和张永福同仁相会，共商革命大业。

孙中山（中）与陈楚楠（右）、张永福（左）的合影

1905 年 7 月，孙中山由英国赴日本，假道新加坡。因为英殖民政府限制孙中山入境期未满，不能自由登岸，孙中山先致信尢列，告知他船过新加坡时，约请张永福等人到船上相见。后经张永福等人与新加坡当局交涉，英殖民政府允许孙中山上岸。张永福等人喜出望外，在“小桃园俱乐部”宴请孙中山，饭后又移驻张永福私人别墅“晚晴园”畅谈。前文提及，晚晴园本为张永福购买给年迈老母陈宝娘安享晚年所用。“晚晴”二字出自李商隐诗句“天意怜幽草，人间重晚晴”。经过此次会晤，张永福、陈楚楠等坚定了支持孙中山领导革命行动的信心和决心。

① 冯自由：《革命逸史（初集）》，北京：中华书局 1981 年版，第 170 页。

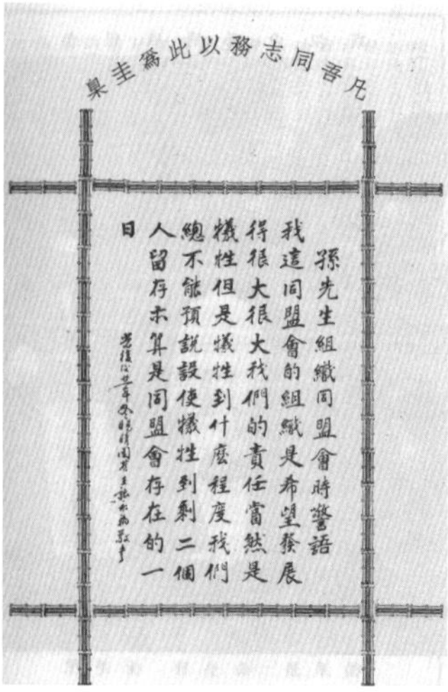

张永福手迹

1905 年 8 月，同盟会在日本东京成立。年底，孙中山再至新加坡，组织同盟会新加坡分会。张永福遂将晚晴园装修一新，作为孙中山组织同盟会新加坡分会的会址。孙中山在此与张永福、陈楚楠及当地华商李竹痴一道起草了新加坡同盟会盟书，并宣誓入盟。次日又邀林义顺、许子麟等加入，并推举陈楚楠为会长，张永福为副会长。次年，孙中山与胡汉民再到新加坡，此时新加坡同盟会会员大增，又在晚晴园重新选举张永福为会长，陈楚楠为副会长兼财政主任。晚晴园遂成为孙中山在南洋从事革命运动的据点和南洋革命党的活动中心。

办报宣传　几度维艰

1905 年冬，由于亏损严重，雇员星散，《图南日报》被迫停刊。但此时张永福仍继续争取机会，在新加坡各书报社演讲宣传革命。两个月后，陈楚楠、张永福不忍革命喉舌从此中断，经人介绍，以《图南日报》所存机器铅字、家具等折价 1 万元入股，与人共合股 2 万元，再次创办《南洋总汇报》。此报起初由陈楚楠、张永福主持，坚持《图南日报》办报宗旨，宣传革命。报面不用大清年号，直呼载湉名字，文字激越，锋芒毕露。不到两个月，陈、张二人便在股东大会上遭到责难，要求他们改变革命的办报宗旨。思想较为保守的股东陈云秋、朱子佩等则在言论上与陈楚楠、张永福发生激烈争执，担心《南洋总汇报》为革命党所累，提出拆股承让的动议。后经商议，又决定以抽签办法解决分歧，结果陈、朱抽得报纸经营权。张永福与陈楚楠仅拆回原股 5 000元，不得不退出《南洋总汇报》。此后由于维新派的介入，《南洋总汇报》遂由鼓吹革命摇身一变成为反对革命之喉舌。

张永福等丢失《南洋总汇报》经营权后，适逢孙中山抵新加坡组织创立同盟会新加坡分会。在孙中山等革命党的鼓励和支持下，决定重整旗鼓，筹办新报纸。张永福与陈楚楠、林义顺等通过各种渠道，向各地同志募集资金，组办“南洋同盟会唯一机关报”——《中兴日报》，以继承《图南日报》之传统，并于 1907 年 8 月 20 日正式创刊。张永福任该报主席，陈楚楠任监督，林义顺为司理。先后为该报主笔者的有胡汉民、汪精卫、居正、田桐等人。该报起初由冯自由在香港代购铅字，并介绍《中国日报》记者何子耀任编辑。何子耀因事辞职后，又改委田桐等担任该职。与此同时，张永福又组织同德书报社，亲自担任社长。该书报社为新加坡华人团体，初期宗旨为"开通民智，推倒满清"。

《中兴日报》发刊后不久，即在南洋等地与维新派等掌握的《南洋总汇报》就革命论与君宪等问题展开了论战。孙中山曾以"南洋小学生"的笔名撰写《论惧革命召瓜分者乃不识时务者也》等3篇雄文驳斥维新党人。据张永福回忆："我方这回有孙先生做中枢，战将如云，应付自然绰有余裕。孙先生虽然拥有这么多的战将，但他主张攻心为先，以至理服人为上策……此回诸同志所著文章，于吾党主义之发扬，不特有重要价值，且由此而唤起华侨的注意，了然于我党的主张，同情于我们的事业，增厚我们的革命力量，确是不少。此次的论战，影响于华侨之思想，可谓之极大。"① 这段话比较生动地描绘了双方论战的场面。此后《中兴日报》销量日增，曾达到月均4 000余份，南洋各埠华人直接受其感化影响深远。

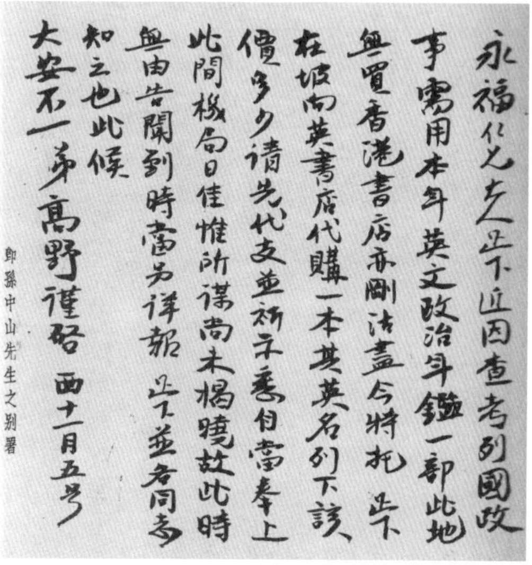
永福仁兄足下：近因查考列國政事，需用本年英文政治年鑑一部，此地無買，香港書店亦剛沽盡，今特托足下在坡向英書店代購一本，其英名列下。該價多少，請先代支，並祈示悉，自當奉上。此間機局日佳，惟所謀尚未揭曉，故此時無由告聞，到時當另詳報。足下並各同志知之也。此候大安。不一。弟高野謹啓　西十一月五号

即孫中山先生之別署

孙中山（高野永福）致函张永福

就在南洋同盟会众人齐心协力、《中兴日报》有所起色之时，陈楚楠历年为革命事业耗用家产过多，发生了兄弟争夺家产的诉讼案，无力兼顾常务。与此同时，因该报过多地宣传政治而忽略了经营效益，无人支持，负债甚重，不得不多次招股，最终于1908年停办。此时的张永福为革命可谓尽心尽力。除了筹款和宣传革命，他也几乎成为孙中山在新加坡的私人秘书，无论是迎来送往革命同志，还是代购书籍等，孙中山都委任他代为办理。由于张永福把大部分时间和精力都用在革命活动上，无暇顾及自己的生意，加上长期办报严重亏损，以致他最后濒临破产。

据张永福的家人回忆，中华民国成立之前7年，当时住在晚晴园的孙中山亲自设计了中华民国首面国旗，张永福遂让陈淑字按照孙中山设计的图样亲手

① 张永福：《南洋与创立民国》，见中国社会科学院近代研究所、近代史资料编辑组编：《华侨与辛亥革命》，北京：中国社会科学出版社1981年版，第112页。

绣制。1928 年该面国旗便已失落，怡和轩俱乐部杨岐山、丘继显发现后，知为民国前重要纪念物，遂以重金买下。当获悉张永福准备出版《南洋与创立民国》一书之后，决定物归原主，将那面国旗送回张家。“二战”期间，陈淑字把珍藏的贵重物品都寄放在张漱珠位于经禧山的家中，原以为那里较安全。谁知日军进攻新加坡时，张漱珠家是最早被炸的民宅。他们一家仓促避难时，家里被洗劫一空，原始国旗从此不知所终。

民国肇造　仍操旧业

张永福旌义状

民国肇建，百废待兴。1913 年 7 月，张永福被委任为国民党在新加坡成立的海外支部名誉支部长，负责分管国民党在南洋的一些党务工作。每当他过度参与中国政治事务，引起本地警界注意时，“华民护卫司”（Chinese Protectorate）官员便会来“提醒”他注意避风头，张永福乘船回中国小住几个月，待形势缓和后再回新加坡。土生土长的张永福被英国殖民当局视作英皇子民，这种身份本不适宜参与中国政治，但警察又不愿贸然对付他这样有名望的商人，以免引起华人社会的不满，因此只好劝他离开一阵子。但在张永福看来，他既是“新加坡之子”，又是华人的后裔，关心并参与中国政治并无不妥。

中华民国成立以后，尽管张永福也参与中国的政治活动，但他也将部分精力再次投向了自己的生意。随着 20 世纪初以来南洋橡胶业的发达，张永福也投身其中，成为新加坡本地最早向植物园购买橡胶籽的商人。他先在美芝路店后面用木箱种植橡胶树苗，同时在兀兰买下一大片土地，雇人清理，然后种植橡胶树。他聘请工人，用牛车运载树苗到兀兰，还用打好结的绳子衡量树与树之间的距离。树胶园中的橡胶树开始产胶液后，张永福最初把胶液凝固成胶片，用货车运回布连拾街的家，搁在天井，第二天请女工清洗胶片，再送到屋后新盖的“烟房”烘干。处理好的树胶最后被送到惹兰勿刹的货仓，等待出售。那时，张永福通过橡胶生意获得了很大的利润，也“挽救”了他濒临破产的生意。1919 年，张永福不仅在兀兰经营橡胶园，还在此建了一栋小别墅。

辛亥革命以后，张永福除经营橡胶生意外，也投资生产网球胶鞋出售。他前后跑了好几趟日本，物色制造胶鞋的机器。有时也让大儿子张秉庚代劳，以增长他的经验。胶鞋制造机器从日本买回来以后，被安置在惹兰勿刹的工厂。网球胶鞋从工厂生产好以后，又运到桥北路 119 号的鞋店出售。张永福工厂所生产的鞋子，以“平民”牌命名，而他的胶鞋厂则冠以“人民树胶”4 字。

第一次世界大战结束后，随着张永福生意上的兴隆，他向新加坡英国殖民政府呈上一份建筑蓝图，要在圣安德烈教堂对面的桥北路兴建一座当时新加坡最高的大厦。按照张永福原来的计划，大厦将比隔邻的新加坡最高建筑安柏大厦（Amber Mansion）更高。不过由于福康宁炮台就在拟建的大厦后面，大厦如建得过高，会挡住炮火的射程。于是张永福只能建和安柏大厦同样高度的五层大厦。但殖民政府当局考虑到张永福的威望，又允许他在大厦一角加盖园屋顶地，算是比邻舍略高。

大厦落成后，张永福一家便搬进了那里。路面层是平民鞋店，一楼是办公室，二楼住着张永福、陈淑字和女儿张茂迪，三楼住着张秉庚一家，四楼则是张永福的大女儿张舜琴和侄女张漱珠的闺房，屋顶则有花园，另有园顶和旗杆。大厦在当时的新加坡非常时髦和气派，每层楼有厨房、浴室和新加坡最早的抽水马桶。另外大楼也装有电灯，不必再点煤油灯。“平民鞋店”的招牌，也用电灯照亮，这在当时的新加坡人看来是很新奇的。张家搬入新居不久，侄女张漱珠正式出嫁，在教堂举行盛大的英式婚礼，过后又在大厦楼顶花园开了派对，一对新人一起到槟城度蜜月，在当时也是一桩新鲜事。

张永福勇于尝试新鲜事物，争当“第一个吃螃蟹的人”。1919 年有飞机降落新加坡，张永福亲自带着家人到“跑马坡”去看飞机；1922 年，威尔斯王子访问新加坡，在丹戎巴葛举办大型婆罗洲达亚族文化展览，张永福又带全家人去开眼界。张永福偶尔也会带家人到新世界的餐馆用餐，点菜时也总会点一些大家都没听过的新鲜菜式，不管喜不喜欢，都得试一试。

晚节有亏 警示后人

从辛亥革命成功到 20 世纪 20 年代末，张永福的家族生意都很昌盛，从培植橡胶树苗、开辟园丘、设厂制作胶片到生产胶鞋，盖大楼开鞋店，甚至把生意扩张到槟城。1928 年，随着世界经济大萧条，欧美市场橡胶需求量下降，张家生意受到极大的影响，被迫卖掉家中产业。1930 年，由于经济上的压力，他不得不与商业伙伴陈开国（Tan Khye Kok）被迫把桥北路大厦卖给巴打鞋公司（Bata Shoes Co.）。

到1931年底，女儿张茂迪高中毕业，张家已没有能力将她送往英国深造。在香港上大学，汇率较为划算，张茂迪便前往香港就学。为了照顾张茂迪读书，加上在新加坡生计已非常艰难，张永福遂凭借他与原革命党人、当时已成为政府高官的上层人物的关系以及他本人在侨界的威望，出任中央银行汕头分行行长，又先后担任广东中央银行副经理、汕头市长、国民政府侨务委员会常务委员、革命债务调查委员会委员、党史编纂委员会名誉编纂等职。①

1932年张永福全家迁至汕头居住。新家是一座两层楼的大房子，房内有自来水与电灯，但没有抽水马桶。为节省家庭开支，张永福不再聘请司机，常以人力车代步，还建议让新娶的年轻侧室简书英和陈淑字同住。迁到汕头后几个月，母亲在新加坡去世。张永福返回新加坡出席葬礼。因花销较大，家人并未同行，这时张家的经济情况已大不如前了。

1938年12月29日，汪精卫发表“艳电”，响应日本首相近卫文麿声明，决定脱离重庆国民政府。由于张永福在国内任职期间，适逢军阀混战刚刚结束，民生凋敝。国民政府忙于围剿红军，无暇顾及内政，地方官吏贪污腐化，中饱私囊，张永福对此常有批评。因与蒋介石少有交往，他将这一切责任归于蒋介石的领导不力，对其产生强烈不满。他与汪精卫早年一同跟随孙中山奔走革命，多年老友，交情甚笃，而且他一向倾慕汪精卫的才华，称：“斯时演说诸人，最能令人感动者，尤莫如精卫。凡逢到他演说之夕，人未登台，而座已拥满。演讲时，鸦雀无声，每至一段精彩处，掌声如雷。”因此，当汪精卫“艳电”一发表，张永福发出快邮以代电报，对汪精卫表示拥护，成为海外华人中响应的第一人。1940年3月，张永福被汪精卫任命为南京国民政府中央监察委员、国民政府委员等职，多次奉命到东南亚各地办理“通商慰侨”事宜。

1945年，抗日战争胜利后，根据《惩治汉奸条例》，国民政府在南京逮捕了张永福。消息传出后，国民党元老居正、张继等好友纷纷替他求情，述说他当年募款支持国内革命的贡献，故法庭从轻判处其缓刑二年。② 刑满后张永福寓居香港九龙，靠出租房产度日。1949年以后，张永福曾一度回到新加坡，由于得不到故友谅解而“穷愁只觉一身非”，极少与外界接触，就连亲戚朋友也很少拜见，过着独门孤寂的日子。

1957年，张永福在香港病故，享年85岁。著有《南洋与创立民国》一

① 陈民：《民国华侨名人传略》，北京：中国华侨出版公司1991年版，第67页。

② 黄美真、张云编：《汪精卫集团投敌》，上海：上海人民出版社1984年版，第47页。

书，该书成为研究南洋华人革命活动的重要文献。张永福在新加坡的亲属也多有成就，其外甥林义顺为新加坡著名的侨领，曾任新加坡中华总商会会长、潮州八邑会馆首届总理，先后被国民政府聘为大元帅府参议、总统名誉顾问。张永福女儿张舜琴是新加坡首位女律师，曾侄孙张志贤准将曾任新加坡国防部长。

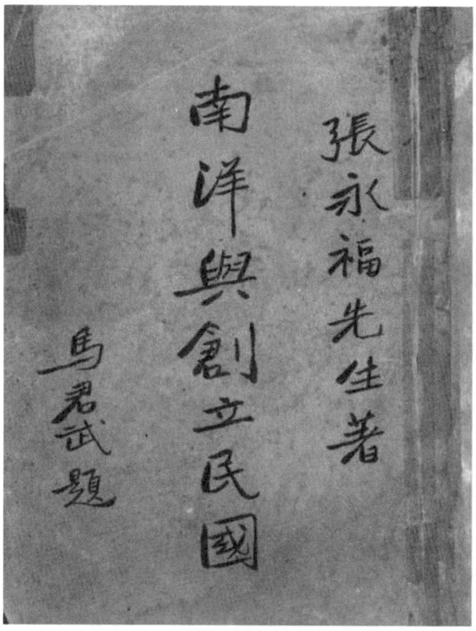

张永福遗作《南洋与创立民国》书影

粤东俊彦　爱春之家

——谢良牧与孙中山

赵艳芝

梅县松口镇，历史悠久，交通便利，是粤东客家人聚集地及商贸重镇，也是著名的侨乡。这里有一座80多年历史的文物保护单位——中山公园，是为了纪念1918年孙中山视察松口而修建的。松口镇铜琶村，有一处民居“爱春楼”，是华侨革命同志谢逸桥、谢良牧兄弟的居所，也是孙中山探访时的下榻处。孙中山特意为此楼题写了两副嵌入“爱”“春”二字的对联，“博爱从吾好；宜春有此家”；“爱国爱民，玉树芝兰佳子弟；春风春雨，朱楼画栋好家居”。

孙中山挥笔题词，既是对粤东华侨民主革命杰出代表谢良牧的赞许，也是对晚清之际松口华侨推进民主共和事业的褒扬。

家庭熏陶　革命萌芽

谢良牧（1883—1931），原名钧元，字叔野。祖父谢益卿和伯父谢梦池是马来亚槟榔屿地区著名的华侨企业家，在南洋华侨中具有很高的威望。谢良牧的父亲谢国生对音韵文学颇有研究，在家乡从事教育事业。母亲是大家闺秀，识文断字，勤俭朴实。

晚清之际，清政府在对外抵抗西方国家侵略中节节败退，大量领土被占掠，大片市场被控制；在对内治理上腐败无能，捐税苛刻，各地兵匪祸乱，民生凋敝。这种社会局势致使谢良牧家乡的许多农民流亡南洋。这些华工多被人称为“猪仔”。他们在南洋大多从事又苦又累、工资低的体力劳动，过着没有自由和尊严的生活。谢良牧祖父谢益卿为生活所迫，离乡背井到马来亚槟榔屿谋生。当时英国远征军用武力征服整个马来半岛，控制了印度洋和太平洋的咽喉马六甲海峡，槟榔屿正位于这个咽喉上，因而很快发展成为东南亚最繁华的商埠之一，聚集了大量华工。谢益卿经过努力，在槟榔屿成功投资创办了橡胶园，成为华侨中创业成功的佼佼者。谢良牧的伯父谢梦池也是当地著名的企业家和侨领。谢家虽然是富裕的华侨家庭，但依然经常遭受歧视。事实上，所有华侨都知道一个道理，只有祖国富强，华侨才能获得足够的尊重。因而华侨中关心祖国命运、乐于帮助祖国发展的，大有人在。谢益卿父子不但热心家乡公益事业，经常出资为家乡修桥路、办乡学，而且支持国家政治改革，甚至资助过遭受通缉、流亡槟榔屿的革命志士。

谢良牧生活在进步的华侨家庭，兄弟几人后来都成为同盟会员，积极投身革命。其中，谢良牧受兄长谢逸桥的影响最大。谢逸桥比谢良牧年长 10 岁，少时随祖父在槟榔屿教会学校读书。他经常遭遇洋学生的白眼，又亲见华工同胞的悲惨遭遇，深感国家命运与华侨命运紧密联系，由此逐渐萌生振兴祖国、提高华侨在海外地位的想法。他系统学习了西方近代科学和人文学科知识，接受自由平等思想之后，立志要改变落后的清政府，用先进思想拯救中国。1889 年，谢逸桥回乡与谢良牧一起读书，经常向弟弟讲述自己经历和思想。

谢逸桥与谢良牧兄弟合影

谢氏兄弟的老师饶芙裳，与丘逢甲、黄遵宪、温仲和被誉为晚清岭东学界泰斗。饶芙裳思想进步，醉心西学，倾向康梁维新。他不但教授学生传统的文化知识，而且经常给学生讲述太平天国反清斗争的故事，与学生一起讨论分析康梁维新派及其改革思想。在饶芙裳和谢逸桥的影响下，谢良牧开始关心国家政治，对西方民主思想及国内的维新改革运动有了一定的了解。

1895 年 11 月，谢逸桥在伯父家里结识了因广州起义失败避难而来的兴中会会员程璧光。经过深入交谈，谢逸桥了解了孙中山的革命事迹，接受了革命的观念。他从此便以孙中山为榜样，不但经常公开谈论革命，而且积极寻求加入革命组织的机会。1900 年，孙中山到香港建立革命组织，策划参与长江流域的武装勤王运动及广东独立运动。谢逸桥闻讯，带谢良牧赴香港求见，因孙中山有急事离港，未能如愿。当时的香港是亚洲重要的政治、经济中心，国内各派政治力量经常聚集在这里开展组织活动。谢氏兄弟旅港期间，多方走访，结识了不少革命志士。他们拜访名士陈鹤云，与之相谈甚欢。陈鹤云特意为谢良牧撰写了一副对联“良如妇女谋成汉；牧在边关绩绝胡”，借张良、杜牧的故事勉励他从事国家事业。谢逸桥返乡后，立即创办团防，联络闽、粤、赣边各路会党，训练民军，以图暴动。在伴随兄长寻求革命组织和革命道路的过程中，谢良牧逐渐增加了对社会的认识，开始向慕以改造的方式为国家谋前途。

求学日本　成为同盟会首批成员

1894 年中日甲午战争和 1904 年日俄战争，均以日本胜利而告终。一个蕞尔岛国，前后 10 年打败两个大国，不能不使人刮目相看，因而引起中国不少有识之士探索其奥秘的兴趣，尤其在目睹科举制度日渐式微的知识群中，刮起了一股留日风潮。留学同仁多为热血青年，他们希望能够在日本学到前沿的科学知识，更渴求通过探索日本及西方国家富强的经验，寻找到中国迅速崛起的门径。他们通过成立学术组织，研究和讨论各种救国思想和方策。许多学生受到反清思潮的影响，革命意识逐渐浓厚起来。学生组织之外，民间的秘密结社组织——会党散布于海外各地，在留学生及当地华侨中产生巨大潜在的影响。孙中山领导革命之初，特别是发动华侨支持革命的时候，主要就是以华侨会党作为联络的支点。洪门（海外称致公堂、三合会）是非常有影响的民间秘密组织，其思想特质便是反清。横滨一带的洪门由革命意识强烈的梁慕光与冯自由负责，有不少留日学生加入其中。1904 年，谢良牧来到日本，进入东京弘文学院。弘文学院是中国留日学生最多的学校。课余，谢良牧经常与同学一起谈论时政，结识了黄兴、宋教仁、梁慕光、冯自由等革命志士。在谢逸桥的介绍下，谢良牧加入横滨洪门，同时宣誓加入洪门的还有秋瑾等人。

孙中山非常重视在留学生中宣传革命思想和发展革命力量。他认为留学生思想活跃，血气方刚，革命热情高，是推翻封建王朝的骨干力量。他曾这样评价在日本的留学生："赴东求学之士，类多头脑新洁，志气不凡，对于革命理想感受极速，转瞬成为风气。"① 1905 年夏，孙中山结束了对在欧美的留学生的动员活动来到日本，经常与留学生中的积极分子谈论革命问题。经冯自由介绍，谢良牧见到孙中山，从此两人经常有思想互动。孙中山在与谢良牧等人交谈中指出，中国正处在一次伟大的社会变革的前夕，只要星星之火，就能在全国造成燎原之势，将清王朝推翻。革命党人既要利用现有革命团体加紧策划暴动起义，又要继续联合各种革命力量——留学生、会党、新军等，共同对付清王朝。一旦革命成功，社会主义的理想就会现于实际。经过与孙中山的多次畅

---

① 中山大学历史系孙中山研究室、广东省社会科学院历史研究所、中国社会科学院近代史研究所中华民国史研究室合编：《孙中山全集（第六卷）》，北京：中华书局 1985 年版，第 235－236 页。

谈，谢良牧更加坚定了革命志向。

留学生群体充满朝气，却混乱无序，其他社会团体也缺乏统一的思想指引与组织领导，这使孙中山迫切感觉到建立革命大联盟的重要性。实际上，孙中山在领导中国民主革命运动的过程中，一直非常重视革命组织的建设。从1894年在檀香山成立兴中会开始，不到10年他就创建了以香港兴中会为总部的广州、台湾、惠州等分会。随着革命潮流的日益发展，孙中山将建立统一的革命领导机关工作提上日程。1905年，他与黄兴、宋教仁等商议，决定组织成立革命大同盟。在革命同盟的筹办过程中，谢良牧积极能干，成为孙中山的得力助手。7月30日，第一次筹备会议上，谢良牧等参会人员商议，将新组织定名为“中国同盟会”，推举孙中山为总理，确立组织的革命纲领应以三民主义为核心。当场，谢良牧填写盟书，宣读入会誓言，成为同盟会第一批会员。盟书内容如下：

联盟人——广东省嘉应人谢延誉（即谢良牧），当天发誓：

驱除鞑虏，恢复中华，创立民国，平均地权，矢信矢忠，有始有卒。如渝此盟，任众处罚。

中国同盟会会员：谢延誉。主盟人：孙文。介绍人：梁慕光。

8月13日，留日东京学生举行欢迎孙中山大会。孙中山在会上做了精彩的革命宣讲，引起与会人员的强烈共鸣，要求加入同盟会的人争先恐后。8月20日，同盟会正式成立大会在东京举行。会议通过会章，选举产生各部的干事。谢良牧被公举为会计部长。会计部不仅负责计算账目，还负责筹集和分配各地革命组织活动的经费，是同盟会组织中非常重要的部门。能够成为这一重要部门的负责人，可见孙中山非常重视和信任谢良牧。

筹集革命经费　筹划起义运动

进入20世纪后，广东、浙江、直隶等省工农群众抗暴反清斗争此起彼伏，革命党人也在海内外发展迅速。孙中山不断强调要加紧武装暴动，“覆彼政府，还我主权”。但是要开展武装斗争必须以大量金钱作为支持。除购置武器弹药，参加起义的人员也需要大量的日常花销。不少武装起义的力量来自会党，成分复杂，这些人生活于社会下层，需要给予数量相当的“花红”“薪饷”才肯行动。其他活动，如宣传、旅费等也同样需要开支。然而革命党人没有巩固的根据地和稳定的收入，所以筹集经费是孙中山在整个民主革命的过程中非常重要但又有巨大压力的工作。实际上，历次革命起义所需的经费主要是靠在海外募款解决的，海外华侨则是其积极争取的主要目标。南洋华侨中有大量粤东籍人，1906 年，孙中山筹划粤桂滇三省武装起义时，便鼓励粤东同盟会会员加强对南洋华侨的联络。

谢良牧的祖父和伯父作为南洋富商，在当地华侨中交际广、人脉多，给他提供了良好的条件。同盟会成立后，孙中山赴南洋宣传革命时经费短缺，向东京留学界募捐 3 000 元，谢良牧就率先认捐。同时，他还亲随孙中山赴南洋做争取华侨捐款的工作。谢良牧首先在华侨集中的社区建立书报社或者学堂，以此为当地同盟会会员进行联络作掩护。谢家在马来亚槟榔屿的寓所，是南洋支部所在地，也一直是革命党人在海外的重要联络基地。革命党人的很多重要会议都是在谢家召开的。通过不断宣传呼吁，谢良牧等在当地发展了梁鸣九、古亮初等许多青年志士加入革命，并在南洋华侨中募集到大量经费，大力支援了西南边境钦廉、河口、镇南关等起义运动，受到孙中山的嘉勉。

孙中山粤桂滇起义计划在粤东得以实施。1906 年冬，潮梅同盟会领袖谢逸桥与潮汕会党领袖许雪秋、陈芸生等人商议，认为岭东地区的革命形势很好，可以组织武装起义。他们确立的革命目标是潮州城，并向东京同盟会总部报告起义计划。孙中山对此非常重视。此时，谢良牧正在东京同盟会汇报党务，旋即被孙中山派遣回国协助起义。根据部署，谢良牧协助许雪秋指挥各路人马；谢逸桥率领一部分同志藏匿于潮州火车站等处，预备响应；陈芸生等负责策动揭阳炮台兵卒反正；其他会党成员则于夜间袭击潮州城。一切准备就绪后，起义在 1907 年正月初七晚上举行。是夜恰逢风雨大作，会党组成的队伍很快就变得涣散无序，互不协调。谢良牧和许雪秋潜伏于东城门桥墩下，一直等到天明才得知事情有变，只好撤离。这次同盟会和会党联合的武装起义以失败告终。之后，谢良牧、谢逸桥等在吸取失败经验教训的基础上，继续在粤东地区传播革命思想，培养军事人才，谋划新的革命行动。

20 世纪初的暴动起义接连失败，难免会引起革命阵营内部的消极情绪。1910 年广州新军起义失败后，黄兴、赵声等人避走南洋，找到谢良牧谋划善后工作。黄、赵情绪消极，提出之后的暴动应该假道缅甸入滇起义。谢良牧与谢逸桥则认为不可行。在争执不下的情况下，谢氏兄弟将意见分歧报告孙中山。孙中山根据广东工农群众反清斗争在诸省中最为高涨的形势，劝说黄、赵再回广州。随后，孙中山结束美国等地的活动亲自来到槟榔屿，正式与黄兴、谢良牧等同志商定广州起义的计划。在当时，暴动计划面临两个困难：一是需要重新振奋革命同志的精神，二是短期内筹集到大量经费。10 月 12 日，孙中山在同盟会南洋支部主持召开秘密会议，商讨在广州再举起义之事。他分析了国内形势，指出革命力量除了工农群众的自发斗争外，新军也在之前的武装起义中显示了力量，革命看似陷入低潮，但革命风暴实际已酝酿成型。他鼓励大家愈挫愈奋，迎难而上。谢良牧在会议上表达了坚定支持继续革命的意见。他认为，广州虽是清政府在两广的统治中心，军事守备力量强大，但广州人民思想兼容开放，受革命思想影响更深刻，革命运动也更加活跃。近年来，革命党人在广州以会馆、报社为掩护，建立了许多革命据点，因而广州可以成为革命运动夺取的首要阵地。虽然孙中山、谢良牧等人积极号召，但仍有许多与会代表面带忧色，尤其得知再次起义又需 10 万元巨款，“莫不唏唏太息，相视无言”。有人提出现在革命组织财务非常紧张，甚至连给逃往海外的革命志士安家的费用都没有，又谈何 10 万元巨资呢？在大家面面相觑、不知如何应对经费困难问题的时刻，谢良牧及谢逸桥兄弟慷慨承诺负责解决。最后会议决定，由黄兴、赵声负责统筹部署起义计划，谢良牧兄弟等负责筹集军饷。

会议结束后，谢良牧立即来到南洋荷属殖民地（即印度尼西亚群岛）募集军饷。这里有几十万名华侨，不少是客籍富商，而且与谢梦池来往密切。谢良牧利用这一优势开展活动。他以“华侨书报社”为掩护，首先联络当地同盟会的积极分子，通过秘密会议或者单独约见，向他们宣传广州起义的意义，并将筹款任务落实到人。然后再通过这些积极分子广泛动员其他同盟会成员和华侨，宣传孙中山武力推翻清政府、建立民主共和国的理念，鼓励他们出资支持革命。除富商阶层外，谢良牧也非常关注中下阶层华侨，由于这些华侨在南洋受压迫更加深重，他们更加强烈渴望祖国强盛，以改变自己在海外的非人地位，因此也更易于出资捐助革命。这一层面的华侨虽然捐款数量有限，但是人数众多，集腋成裘。经过广泛动员，到 11 月，谢良牧便募集到 6 万元。随后，谢良牧又到南洋其他地方筹集，自己也慷慨解囊，如期筹足了这笔巨大的起义经费。谢良牧筹款成功，为广州起义的经费运作注入了“定心丸”，坚定了黄兴等人的革命信心。孙中山为此感到非常高兴，对积极踊跃的捐款人给予了嘉奖。华侨富商之子梁密庵将其父所储蓄的巨款全部捐献给革命，辛亥革命胜利后，孙中山以大总统名义颁发“旌义状”；对另一位捐出巨款的华侨张耀轩，孙中山亲笔题赠“博爱”斗方一幅。

谢良牧不仅是募捐筹款的主力，还积极参与制订广州起义计划和实施方案，并动员多人参加起义。1911 年初，黄兴、赵声在香港设立起义统筹部。谢良牧根据指示结束在南洋的活动，回国招揽起义人员。他在松口组织了一支选锋队，由谢逸桥创办的革命组织——松口体育会成员组成。队员开赴广州后，隐藏在城内各处，所需费用都由谢良牧提供。广州起义于 1911 年 3 月 29 日午后发起，志士无比英勇，但终因敌我力量过于悬殊而失败，牺牲或被捕后就义者 80 余人，事后合葬于城郊的黄花岗，史称黄花岗起义。黄花岗起义虽然失败，但革命党人视死如归的革命精神唤醒了国人，激励着更大规模的革命运动的到来。孙中山指出："然是役也，碧血横飞，浩气四塞，草木为之含悲，风云因而变色。全国久蛰之人心，乃大兴奋。怨愤所积，如怒涛排壑，不可遏抑，不半载而武昌之大革命以成，则斯役之价值，直可惊天地，泣鬼神，与武昌革命之役并寿。"①

谢良牧没有亲自置身战场，但他在募款集资、组织策划上功不可没。可以说，谢良牧是孙中山革命思想的忠实信徒，没有谢良牧，此役断难举行。

参与护国、护法战争

武昌起义胜利后，各省纷纷响应。谢良牧以南方军事部特派员身份，充分利用自己的社会关系，在广州策动清广东水师提督李准反正，说服李准反正的谢质我，就是谢良牧的叔父，致使广东兵不血刃，和平"光复"，为广东的共和进程立下了大功。1913 年初，中华民国第一届国会成立时，年仅 29 岁的谢良牧作为优秀华侨代表，当选为国会参议院议员（当时国会选举法规定，华侨代表年龄应在 35 岁以上）。

中华民国成立，孙中山的民主政治的理念未及实践，就受阻于袁世凯的倒行逆施。袁世凯先是背弃《临时约法》，为反对开历史倒车，维护《临时约法》，孙中山举起反袁运动大旗，捍卫民主政治的体制。谢良牧以行动表示坚定的支持态度。二次革命失败后，他在北京受到袁世凯侦探的监视，处境困难，便转赴日本，协助孙中山组织中华革命党，并出任中华革命党广东筹备处处长，联络粤、港同盟会老会员，图谋反袁。

谢良牧在日本协助孙中山反袁的同时，继续以国会议员的名义，对袁世凯的倒行逆施进行无情批判。在国内外舆论谴责声中，袁世凯被迫取消帝制，忧惧而死。继之掌权的段祺瑞公然抛弃《临时约法》和国会。孙中山毅然发表护法宣言，指出《临时约法》和国会是无数革命志士用鲜血换来的成果，是民主共和的重要标志，也是国家政权的中心，废弃约法是绝对不能容忍的。黎元洪、段祺瑞、冯国璋、张勋之争，都不以维护《临时约法》为基础，因而他们都不是真正民主共和国的继承人。1917 年，孙中山举起护法运动大旗，联合各地方力量讨伐北洋军阀。在这场运动中，谢良牧仍坚定地支持孙中山，

---

① 《〈黄花岗烈士事略〉序》，见孙中山著，胡汉民编：《总理全集（第一集）》，上海：民智书局 1930 年版，第 1054 页。

不遗余力地为其助阵使劲。

孙中山在广州筹建护法基地，作为讨伐军的大本营。为壮大护法阵营的力量，决定联络海军一起行动。此时担任北洋政府海军总长的是程璧光。程璧光是广东香山人，经历过中日甲午战争后加入兴中会，1895 年广州起义失败后避走槟榔屿，曾在谢良牧的伯父家中居住过一段时间。缘于这段历史渊源，联络程璧光的任务不可避免地落在谢良牧身上。1917 年 6 月，谢良牧奔赴上海拜访程璧光。他首先转达了孙中山关于护法斗争及与其合作的想法。为鼓励海军参加护法战争，谢良牧还告知程璧光已派专门的同志到海内外各地筹集经费，以作革命之用。同时，谢良牧联合上海嘉应会馆、潮州会馆、广肇公所等在上海的各界粤籍同志，公开宴请程璧光，以造声势。孙中山也多次与程璧光磋商。在众人努力下，最终说服程璧光率海军南下护法。程璧光在上海发表宣言，提出拥护约法、恢复国会、惩办祸首 3 项主张，并宣告海军独立。7 月 21 日，程璧光偕谢良牧率领第一舰队自吴淞口开赴广东。海军的南下，极大地壮大了护法运动的声势，鼓舞了革命者的斗志。从此，部分国会议员纷纷南下，团结在孙中山护法旗帜周围。

1917 年 9 月 1 日，孙中山在广州成立南方护法军政府，宣誓就职军政府海陆军大元帅，任命谢良牧为大元帅府参议，共同北伐，实施护法。孙中山与谢良牧等党人奔走呼号，联合滇、黔、川、赣等各省地方力量，影响迅速扩及南方各省直至长江流域地区。历时近一年的护法战争，最终因南方各省力量互不统属，军阀各怀心事、争权夺利而失败。对于西南军阀的专横跋扈，孙中山愤慨地指责他们是“一丘之貉”。1918 年 5 月 4 日，孙中山被迫辞去军政府海陆军大元帅之职。

孙中山在松口爱春楼与谢良牧兄弟合影

5月21日，孙中山黯然离粤赴沪。途中，他到三河坝会见援闽粤军总司令陈炯明，商量进军福建之事，顺便往访谢良牧的家乡松口，探望谢氏兄弟，并住入其新居“爱春楼”，并题写对联，赞扬谢氏兄弟为革命不懈奋斗的精神。在松口期间，孙中山与谢良牧、谢逸桥、胡汉民等老同盟会同志推心置腹交谈，回忆从1895年广州起义到1911年广州黄花岗起义，从南京临时政府到广州护法军政府，20多年来峥嵘岁月，不知多少仁人志士流血牺牲，可是革命依然没有成功。此时的孙中山，情绪异常低落。为缓解其苦闷心境，谢氏兄弟陪同孙中山游览松口镇，视察松口中学、图书馆等。在途中，孙中山受到民众的热烈欢迎。孙中山发表讲演，勉励众人关心国家大事，反对假共和，重塑真共和，之后与松口中学师生在校园里合影留念。

孙中山在松口实地考察，体会到松口地理位置的重要性，他与众人商议如何发挥松口交通枢纽的作用，并在其后撰写的《实业计划》中提出拟建若干条穿过梅县或松口的铁路干线的计划。为纪念孙中山视察松口，当地人民于1933年在镇上修建了中山公园，园中塑立孙中山的雕像。而今，公园成了人们休闲的好去处，人们在这里聊天、下棋、唱山歌，悠然自在。

讨陈主力　重建大元帅府

1920年底，孙中山敦促陈炯明驱逐了盘踞广东省的桂系军阀，重新建立广东革命根据地，进行第二次护法运动。1921年4月，南方护法国会非常会议在广州举行，决定成立正式政府，选举孙中山为非常大总统。随后，孙中山组织力量平定广西，进而部署并亲自督师北伐。意料不到的是，陈炯明手握重兵，视广东革命政府为私产，暗中与湖南军阀赵恒惕勾结，密谋反对孙中山，阻挠北伐。孙中山被迫回师广东，并修改北伐计划。1922年6月16日凌晨，陈炯明部公开发难，派兵围攻总统府。这次事件史称“六·一六”兵变。孙中山在林树巍等人的保护下，登上泊于珠江的楚豫舰，后转往永丰舰。在孙中山处境极其危险之时，谢良牧始终守护在孙中山身边，患难与共。

在永丰舰上，孙中山亲自督率海军讨伐叛军陈炯明部。他电令已进入江西的北伐军回师靖乱，任命身边的谢良牧为中路讨贼军总司令。谢良牧对陈炯明的倒行逆施非常愤慨，斥之为“国家之贼、社会之蠹”。受命之后，谢良牧辗转广州及香港、粤东等地，积极联络当地同盟会老会员、中华革命党党员，招募战士，购置枪械，讨伐叛军。然而，当时敌我力量悬殊，形势发展对革命党人极为不利。7月8日以后，永丰等舰被迫停泊于长洲，但受到陈部鱼珠炮台炮火的监视。为迅速扭转被动局面，孙中山下令正在黄埔附近活动的“谢良牧部”“徐树慕部”“李天德部”“李安邦部”等民军，联同要塞司令部官兵及海军陆战队共 1 000 余人，即刻起义援救。谢良牧等人组织的民军奋起抗敌，即使在长洲要塞丢失、革命阵地危在旦夕之时，仍然坚持配合永丰等军舰坚持战斗，直到 8 月上旬，得知江西的北伐军回援无望，孙中山与谢良牧等才撤离广州，转赴上海。

1921 年 8 月中旬，谢良牧在上海参加孙中山召集的国民党干部会议。会议讨论了广东局势，研究组织讨伐陈炯明的战略。会后，谢良牧受命驰赴香港及广东各地联络各派力量讨陈。赴港后，谢良牧先后与广州、惠州、韶关、连州等地民军及滇桂各军派驻香港的代表磋商，向各方历数陈炯明发动“六·一六”兵变的阴谋，转达孙中山关于联合各派力量共同讨陈的意见。由于谢良牧是资深的同盟会骨干、中华革命党干部、护法国会议员，又受孙中山的委派，活动成效显著，得到广州、惠川、韶州及滇桂各军将领的响应支持。至 1922 年底，广东的各路军队在孙中山革命思想的感召下纷纷倒戈，滇桂各军将领亦起兵响应，粤各地民军也相继揭竿而起，讨伐陈炯明叛军的革命力量迅速壮大。受广东同仁委托，谢良牧于 1923 年元旦期间专程赴上海，请孙中山回粤，由此揭开了孙中山南下广州第三次建立革命政权的序幕。

同盟会时期孙中山与谢良牧合影

谢良牧不但在讨陈斗争中表现英勇，而且成为孙中山重建大元帅府的主力。大元帅府重建过程中，谢良牧先后担任广东省政务厅厅长、大元帅府大本营内政局局长、大本营特派员、拱卫军司令等职务，甚至一度 9 天之内 5 次调岗，可见孙中山对谢良牧的信任与倚重。实际上，自同盟会建立开始，革命形势艰苦恶劣，革命阵营中分子良莠不齐，矛盾重重。但无论如何，谢良牧始终追随孙中山，不遗余力支持孙中山。谢良牧曾在一幅与孙中山合影的照片上题字说，自己跟随孙中山总理革命十几年，始终将救国救民的重任放在第一位。虽然期间忧患备尝，沧桑饱阅，却毫不后悔。谢良牧经常用革命“任重道远”“固未有艾”来鞭策自己，足见他对孙中山革命事业的忠诚如一。

1925 年，孙中山逝世后，谢良牧为完成先生遗愿，游走于沪粤政府与各社会团体之间，促成民主政治理想的践行。但由于身体多病，逐渐淡出政坛。1931 年 6 月 22 日，他病逝于广州。为了表彰谢良牧对辛亥革命和创建共和所做出的重大贡献，国民政府分别于 1931 年和 1937 年发布命令褒扬谢良牧，赞誉他大半生为革命肝胆忠诚、雄才大略的高风亮节。

竭诚革命　从一而终

——林义顺与孙中山

叶华新

林义顺（1879—1936），字发初，号蔚华，又号其华，新加坡华侨，杰出的民主革命活动家和爱国侨领。他是新加坡和广东潮汕地区反清运动的播火者之一，也是孙中山最早联系到的南洋革命华侨之一。中国同盟会能在南洋扎下根并得到发展壮大，南洋能成为孙中山领导的民主革命的一个重要基地，林义顺功不可没。晚年，他作为一名富商和爱国侨领，在开发、建设新加坡，领导侨胞促进当地社会进步、支援国内革命、赈灾拯溺等方面都有突出的贡献。

身世坎坷　受益张府

林义顺像

林义顺，祖籍广东省潮州澄海县岐山马西乡（今属汕头市郊），1879年11月12日生于新加坡。其父林炳源于清同治年间南渡新加坡，在美芝路（Beach Road）开设杂货店谋生，娶殷商张理之女为妻。林义顺4岁和8岁时母亲和父亲相继去世，由其外公和外婆抚养长大。外祖父家资颇丰，他在童年得到了较好的教育。10岁之前，与舅父张永福（张礼之子）一起在家塾学习中文，卒读四书；之后进圣约翰和英华两个英文学校学习，于17岁完成学业。林义顺不但精通英语，对西方文化有很好的认识，同时也有较为深厚的中文基础，具有强烈的中华文化与民族意识。这与他长大后在身份和文化上的祖国认同，以及追随孙中山从事民族革命运动有不可忽略的关系。

走出校门，林义顺先后在张永福的新长美布匹店和闽籍商人陈楚楠的合春号、陈泰木材公司任职，积累了不少经商经验。他勤劳苦干，办事干练，深得张永福和陈楚楠的信任；加上年龄相近（比张永福小7岁，比陈楚楠大5岁）、志趣相投、思想相若，遂成莫逆之交，后来成为亲密的革命同志。林义顺20岁，外祖父去世，得以继承一部分遗产，用来创业。23岁，林义顺和阮居安长女阮碧霞结婚，后置侧室谭氏，共育四男六女。

小小桃源　革命火把

小桃源俱乐部旧址

林义顺创业于20世纪上叶。这段时期是中国历史上动荡不安的时期，中国经过两次鸦片战争和中法、中日战争，国势濒危。新加坡的华人社会也不免受到中国政局形势发展的影响，出现变动。腐朽的清王朝依然实行对内加强民主压迫和阶级压迫，对外则是卑躬屈膝、苟且偷安的政策。由于国家积贫积弱、软弱无能，而备受其害的海外华侨对此满怀忧虑，人心思变，维新思想广为流传，不少激进者在西方民主思想的影响下开始倾向革命。林义顺血气方刚，志切匡时，表现出强烈的爱国主义情怀。他经常随张永福到“小桃源俱乐部”，“以国家大事民族政治想探讨”。每当论及清廷的倒行逆施、帝国主义列强对中国的瓜分之时，无不痛心疾首、义愤填膺。其时，一些宣传革命的书刊开始在新加坡流传，如《黄帝魂》和上海的《苏报》及《革命军》，他们争相传阅。一次，林义顺在《苏报》上看到一篇关于清廷禁止汉人子弟留学日本成城军官学校的报道后，悲愤地说道：“中国革命再迟，我民无礁类矣！”这体现出其已受民主革命思想的影响。

对林义顺思想影响较大的有3个重要的人：张永福、尢列、黄乃裳。有着直接影响的就是张永福。张永福和陈楚楠、邱菽园是朋友，在邱菽园的介绍下，林义顺开始阅读《清议报》《新民丛报》《开智录》等书报，接触了现代新知识与新思想。后来读上海《苏报》和邹容的《革命军》，民族观念逐渐深入脑海，革命思想油然而生。他们常借助成立“小桃源俱乐部”高谈国是，“风雨如晦，鸡鸣不已，常以国家大事民族政治相探讨。对康氏虚君立宪主张认为不彻底，并对康氏批评理论为我们所不赞成”。张永福关心国家民族大事、匡时济世的激进情绪和政治思想的转变对林义顺产生了潜移默化的影响。尢列是兴中会会员，兴中会成立前就因常与孙中山、陈少白、杨鹤龄一起会聚，谈论“反清”造反，被时人称为“四大寇”；黄乃裳是福建有名的举人，戊戌变法时参加过维新运动，之后思想发生转变，到南洋鼓吹种族革命救国。尢列、黄乃裳到南洋进行革命活动，林义顺等人因慕名而与之结识，时常通信和聚会，一起商议如何开展革命的发动工作。随着革命形势的发展以及尢、黄两人的影响下，他们办报纸、翻印《革命军》进行革命宣传活动。

1903 年 6 月，上海发生“《苏报》案”，邹容与章炳麟被英租界当局逮捕入狱，准备引渡给清政府。林义顺与张永福、陈楚楠等人闻讯后展开积极营救，用“小桃源俱乐部”的名义致电英国驻上海领事，请求援引第三国有权保护国事犯的国际条例，拒绝清朝的要求，以声援的行动表示对国内革命的关注与支持。

1904 年林义顺等人联合革命爱国华侨林受之（祖籍潮州庵埠）等，集资翻印邹容的《革命军》两万多册，易名为《图存篇》以利于革命宣传。一部分在新加坡派送，一部分寄回国内散发，有的甚至寄送到清朝翰林院和总理衙门。黄乃裳和林义顺等人乘回国之际分批潜携入境，在潮州、梅州和闽南一带发放，借此来结交各界的爱国志士。这一活动开导了潮汕等地区的革命风气，启发了爱国人士走上民主革命的道路。

南洋喉舌　《图南日报》

《图南日报》于 1904 年春发刊，是南洋第一张公开宣传革命号召推翻清朝的报纸。林义顺参与创办，积极协助陈楚楠、张永福进行筹划，并负责具体联络。其时，南洋华侨对革命还缺乏了解，甚至有视革命为大逆不道者。当《图南日报》发刊行世，林义顺等人遭到不少冷眼，起初只是不同政见的人反对，“及后竟弄到亲戚见诟，朋友绝交”①，英国殖民当局也发出警告。报纸的销路因此无法打开。为了打开局面，他们特别设计了 1905 年元旦的月份牌，月份牌上印着太平天国将领石达开写的字样“忍令上国衣冠沦于涂炭，相率

① 中国社会科学院近代史研究所《近代史资料》编译室主编：《华侨与辛亥革命》，北京：知识产权出版社 2013 年版，第 85 页。

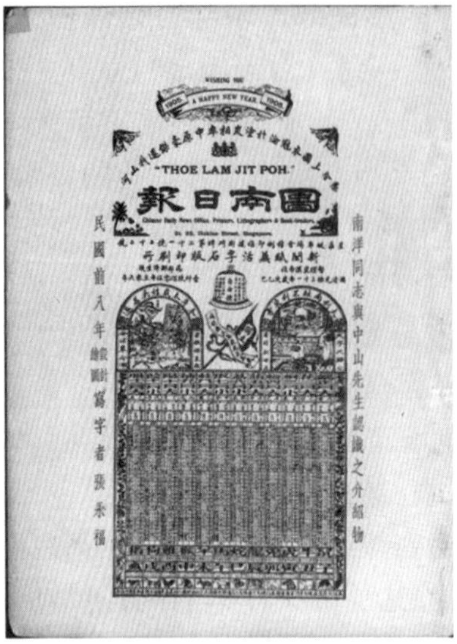

《图南日报》1905 年印制的月份牌

中原豪杰还我河山”，两侧印着“文字收功日，全球革命潮；图开新世界，书檄布东南”的对联，中间则是自由钟和独立旗。将月份牌和报纸一起分送社会各界人士和团体，颇受欢迎。由于该报纸宣扬的爱国革命思想逐渐深入人心，报纸的销量也逐渐增加。

孙中山在檀香山看到了“月份牌”和《图南日报》后，知道南洋有了革命的喉舌，倍感兴奋，立即汇款 20 美元给《图南日报》，购买月份牌和报纸。随即写信给尢列，询问《图南日报》的创办者和具体情况，希望能与之会面。1905 年 7 月初，孙中山自欧洲取道新加坡赴日本，特致电尢列，约见《图南日报》的同人。由尢列引领，林义顺和张永福、陈楚楠与孙中山在轮船上相见。由于 1900 年孙中山到新加坡营救日本志士宫崎寅藏，遭到当地政府限令离境 5 年，他们便与警厅交涉，担保孙中山上岸，欢聚于“小桃源俱乐部”。这是孙中山与南洋革命华侨的第一次接触，也是南洋革命力量汇入孙中山领导的民主革命运动的开篇。林义顺对孙中山的革命主张早有了解，对他甚为敬仰，此次见面，孙中山革命的雄才大略和深邃的政治眼光更令他心悦诚服。从此，他便矢志不移地追随孙中山，为革命事业尽心尽力。

孙中山对林义顺也极为倚重。孙中山后来 8 次到新加坡，都由林义顺接待，无论大小事情悉委他办理，他都能发挥自己的才干，圆满地完成任务。他还介绍孙中山与新加坡总督和有关官员及西方报纸的主编会晤，阐释革命的宗旨，这对扩大同盟会的影响、减少革命阻力起了不少作用。

追随领袖　发展南洋

1905 年 8 月，中国同盟会在日本东京成立。翌年 2 月，林义顺等迎接孙中山到新加坡筹建同盟会分会。在张永福的别墅晚晴园，孙中山亲自主持加盟监誓，成立了中国同盟会新加坡分会。陈楚楠任会长，张永福任副会长，林义顺任交际干事。新加坡同盟会是孙中山在南洋成立的第一个分会。成立之初，规模很小，只有十几人。随后，在孙中山的关心指导和陈、张、林等人的努力

中国同盟会新加坡分会成员摄于晚晴园的团体照（1905 年底），前排右一为林义顺，右四为孙中山

下，成员不断增多。新加坡同盟会分会成为南洋英、荷两属各地同盟分会的总机关，成为孙中山向南洋华侨宣传革命道理、组织革命党、筹资集款和策划武装起义的重要基地。

新加坡分会成立后，在孙中山的悉心指导下，林义顺开始关注和了解国内外形势、三民主义的意义，明白了党员奋斗的目标，树立了革命理想。是年 8 月，林义顺和陈楚楠、李竹痴陪同孙中山到马来亚的吉隆坡、怡保和大霹雳等地活动，创建了同盟会吉隆坡分会。尽管困难重重，保皇派势力处处阻挠、暗算，经林义顺、陈楚楠等人的艰难努力，终在槟榔屿设立了同盟会，并受到孙中山的嘉许。

由于林义顺等革命骨干的辛勤努力，南洋革命局势被逐渐打开，南洋各埠先后成立同盟会分会，成为海外会员最多的一个地区。

“图南”失利　再造“中兴”

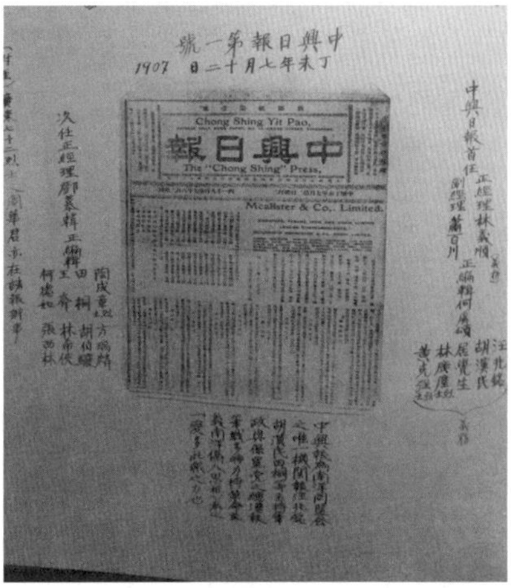

《中兴日报》第一号

南洋同盟会势力日益壮大，需有一个宣传革命的喉舌来唤醒华侨的觉悟。因《图南日报》亏损停刊，合股后所办的《南洋总汇报》又被保皇党人篡夺。林义顺、陈楚楠和张永福等人没有气馁，他们共同策划，于 1907 年 8 月 20 日创办了南洋同盟分会的机关报《中兴日报》，林义顺任第一总经理。报纸刚出刊不久，即与《南洋总汇报》展开了关于“革命”论与“君宪”论的大论战。何子耀、田桐、居正、陶成章、胡汉民、林时爽、汪精卫等参与其中。恰好孙中山移居新加坡，革命党人齐集南

洋，掀起了一场声势颇大的论战。

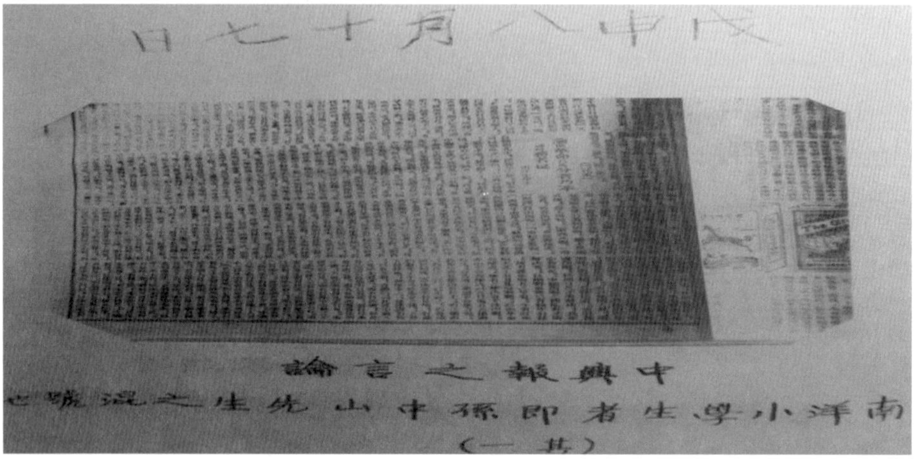

孙中山在《中兴日报》发表文章

孙中山亲自撰文，以“南洋小学生”的笔名在报纸上连续发表文章驳斥保皇党人的谬论，带动其他革命笔杆上阵，保皇党惨败。此次论战影响之深、波及范围之广，并不亚于在日本的同盟会机关报《民报》与保皇派报刊《新民丛报》的论战。通过此次论战，孙中山的革命主张逐渐深入人心，“民族主义有一日千里之势，充布于各种社会之中，殆无不认为革命为必要者”①。南洋形成了声援民主革命的第一次高潮。

由于资金周转困难，在林义顺的建议下，通过以有限公司的名义重组《中兴日报》。孙中山任命林义顺司理一切。林义顺在胡汉民、汪精卫等各地同志的帮助下，完成了招股集资的目标，使《中兴日报》渡过难关。林义顺在缅甸仰光一边招股，一边演说革命、散发革命书刊。缅甸华侨受其鼓舞走上革命道路者不在少数，随后仰光同盟会成立，南洋革命力量也随之壮大。

---

① 孙中山：《中国民主革命之重要》，见唐卢锋编注：《革命诗文选》，南京：正中书局 1941 年版，第 107 页。

革命实践　奔走起义

汕头陈涌波烈士之墓

1907 年 5 月 22 日爆发的潮州黄冈起义，是在同盟会成立后孙中山亲自领导下的第一次武装起义，这次起义自 1904 开始酝酿，林义顺偕黄乃裳回乡宣传革命，他们积极联络了许雪秋、余丑、余通、陈涌波等人，在潮汕汇集革命力量，设立秘密据点，共谋起义事项。林义顺与在国内的黄乃裳、许雪秋保持着联系，一直在为起义做准备工作。1905 年他们与孙中山初次会面，并报告了潮汕地区的革命形势和起义酝酿情况。同盟会成立后，在林义顺的帮助下，许雪秋与孙中山取得联系，并面见孙中山，加入同盟会。更为重要的是，此次起义的大部分经费均来自林义顺和同盟会新加坡分会的筹集。林义顺当时并不富裕，也慷慨相助，毫不吝啬。1907 年 5 月，起义在敌我力量悬殊的情况下失败，革命党人出走国外，林义顺积极营救和安置失败后流亡海外的起义军将士。当时起义首领余丑在香港被捕，清廷诬陷他是盗匪，要求引渡。林义顺和张永福、陈楚楠等人积极奔走斡旋，最终使余丑获得省释。当时，有不少起义失败将士自香港避往新加坡，被林义顺安排于他所经营的农场中，解决了生活问题。

1907—1908 年，中国同盟会在国内频繁发动武装反清起义，南洋成为孙中山指挥武装起义的中心。在新加坡同盟会分会总部“晚晴园”，孙中山多次召集会议商议起义的各项计划，林义顺常在其身边出谋献策。他遵照孙中山的指示，为筹集革命活动经费日夜奔波。自越南移居新加坡的河口义军，新加坡当局起初不让入境，林义顺陪同孙中山面见当局，据理力争，说服总督答应以交保的形式办理入境手续。由于人数众多，多达 600 人，入境者成分复杂，良莠不齐，给安置工作带来了不少问题。根据孙中山的意见，新加坡分会的同志们集资开设了“中兴石山”公司（采石厂）来解决安置。林义顺就是具体的筹办人。

忠于总理　忠于革命

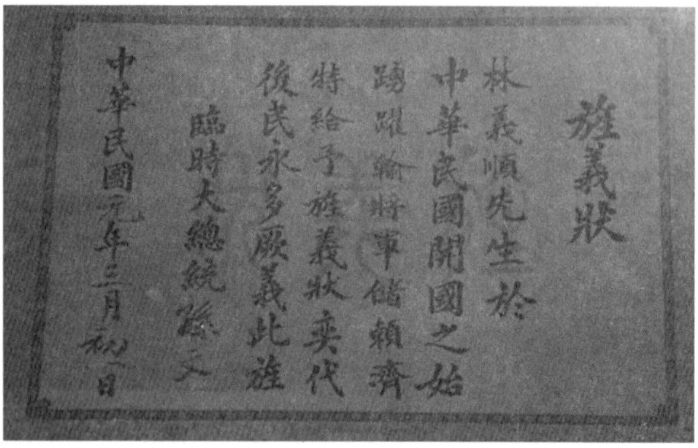
旌義狀
林義順先生於
中華民國開國之始
踴躍輸將軍儲賴濟
特給予旌義狀奕代
後民永多厥義此旌
臨時大總統孫文
中華民國元年三月初日

1912 年孙中山颁予林义顺的旌义状

1911 年 10 月 10 日武昌起义成功后，消息传到新加坡，林义顺高兴地说："我汉族革命结果，乃有今日也!"革命的成功激发林义顺对革命的期望，他踊跃支持孙中山的共和事业。在孙中山的指示下，他在新加坡和广东同乡间筹集大量资金来支持革命。林义顺的努力无论在精神上还是物质上，都极大地支持了中华民国的创立，为此，孙中山特意以临时大总统的名义颁给林义顺旌义状，表彰他所做出的贡献。

1913 年，"二次革命"失败。革命党人中弥漫着悲观失望的情绪，有些华侨党员也因此脱离革命队伍。但林义顺始终支持孙中山的革命，对国民党中避逃至新加坡的将领多出手帮助，慷慨接待同志，大有孟尝之遗风，故被称为"往来大王"。

1915 年 12 月，云南反袁独立后，林义顺被委任为南洋筹饷员，积极募资汇助。之后的护法、北伐诸役，他都始终站在孙中山这边，并给予财政上的大力支持。1920 年援助闽粤军回师驱逐滇、桂军阀，林义顺筹集 30 万元。北洋军阀控制时期，北京政府企图拉拢他，委任他为侨务局副总裁，但他始终不为所动。

1925 年，孙中山先生在北京病逝，身在南洋的林义顺听到消息后悲痛不已，但他对中国革命的热心未曾减少，继续关心着中国革命，坚信孙中山的三民主义。林义顺与孙中山先生的交往过程，表明他是孙中山忠实的"信徒"，为孙中山领导的民主革命贡献所有，毫无怨言，忠心耿耿。

心怀家国　鞠躬尽瘁

林义顺不仅在革命和经济事业上取得成功，对祖国和家乡也倍加关心。1917 年天津水灾，1929 年晋、绥、察、冀、豫、陕、甘 7 省大旱，1931 年百年罕见的长江大水，他都曾募款捐赠救济。1922 年，他得知"八二"大风灾的惨讯，更是带头解囊相助，亲自担任新加坡筹赈潮汕风灾会总理，推动筹款施赈，力图使家乡人民渡过难关。

同时，他也是新加坡公益和教育事业的热心资助者。1919 年 3 月，他和陈嘉庚一起创办了新马第一间华文最高学府——南洋中学。他捐助学校，并担任学校财政和正总理。他还捐献土地用作新加坡华侨的坟地，赠款给贫民医院。

关于林义顺逝世的报道

1931 年“九·一八”事变后，国难当头。国民党在洛阳召开所谓的“国难会议”，林义顺满怀救国之心，毅然扶病应邀参加会议。林义顺对国民党当局的高谈阔论、不抵抗主义政策极度不满，他忧愤成疾。1935 年 8 月，华北事变。他闻讯后伤感过度，咯血不止，病中致电南京政府，敦促抗日救国。1936 年 3 月，他遵嘱回国疗养。刚抵上海数日，病情恶化，于 3 月 21 日逝世，享年 58 岁。民国政府为他举行公葬并褒扬其功绩。新加坡各界华侨也举行了隆重的追悼会。

新加坡华侨追悼林义顺先生大会（1936 年）

洪门结义　致力共和

——黄三德与孙中山

田　果

2011年8月25日，美国洛杉矶中华坟场内肃穆庄严，一场简单而又隆重的仪式——黄三德墓碑重修揭碑仪式正在举行。现任五洲洪门致公总堂会长周国祥率领黄三德的孙子黄子迪及40多人专程从旧金山南下洛杉矶，为致公总堂第三代堂主黄三德墓地的“功德碑”举办揭碑、拜祭仪式。嘉宾在完成上香、敬酒、献花、献宝、鸣炮等议程后，再赴中华坟场内的敬亲亭向先贤致祭。30多位南加州侨社重量级侨领应邀出席并参加拜祭礼。此时，距1911年辛亥革命推翻清王朝已有100年。

黄三德，何许人？在祖国大陆，如今知道他的人已经不多，了解其传奇经历和故事的人就更少了。100多年前，这位旧金山洪门大佬、美洲致公堂首领，乃率领华人在美国筚路蓝缕、艰难求生并且积极支持孙中山民主革命的传奇人物。

“忠义救国，兄弟提携”

洪门大约在清朝中叶传到美国。自鸦片战争后，随着大批沿海居民到海外淘金谋生（或自愿，或被迫），海外中国人数量显著增多。为生活所迫而漂洋过海的中国侨胞，干最苦最累的体力活，只能拿到少得可怜的报酬，还要遭受无休止的歧视和排斥。华侨们出于自我保护而抱团生存，纷纷加入洪门属下的“堂口”。时间一长，洪门势力在海外得到狂飙猛进的发展。到清朝末年，几乎成了一种全球性的帮会组织。梁启超在《新大陆游记》有载：洪门在美国的“堂口”竟达几十家之多，加拿大洪门有会所20余座，会众两万，海外华侨十之八九都加入了洪门。致公堂可谓美洲洪门最大的堂口，《革命逸史》的作者冯自由也做过特别的描述，洪门致公堂的分堂，“凡有华侨驻在之地，莫不有之，咸隶属于旧金山。华侨名列会籍者占十之八九”。

海外华人逐渐增加，华夏的振兴和海外华人的命运连接得更加紧密了。天地会要推翻清朝，他们支持；保皇党要改良中华，他们也支持。洪门“忠义救国，兄弟提携”的口号在华人圈子日渐有口皆碑。美国致公堂先是在加利福尼亚州矿区发展，不久进入内华达、爱达华、俄勒冈、蒙大拿等州。1907年，洪门东迁，由矿区转向城市，最后在旧金山成立总堂，黄三德即第三任总堂堂主。

孙中山对洪门有过概述，他在著名的《孙文学说》里面有一大段记载：“洪门者，创设于明朝遗老，起于康熙时代。盖康熙以前，明朝之忠烈士，多欲力图恢复，誓不臣清，舍生赴义，屡起屡蹶，与虏拼命，然卒不救明朝之亡。迨至康熙之世，清势已盛，面明朝之忠烈亦死亡殆尽。二三遗老，见大势已去，无可挽回，乃欲以民族主义之根苗流传后代，故以反清复明之宗旨，结为团体，以待后有起者可借为资助也。此殆洪门创设之本意也。然其事必当极为秘密，乃可防政府之察觉也。夫政府之爪牙为官吏，而官吏之耳目为士绅，故凡所谓士大夫之类，皆所当忌而须严为杜绝者，然后其根株乃能保存，而潜滋暗长于异族专制政府之下。以此条件而立会，将以何道而后可？必也以最合群众心理之事迹，而传民族国家之思想。故洪门之拜会，则以演戏为之，盖此最易动群众之视听也。其传布思想，则以不平之心、复仇之事导之，此最易发常人之感情也。其口号暗语，则以鄙俚粗俗之言以表之，此最易使士大夫闻而生厌、远而避之者也。其固结团体，则以博爱施之，使彼此手足相顾，患难相扶，此最合夫江湖旅客、无家游子之需要也。而最终乃传以民族主义，以期达其反清复明之目的焉。”

洪门的宗旨是“反清复明”，与孙中山“排满”革命有类似的目标。但由于年代久远，会众的情况复杂，孙中山首次接触的美国洪门，他们对祖上的历史已经不甚了解，团队仅以忠义等传统道德来维系。当然，洪门最吸引孙中山的不是其主张，而是其“屹然为华侨各团体之冠”的力量。孙中山多次说过“华侨为革命之母”，而作为海外最大华人组织的美洲洪门致公堂，曾经多次在重要节点助孙中山一臂之力。在孙中山领导的民主革命中，海外洪门组织出钱出力出人，可以说对革命“厥功甚伟”。

远渡重洋　闯荡金山

同为广东珠江三角洲老乡，黄三德比孙中山大 2 岁，清朝同治二年（1863）出生于广东台山四九镇圾潭乡东头村一个贫苦的农民家庭。父亲黄世尚是一生都未离开过故土的诚实农民；母亲叶春兰是贤淑的家庭妇女。儿时的黄三德活泼可爱、天资聪颖，因家境贫寒，童年就随父亲下地干活，闲时跟父母学字，每遇不懂的疑难，非问个明白不可。父亲被其好学精神感动，咬牙挤出仅有的血汗钱，送他到私塾就读。他专心好学，塾师传授的知识，都能牢记在心，还练就一手好的毛笔字，村里的人都称他是神童。可惜，他只读了3年，就因无钱交学费而不得不中途辍学，跟随父亲管耕家中仅有的“五斗”田。

黄三德个性好动，农事之余，喜欢跟村里的叔伯兄弟在一起练习武术，演唱本土民歌，如《禾楼歌》《木鱼》《卖鸡调》等。为了图谋改变经济困境，15岁那年，黄三德与几位好友商量，决意出国闯“金山”（即美国）。但苦于无“水脚”，便向亲戚借几十块钱。行前，适逢双夏农忙，他为父亲耙好了田，才动身启程。

清光绪四年（1878），黄三德与几个伙伴经过几十天的颠簸，抵达美国旧金山。初到异国，人生地疏，生活艰难。为谋生计，他什么粗活重活都干，当过矿山工人、洗衣工人、酒吧服务生等。在这期间，他常因年幼力弱而受人欺侮。为了自卫，黄三德决心利用工余时间练习武术。他拜当地一位颇有名气的华人武师为师，虚心求教，刻苦磨砺，经过几个寒暑，终于练就一身好武艺，成为当地华人中一位年轻的武林高手。

光绪九年（1883），美国国内发生严重的经济危机，失业问题严重，部分白人故意挑起民族矛盾，把经济危机的原因归咎于中国侨民，宣扬“中国人夺了美国人的饭碗”，掀起一股反华排华浪潮，公开虐待和迫害华工。耳闻目睹那些在资本家压迫下的华人过着牛马不如的生活，黄三德义愤填膺。他一方面利用平时的一些积蓄扶弱济贫，另一方面争取和团结华侨，伺机而动，为侨民抗争。由于他武艺超群，见义勇为，在华侨中渐有声望，受到华侨的敬重和拥戴。

同年12月，黄三德加入了美洲华侨中最大的组织——洪门致公堂。1897年，34岁的黄三德，因为为侨民出力，为洪门尽心，被推举为旧金山致公堂盟长，兼亚利桑那州巴士杰埠致公堂盟长，稍后又被选任为旧金山致公堂总理。这样，美洲洪门致公堂的权力便集中在黄三德的手上。他为人厚道，与下属和衷共济，在侨胞中享有很高的威望，随时可以一呼百应，侨胞都爱称他为“洪门大佬”。

初识孙文　洪门结义

黄三德掌握洪门致公堂的大权后，更加热心为侨胞争取权益，只要涉及侨胞权益的事，事无巨细，他都加意重视，或亲自解决，或面授机宜，托人办理。他还通过开台演戏、招收壮丁等形式，扩大洪门势力；又通过多方交际应酬，借此结识各方华侨领袖和政府官员，个中，就有一位是孙中山的胞兄孙眉。其时，孙眉已经在檀香山谋生多年，小有基业，租得茂宜岛数百亩土地，经营农场，畜牧垦殖，设立商肆，被当地人称为“茂宜王”。

光绪二十九年（1903），孙中山赴檀香山，通过孙眉的引线，黄三德去檀香山与孙中山相见。他以主人的身份热情接待了孙中山。他们一见如故，无所不谈，从海外华侨的景况到国内戊戌变法，从康有为、梁启超的外逃到清朝的腐败政局……当孙中山谈到“八国联军破京师，创巨病深，实乃中华民族耻辱”时，黄三德十分气愤，当即拍案，“要改革朝廷内政，非实行武力革命不足以救国”。他毅然接受孙中山革命反清的政治主张，“引孙文为同调，欲助成之”。孙中山十分赏识黄三德的胆识。通过交谈，孙中山对海外华侨与祖国前途命运互动的心态有了进一步的了解。

自 1894 年在檀香山发起成立兴中会以来，孙中山在华侨中锲而不舍地宣传革命主张，但常常是阻力重重，进展不大。一是早期旅美华侨风气闭塞，国家观念、政治意识淡薄，“与谈革命排满，莫不掩耳惊走”；二是孙中山并未加入美洲最大的华侨团体——洪门，孙中山每次在华侨中宣传革命，洪门人士都以孙中山是门外人，“视同陌路，无助之者”。洪门一向视“洪家”人亲如手足，决不听外人指挥；三是自戊戌变法后，康有为、梁启超流亡海外，组织了保皇党，在华侨团体中很有影响力，吸引了大批中上层华侨加入。

初期，在与保皇党的斗争中，孙中山主要争取到的是下层侨民的支持。海外华人大部分都是劳工，工商界老板只是少数。但工商界有经济实力，基本上持保守、圆滑的态度，不愿意跟清政府公开产生冲突，相对来说，比较支持康有为、梁启超。工商界大部分是广府人，孙中山和康、梁也是广府人，但康、梁分别是进士、举人，康氏还是帝师，声望、地位很高，广府人非常钦佩康、梁，因此，工商界的广府人大部分是保皇党。孙中山的主要支持者多是下层民众，乃缘于与会党的关系，会党曾经反清，普通劳工比较支持孙中山，即体现了彼此思想相通。

“华侨团体名目繁多，中以洪门致公堂为最巨，其会员占全美侨胞十分之八九，宗旨为反清复明，即广东三合会之支派。但以代远年湮，多已忘却本来面目。”孙中山向他们宣传革命，曾经遇过“言者谆谆，听者藐藐”的尴尬。孙中山后来回忆说：“当予之在美洲鼓吹革命也，洪门之人，初亦不明吾旨。

予乃反而叩之反清复明何为者，彼众多不能答也。”[①] 这表明孙中山革命的初期，海外洪门人士对他的宣传不仅不理解，“且以孙中山为谋反大逆，视同蛇蝎”。

保皇党首领人物梁启超为了争取海外洪门加入保皇阵营，已于1900年3月在檀香山加入洪门三合会。自梁启超入洪门后，竟然“能调动檀香山彼会之全体，使皆听号令”。1903年，孙中山从日本再到檀香山，保皇党人也在檀香山等地大肆活动，对洪门尽力争取，以致洪门致公堂对孙中山宣传革命多持抵触态度。

黄三德在《洪门革命史》中记述了孙中山与洪门关系的“人之初”：“孙文初进洪门，在檀香山，由三德策划，令其加入者也。因为孙文曾到美国，运动华侨作反（孙文初时未识讲革命两字，只识作反），华侨不理之，尤其是香山人，最恶之，所到皆飨以闭门羹。运动无所入，三德乃为策划，令其先加入洪门。”

《洪门革命史》对孙中山加入洪门的情景有过具体的描述：“孙文在檀香山加入洪门之时候，为前清光绪二十九年，由三德先写介绍函，寄到檀香山正埠国安会馆各昆仲，许其加盟。孙文亲在五祖像前发三十六誓，愿遵守洪门二十一条例，十条禁。于是洪门封以洪棍之职，孙文欣然接受之。”[②]

还有一种说法，孙中山是在其舅舅杨文纳的建议下加入洪门的，后来由洪门叔父钟水养介绍，在檀香山发誓成为致公堂的盟员。1904年1月，孙中山前往茂宜岛探望母亲及胞兄孙眉，其舅舅杨文纳鉴于孙中山1896年第一次游美宣传革命“成绩不佳”，缺乏志同道合者大力相助，因而力劝孙中山加入洪门会党。他给孙中山指点迷津：“现时保皇党机关林立于美洲各埠，倘不与洪门人士合作，势难与之抗衡。”孙中山返回檀香山后，便托洪门前辈叔父钟水养向洪门致公堂介绍入围。岂料，致公堂职员中有身跨保皇会籍者，对孙中山入盟表示反对。钟水养对众徒晓以大局意识，说：“洪门宗旨，在于反清复明，孙某未入洪门，已实行洪门宗旨多年。此等人已招纳之不暇，何可拒之门外?”反对者无话可说。致公堂于是择日为孙中山举行入盟仪式。

可以想见，孙中山亲自加入洪门，是深感美洲华侨中洪门为数众多，力量强大。为了发动美洲华侨投入革命事业，必须借用洪门的力量。尽管孙中山加入洪门的细节说法不同，但有3个史实是清晰的：一是孙中山认为洪门在华侨

---

① 中山大学历史系孙中山研究室、广东省社会科学院历史研究所、中国社会科学院近代史研究所中华民国史研究室合编：《孙中山全集（第六卷）》，北京：中华书局1985年版，第231页。

② 黄三德：《洪门革命史（自印本）》，香港1936年版，第2页。

中力量强大、人数众多，有必要充分发动和吸收引导；二是孙中山自从加入洪门以后，他在美洲各地的活动，虽然也常有困难和挫折，但每当陷入困境时，总有洪门人士出面相助，演绎逢凶化吉之妙；三是自此之后，黄三德对孙中山在美洲宣传发动华侨给予了极大的帮助。

1904 年，黄三德致函檀香山洪门致公堂，请其资助孙中山赴美。1904 年 3 月 31 日，孙中山乘“高丽号”离开檀香山，4 月 6 日抵达旧金山，料想不到的是，旧金山保皇会密告清廷总领事何祐，何祐照会美国移民局，要求禁止孙中山入境。果然，孙中山一上岸，就被美国官员以持“假护照”入境为由，将其关在港口天使岛木屋里，准备原船遣回。

黄三德闻讯后，马上与洪门叔父商量，聘请律师救孙中山，无奈所请的几个律师都因此案难办而一一推却。最后，他与旧金山《大同日报》司理唐琼昌、《中西日报》总编辑伍盘照等商议，由致公堂先拿 500 美元保释孙中山，再用 5 000 美元聘请当时檀香山著名律师和利为孙中山打官司。和利计谋多端，灵机一动，提出可以帮孙中山做檀香山出生的假证明，使孙中山成为美国公民，然后由华盛顿方面律师向美国工农部（相当于今日移民局）上诉。黄三德表示同意。于是，和利便为孙中山做了个在檀香山出生的假证明。对此次造假，黄三德一脸苦衷：“查孙文并非在檀香山出世，但孙文为登岸计，不得不暂假愿，无可如何也。”官司很快打到华盛顿最高法院，最终赢得胜诉，孙中山获准登岸。被关小木屋 17 天后，孙中山安然脱险。在这被关押的 17 天中，孙中山的伙食均由黄三德料理。

孙中山获释那天，黄三德专门组织了洪门人士到码头列队迎接，以独特的声势扩大孙中山的影响。旧金山是保皇势力在美国的重要基地，由于孙中山在檀香山加入了洪门，受到了旧金山致公堂的热情接待，他从移民局获释后，“即下榻于致公堂会所”。通过关禁的经历，孙中山与美洲致公堂的关系更加密切了。

游历华埠　发动华侨

孙中山到旧金山后，黄三德安排孙中山住入最高级的英国旅馆，吃、喝、用、住的所有费用全由黄三德签名、致公堂支付。黄三德与孙中山商量，要在美洲发动华侨，鼓动革命反清，有必要在全美游历华埠并进行演说，他举例说维新派梁启超游历华埠，在旧金山义群英戏院说明中国维新的好处，连讲 19 天，愈讲愈精神，言之不尽。华侨被梁启超口若悬河、滔滔不绝的口才所感动，为保皇派争取到很多的支持和同情。最后两人一致决定，走梁启超的

“路”，共同游历华埠并进行演说，努力做到效果胜过梁启超。

鉴于清朝驻美公使造谣、诽谤、盯梢和胁迫孙中山，胆大心细的黄三德忧虑再三：孙中山游历华埠，可能潜伏着危险。为了孙中山的安全，黄三德置自己安危于度外，表示全程全力陪同孙中山。他对游埠行程做了全面周密的安排，通知各埠的洪门人士注意做好保卫，亲自陪同孙中山到全美各埠发表演说。第一次行程先到沙加免度、尾利允、柯花、高老砂，再回旧金山休息两天；第二次行程，从 4 月 26 日往斐士那至 10 月 28 日到波士顿，途经 30 多个大中城市，历时半年有余。①

由于黄三德的精心策划和安排，孙中山这次游埠活动进行得很顺利，他每到一个城市，都集会发表演说，确实振奋人心。黄三德则必开台拜会。每到华埠，黄三德必先介绍孙中山与当地洪门堂口领袖以及华侨显贵人士相识，建立和提高孙中山的威信。致公堂分支安良堂的侨领司徒美堂，就是在黄三德的介绍下认识孙中山的。此后，司徒美堂也成为忠实追随孙中山的华侨领袖之一。孙中山沿途的宣传演说，如春风化雨、润物无声般在华侨中播下了革命种子，为后来美洲同盟分会的成立、同盟会与致公堂的联合打下了良好的基础。

发力宣传　改组山堂

孙中山多次游历欧美各地，目的就是发动华侨华人投入革命和为革命募捐。但是，那时的美洲华侨群体，“风气尚极闭塞，其稍开通者非属保皇会员，即为基督教徒”。孙中山意识到，要改变这种现状，必须效法《孙子兵法》，在舆论上大造声势，有如攻城为下，攻心为上。

《革命军》是民主革命家邹容的力作，它无情地揭露、鞭挞清政权的腐败无能，号召国人起来推翻清王朝。为了加强革命宣传的力度，孙中山偕同黄三德、伍盘照、唐琼昌商议在美洲发行《革命军》一书。《中西日报》是美洲第一份华人报纸，由伍盘照任社长，《大同日报》则为致公堂的机关报，唐琼昌为司理。经商议后，大家同意由《中西日报》《大同日报》免费印刷 11 000 册，黄三德承诺由致公堂负责邮寄的费用，分寄美洲及南洋各地华侨。

正是由于得到洪门首领黄三德等人的支持，孙中山得以借钱印刷邹容的《革命军》11 000 册，分寄美洲及南洋各地侨胞，广为宣传。“全美华侨得此有力宣传品之启导，不及半载，知识为之大进，此书之力为多焉”。

① 黄三德：《洪门革命史（自印本）》，香港 1936 年版，第 5 页。

《革命军》发行，成效喜人，令孙中山与黄三德等大受鼓舞。接着孙中山便将目光投向《大同日报》。《大同日报》是致公堂的机关报，黄三德是总监督，唐琼昌是主要创办人。主笔欧榘甲为康有为的学生，属保皇党人，黄、唐力劝欧榘甲同孙先生合作，欧榘甲不从，还常在报上发表文章攻击孙中山，令黄、唐大为不满，遂迫使欧榘甲辞职。孙中山先是推荐留日学生冯自由为该报驻日记者，并托冯自由物色总编辑一人，冯自由先推荐马君武，马君武因事推辞了。后来孙中山改派革命党人、留日学生刘成禺负责笔政，“及刘抵美，而该报之旌旗一变，自是洪门之宗旨始得发扬于北美，大同报之力也”。《大同日报》自此便成了宣传革命反清的报纸。这就是美洲华侨史上著名的“《大同日报》‘易帜’”事件。

接着，黄三德又与孙中山对洪门致公堂的章程进行重新修订，因洪门原为“反清复明”秘密组织，带有封建帮会神秘、狭隘性质。美洲华侨中十之八九加入了洪门，因年代更迭，疏于宗旨，人员混杂，组织渐次变得涣散、守旧，总堂与分堂各自为政，彼此联系不多，加上康、梁保皇党人很多骨干分子加入及其思想灌输，以至成了保皇党人掌控的华人组织。孙中山曾对现状有过评述：“以旅美致公堂会员至众，惟团体散涣，主张分歧，不能为祖国革命之助，乃提出举行洪门会员总注册之议，并代撰致公堂新章规程八十条。”

孙中山在《致公堂征订章程要义》中指出：“原夫致公堂之设，由来已久。本爱国保种之心，立兴汉复仇之志，联盟结义，声应气求，民族主义赖之而昌，秘密社会因之日盛，早已遍布于十八省与五洲各国。凡华人所到之地，莫不有之，而尤以美国为隆盛。……惟是向章太旧，每多不合时宜，维持乏人，间有未惬众意，故有散漫四方，未能联络一气，以成一极强极大之团体，诚为憾事。近且有背盟负义，趋入歧途，倒戈相向者，则更为痛恨也。若不亟图振作，发奋有为，则洪门大义必将沦隳矣。有心人忧之，于是谋议改良，力图进步，重订新章，选举贤能，以整顿堂务，而维系人心。”①

修订后的致公堂章程中，加进了革命党人的纲领，其主要内容有：

1. 本堂名曰致公总堂，设在金山大埠，支堂分设各埠，前有名目不同者，今概改正，名曰致公堂，以昭划一。

2. 本堂以驱除鞑虏，恢复中华，创立民国，平均地权为宗旨。

3. 本堂以协力助成祖国同志施行宗旨为目的。

4. 凡国人所立各会党，其宗旨与本堂相同者，本堂当认作益友，互相提

---

① 冯自由：《革命逸史（初集）》，北京：中华书局 1981 年版，第 148 页。

携。其宗旨与本堂相反者，本堂当视为公敌，不得附和。

5. 凡各埠堂友须一律注册，报告于大埠总堂，方能享受总堂一切之权利。

……①

孙中山对修改章程信心满满，认为新章程如能够实行，“则于革命实力之增加，非常伟大，盖旅美华侨挂名致公堂者逾十万人，以每人须缴纳注册费美金二元之数算之，总额可得华银数十万，革命党得此巨资，则满政府运命之危险，不待言矣”。修订后的章程明确提出致公堂的宗旨为“驱除鞑虏，恢复中华，创立民国，平均地权”，明晰了致公堂与保皇会的界限，从而把致公堂改造成为具有革命意识的组织，其成员逐渐增强了反清是为了革命的思想积淀，从而积极支持自觉参与民主革命活动。

为了进一步动员、组织洪门会众投身反清革命，为反清武装起义筹措经费。1911 年夏，孙中山再次赴美。鉴于美洲同盟会与致公堂未能联成一气，妨碍了美洲革命活动的协调推进，孙中山建议同盟会会员一律加入致公堂，以促成美洲致公堂与同盟会合并。李是男等同盟会总会负责人对此表示拥护，致公堂黄三德、唐琼昌等领导人也衷心赞同。于是，双方在各自的机关报《少年中国晨报》和《大同日报》登载了联合公告。经过双方协商，同盟会在《少年中国晨报》上刊出布告：

同盟会布告

洪门为中国提倡排满革命之元祖，而致公总堂之改良新章，更与本会三民主义相合。原可互相提携，共图进取。惟洪门内含有秘密性质，而本会会员尚多未入洪门者，故不免窒碍。今得孙总理驾抵金山，主张联合，而致公总堂开特别会，以招纳本会会员之未加入洪门者。本会集议，全体赞成，特此布告各埠会员，一体遵照，以成大群，合大力而图光复之大业，是为厚望。

天运辛亥年五月二十二日

三藩市中国同盟会启②

致公堂则在《大同日报》上刊登“启事”：

① 冯自由：《革命逸史（初集）》，北京：中华书局 1981 年版，第 151 页。

② 冯自由：《革命逸史（初集）》，北京：中华书局 1981 年版，第 157 页。

致公总堂布告

孙文大哥痛祖国沉沦，抱革命真理，遍游五洲，驾抵金山，与众兄聚集，倡议与同盟会联合，结大团结，匡扶革命事业。同盟会员热心祖国，全体会议，其未进洪门者，一律入闱，联成一气。本总堂叔父大佬义兄弟备极欢迎，开特别招贤之礼，以示优遇。尽释从前门户之分别，冀赞将来光复伟业，扫虏廷专制恶毒，复汉家自由幸福。仰我洪门人士，一体知悉。须知招纳天下英才，乃本总堂之主义。特此布告，统为鉴照。

天运辛亥五月二十二日

美洲大埠致公总堂启①

一句“尽释从前门户之分别，冀赞将来光复伟业”，表达了同盟会与致公堂携手并肩的共同心声，这是美洲华侨支持孙中山事业的“经典”之作，促使致公堂在“反清革命”旗帜下其团队力量和影响进一步扩大。

捐资筹款　一如既往

筹款是孙中山发动海外华侨支持革命具有经常性而又具有艰巨性的工作。在发动侨胞募捐和筹款支持革命的过程中，黄三德总是身先士卒，带头捐输，其大力支持和帮助具有积极的示范意义。由于黄三德反应最快、支持最力，孙中山在国内发动10次武装起义，其中来自美洲华侨的捐助为数不少，而洪门人士最为踊跃慷慨。

1907年，孙中山筹划在广西镇南关发动反清起义，致函要求黄三德筹款支持。黄三德接信后，义不容辞，即呼吁各埠致公堂响应，很快就把筹得的7 000多美元寄给孙中山，作为镇南关起义的经费。同年12月，孙中山又赴美国巴梳埠约见黄三德，说明专程来美亦为筹款。因时间仓促，两人还没有具体研究好筹款计划和行程安排，孙中山便率领众人从啡匿起程，经洛杉矶、轩佛到旧金山，沿途演说，发动款项筹募，一连折腾了几天，只筹得2 000多美元。回到旅店，几人从新计议，孙中山对黄三德说：“华侨虽积极捐资，可集腋成裘，但目下要筹得一笔巨款，方能解决问题。”黄三德听取了司徒美堂的提议后，毅然决定以抵押和变卖致公堂楼宇的方式来筹资。于是，立即致函加拿大洪门人士，把温哥华、维多利亚、多伦多等埠的分堂楼宇变卖或按押，终

① 冯自由：《革命逸史（初集）》，北京：中华书局1981年版，第157页。

于筹得巨款数十万美元，以应孙中山作革命活动经费的燃眉之急。黄兴曾有信函道出敬佩之情：“加各地致公堂，尊处同志闻系先变产业，以急应军需，热度之高，洵为海外所未有，同人等不胜感服。”

1911 年 3 月下旬，孙中山从加拿大电函黄三德，约其到芝加哥相见。黄三德于 3 月底抵埠后，与孙中山面晤了一个下午。谈话间，孙中山接到黄兴从香港发来的电报，告知广州起义失败，很多革命同志逃往香港，急需巨款解决其生活困难问题。孙中山一时束手无策，黄三德见状，急急返回旧金山，召开致公堂各叔父会议，慷慨陈词：“今事机急迫，广州起义失败逃亡各同志，无款不能行动，宜即筹十万港元汇香港接济之，方算尽革命之责，盖人家为国出命，我们在海外应该出钱。”黄三德发自肺腑的言辞，令与会者为之动容，很快就筹足款项，解了燃眉之急。此举深得孙中山、黄兴的赞许。

经过多次的筹款活动，黄三德与孙中山和同盟会的关系越来越密切。同盟会与致公堂合并后，消除了双方的门户之见，孙中山不失时机，向致公堂提议，组织“洪门筹饷局”，为国内武装起义筹集军饷，对外则用“国民救济局”之名称。

1911 年孙中山在旧金山成立洪门筹饷局时与该区成员合影（前排右二为孙中山、左二为黄三德）

孙中山亲自手拟《洪门筹饷局缘起》《革命军饷约章》两个文件，力陈筹饷支持革命的重要性和迫切性。强调“今时机已至，风云亦急，失此不图，则瓜分之祸立见”。号召华侨“踊跃捐资，以助成革命大业”。规定：凡捐助军饷 5 美元以上者，加倍发给中华民国金币券；捐款 1 美元以上者，可获“优先国民”的荣誉；捐款 1 000 美元以上者，革命成功后在国内享有“经营一切实业优先”权利。孙中山指定由黄三德、李公侠两人负责具体筹办工作。

一番策划之后，洪门筹饷局于 1911 年 6 月 15 日正式成立，选举朱三进为主席，罗怡为副主席，黄任贤、黄杰亭、刘菊可为中文书记，唐琼昌、黄伯耀为英文书记，李公侠为司库，黄三德、李公侠为总监督。另选派一批擅长演说

孙中山与美洲洪门筹饷局同仁合影，孙中山右后为黄三德

的人当各埠发动的演说员。筹饷局设在旧金山致公堂二楼。成立那天，孙中山亲自到会祝贺，赞扬华侨为革命做出的功绩。会后，他特地走到黄三德跟前，高兴地拍着他的肩膀，盛赞他能干，还煞有其事地说："待革命成功之后，我在南京建一洋楼，西湖建一洋楼，广州建一洋楼，请你随处安乐，以娱晚年。"黄三德则笑着答道："本人志不在此。"

洪门筹饷局成立后，华侨捐资踊跃，温哥华埠致公堂率先捐资 1 万元港币。华侨踊跃捐款，仅 6 个月时间，就筹得 14.4 万美元，其中经黄三德发动筹得的款项就有港币 10 万多元。武昌起义后，黄三德等人又立即代筹旅费，让孙中山从纽约启程，取道欧洲回国。孙中山抵达上海后，黄三德与唐琼昌等洪门人士商量："现在南京准备选举临时大总统，我等海外华侨要做孙文的坚强后盾，大张旗鼓地宣传孙文之伟绩。"于是，连日筹划发电报，用美洲各埠洪门致公堂名义、各华侨团体名义，一日内发数十封电报至南京，请代表支持孙中山，以致"电报之费逾千"。

为表彰黄三德对革命做出的贡献，1912 年 3 月 1 日，孙中山行将卸任临时大总统之前，发给黄三德"旌义状"，表彰他在中华民国开国之始，"懋著劳绩，历久不渝"和"为国宣劳，颇资得力"之功。"旌义状"述："黄三德君于中华民国开国之始，懋著劳绩，历久不渝，应发给最优等旌义状，奕代后民，水多厥义。此旌。"孙中山给革命功臣连发两张"旌义状"予以表彰的，黄三德是唯一的一位。

误会生隙　终归和解

黄三德是孙中山革命事业的支持者、诤友，同时也是当时国内其他势力所争取的对象。那些人为了引诱黄三德，使尽诱惑、攻讦之能事，甚至不择手段挑拨离间，以达到拉拢黄三德为己用的目的。1915 年 12 月 12 日，袁世凯竟然公然宣布复辟封建帝制，改元洪宪。12 月 25 日，蔡锷在云南起兵反袁，掀起国内群起护国讨袁运动。唐继尧、陆荣廷等人一方面讨伐袁世凯，另一方面设法排挤孙中山，企图称霸一方，割地为王。但军饷不足，无法行动，于是想起黄三德，任命黄三德为“欧美筹饷专员”，进行笼络，又从中挑拨是非，企图离间黄三德与孙中山的关系。1916 年初，唐继尧与蔡锷统领的西南护国军出兵四川，因军饷不足，亦委任黄三德为“欧美筹饷专员”。由于当时军阀之间矛盾尖锐复杂，黄三德一时无法分辨是非真伪，也为之筹集了不少军饷。

中华民国成立后，黄三德因误信了谗言，在一些事情上与孙中山发生了误会。1912 年夏，黄三德回国，直抵上海。这时，孙中山已卸任临时大总统职务，让儿子孙科约他在广州相见。黄三德抵达广州后，与孙中山谈及致公堂立案一事，希望致公堂能注册登记为一个合法组织，但孙中山考虑到清王朝已被推翻，洪门已完成其历史使命，且“如其犯法，则政府不得不以法惩治之”，故未同意洪门（致公堂）在国内立案的要求，让黄三德与立法院院长、广东都督胡汉民等人商议。黄三德“即照其议，将呈文递上都督署，不料一月之久，渺无声息”。后来，黄三德再找孙中山，恰好孙中山有事离粤入京，胡汉民也没有同意洪门（致公堂）在国内正式立案。自此，黄三德对孙中山开始产生隙见。

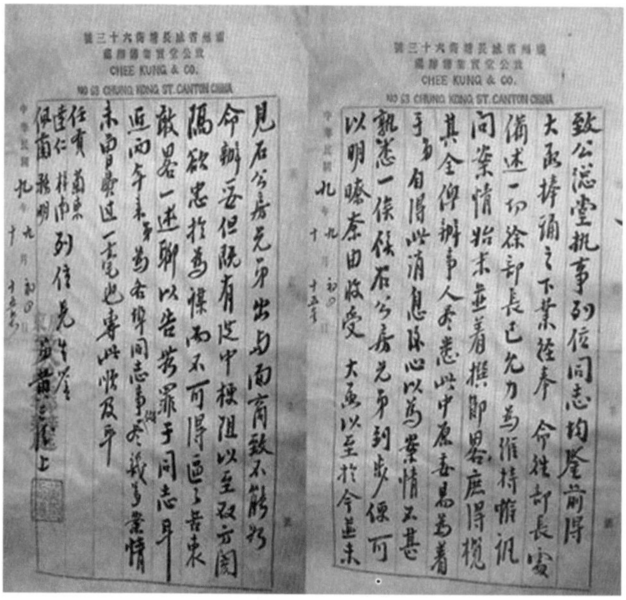
CHEE KUNG & CO.
NO 63 CHUNG KONG ST. CANTON CHINA

1920 年 10 月 15 日黄三德在广东就筹建五祖祠、致公楼堂之事致美洲致公总堂亲笔信

1913 年（民国二年），黄三德返家乡修墓，数月后返回美国，途经日本时，想在东京面晤孙中山，而孙中山不在。黄三德返美不久，孙中山在日本组织中华革命党，寄信给黄三德，希望发动洪门人士一律加入，将致公堂改组为中华革命党支部。黄三德接函后，憋了一肚子气，误认为孙中山不给洪门立案，原来是想“减洪门而并入中华革命党”这件事，又使本来已是满腹狐疑的黄三德，

对孙中山增添了更多的不满情绪。

1916 年 10 月底，革命家黄兴病逝，黄三德回上海吊丧。丧礼完后，孙中山约见黄三德。一见面，黄三德就重提洪门立案事，并要求在广州沙河一地方建立祖祠，这时，无职无权的孙中山并未答应，两人不欢而散。1918 年，黄三德回北京，见黎元洪，旧事重提，黎元洪为了拉拢他，批准洪门立案。黄三德带着黎元洪的意见回广州见广东省长朱庆澜，朱庆澜满口答应，还批准在广州建五祖祠。黄三德十分高兴，再找孙中山，却遭反对，不肯签名。黄三德便埋怨孙中山“忘恩负义，只为自私起见，背大公无私之训”。自此，黄三德与孙中山的隔阂越来越深。

1921 年 5 月，孙中山在广州当选为非常大总统，黄三德回国参加孙中山的就职典礼。典礼完毕，孙中山委托孙科邀请黄三德商量事宜。此时，黄三德开始有意回避孙中山，但见孙科来请，只好起身随行。面谈时，孙中山自然提及洪门改党之原委，黄三德当即气上心头，说洪门向来革命，何必一定要改名称？双方由是争执起来，“其时座中尚有数人，各有惊讶之色，以为闹出大事”。最后大家又不欢而散。

1922 年春，黄三德返美国，途经上海。岑春煊得知消息，在上海约见黄三德，晤谈了两天，并写一信，托黄三德为代表，问候海外洪门人士，书中乘机大肆攻击孙中山。黄三德回到美国后，心中烦恼，就四出游埠借以散心，他先到加拿大，再到纽约、芝加哥、洛杉矶等埠。1923 年 12 月 2 日，黄三德在旧金山接到陈炯明来信，信中极力诋毁孙中山（此时陈炯明与孙中山已反目），又用甜言蜜语笼络洪门致公堂人士，致使黄三德为陈炯明筹助了军饷反孙。

大漢公報

加屬新聞

各國新聞

黃三德盟長之演說詞

《大汉公报》1922 年 4 月 20 日报道黄三德盟长之演说词

黄三德被岑春煊及陈炯明等人所离间，加上在洪门立案、建五祖祠、洪门改党等问题上与孙中山产生误解，便对孙中山失去信任，两人的关系逐渐疏远了。黄三德偶尔还向各分堂散播孙中山的不是，以至发展到“自此亦不复与孙文来往”的地步。后来，孙中山也察觉到黄三德对支持国内革命不那么热心了，料想其中必有误会，就主动邀请黄三德回国，但没有回音。于是，派冯自由专程赴美找黄三德面谈，冯自由开诚布公地说明孙中山不同意洪门立案不是有意为难，而是因为当时的处境不顺，并解释洪门改党是为了扩大革命力量，而不是消灭洪门，同时还提醒黄三德不要听信奸人造谣中伤、挑拨离间。经过冯自由一番实事求是、热情诚恳的解释与开导，黄三德对孙中山的误解才有所消除，但心结仍未解开。1925 年，孙中山病逝，黄三德在美突闻消息，在公众场合，对洪门人士说："国父不幸，是中华民族的不幸。"①

1925 年 10 月 10 日中国致公党总部开幕全体职员，前排左六为黄三德

人到无求品自高。黄三德历数十年之沧桑，一直清正廉明，不谋功名。他在一篇回忆录中说："三德数十年之心如一日，不慕名利，不求做官，当孙文得志时，亦无所求，虽数次回国，仍是空手而回。"孙中山出任临时大总统时，曾委任黄三德为北京农工商部顾问，后来又委任其为粤军总司令部顾问，涉英、美调查委员会委员等职。这些职衔是没有报酬的，"虚衔而已，无实利焉"，但黄三德总是尽心尽力地去做，从不计较个人利益。他为洪门尽力，亦为国家尽力，数十年如一日，不负众望，被洪门致公堂奖以八角银牌一面、褒状一张，上书写"忠义维护，躬行法纪，协助同人，播扬遐迩"的字样。这些奖品是洪门致公堂最高的荣誉奖励，黄三德当之无愧！他不恃功自傲，仅以此自勉："诚以办国家事、政党事、社会团体事，皆常以躬行法纪为至要。"他在执掌洪门致公堂的几十年中，除了积极支持孙中山的革命运动外，为洪门致公堂的建设也付出了不少心血，如占尾架致公堂的建造、集资购买总督街的

① 陈素敏：《黄三德：一生写就〈洪门革命史〉》，《江门日报》，2011 年 4 月 4 日 A04 版。

土地等，黄三德都能排除万难，竭诚努力支持。他常说：“假今自知法而犯法，则不能服人；当领袖者而不守法，便无以表率大众。”黄三德对自己的事情却很少考虑。他曾多次回国，却无法抽空回故园一行。1913 年，黄三德寄钱回乡建造了一间青砖墙瓦顶房屋，新屋落成“入伙”时，他专程从美国回乡，并带回一张从旧金山买来的长形坤甸卧椅，途经广州时，孙中山有事找他商谈，结果错过了新屋“入伙”时间，只好托人把长椅带回乡（此椅现仍保留在东头村的老家，乃其留下的唯一遗物）。他的夫人患有严重的肺结核病，在美国久治不愈，转回广州治疗，其时因为忙于为孙中山筹饷，他极少回广州陪伴夫人。黄三德仅有一个女儿，因先天性不足而夭折了。为了照管家乡的房屋，黄三德收了同族侄子黄守谦为义子。

1927 年，64 岁的黄三德已到了退休的年龄，为使洪门更加兴盛，也为使后辈得到锻炼，他主动退位让贤，隐居美国洛杉矶度晚年。1936 年，由黄三德口述，聘人整理，出版《洪门革命史》一书。该书虽然对孙中山存有不少偏见，但也较详尽地记载了辛亥革命期间，洪门致公堂支持革命运动，与孙中山、同盟会在美洲共同战斗的光辉历程，具有很高的史料价值。1946 年 10 月 14 日，黄三德在美国洛杉矶病逝，终年 83 岁。出殡那天，旧金山、洛杉矶各界华人、美洲洪门人士万余人参加了葬礼，送葬的人流长达 10 里。中国政府也发去唁电，对黄三德为辛亥革命所做出的贡献给予高度的评价。

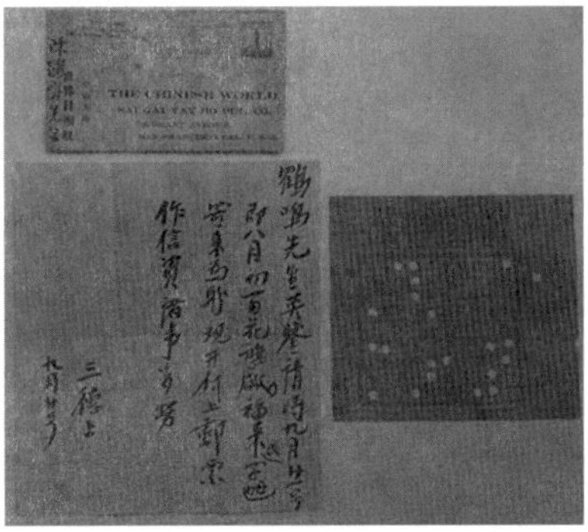

黄三德 1941 年 9 月从洛杉矶寄往旧金山唐人街《世界日报》社的信札和“福来夜厂”白鸽票

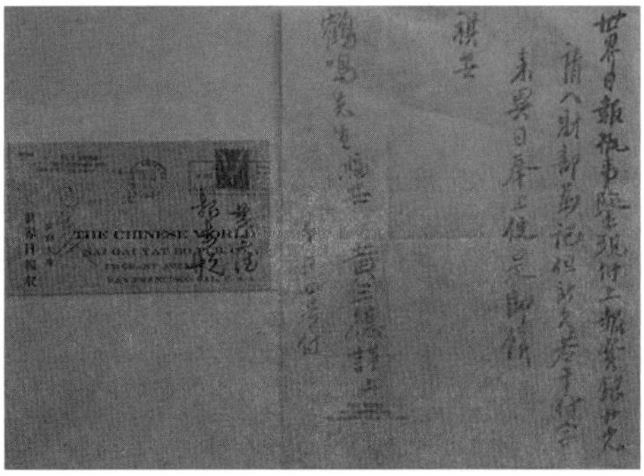

黄三德 1942 年 12 月从洛杉矶寄往旧金山唐人街《世界日报》社的信札

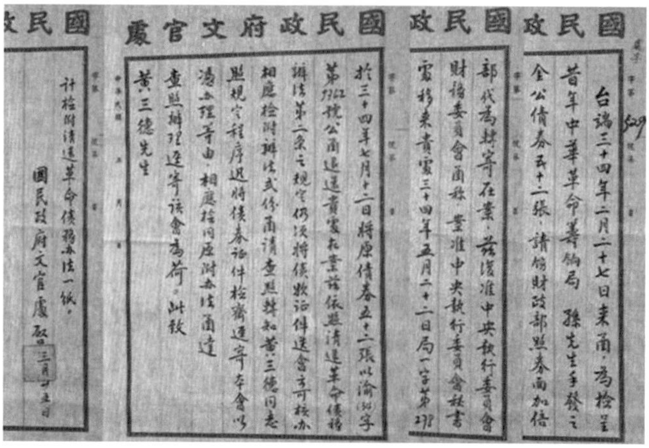
國民政
台端三十四年二月二十七日來函，為檢呈
昔年中華革命籌餉局　孫先生手發之
金公債券五十二張，請飭財政部照券面加倍

國民政
部代為財寄在案，茲復准中央執行委員會
財務委員會函稱：查准中央執行委員會秘書
處移來貴處三十四年五月二十二日局一字第[illegible]

國民政府文官處
於三十四年七月十二日將原債券五十二張以渝(34)字
第9162號公函退還貴處在案，茲依照清還革命債務
辦法第二條之規定，仍須將債款證件送會方可核辦，
相應檢附辦法式份，函請查照轉知黃三德同志
照規定程序迅將債券證件檢齊送寄本會，以
憑辦理等由，相應檢同原附本法函達
查照辦理，逕寄該會為荷。此致
黃三德先生

國民政
計檢附清還革命債務辦法一紙。
國民政府文官處啟　三月廿五日

1946 年 3 月 25 日中华民国政府致五洲洪门致公总堂及黄三德的信函

金无足赤，人无完人。黄三德其人、其著不可能尽善尽美，这本身就是实事求是的历史。黄三德为辛亥革命做出了杰出贡献，是海外华人中的传奇人物，是中华民国的开国功臣，其功绩永存史册，山高水长。

华侨健将　忠勇精诚

——姚观顺与孙中山

黄健敏

近代中国历史波澜壮阔，不少风云人物随着时代的发展起落浮沉，而或隐晦不彰。孙中山大总统府卫士队长姚观顺（1892—1951）少将，在抗击陈炯明“六·一六”兵变一役中，一举成名。但长期以来，姚观顺的生平与功业，乃至个人形象都显得扑朔迷离。近年姚观顺的亲属披露大量珍贵的文献、文物和历史照片，全景式展现姚观顺的人生轨迹和时代光影，揭开近代中国一段久被尘封的历史。

美国华侨　少具大聪

姚观顺祖籍广东香山县东镇小隐乡（今中山市火炬高新技术开发区小隐村）。香山是有名的侨乡，姚观顺的父亲姚保（1854—1927，字启瑞，英文名 George Bow，Sr.），于 1872 年 6 月到达美国加州旧金山谋生，1890 年与在当地出生的华侨女子赵氏（Mary Jew）结婚。按美国的习惯，名排列在前，姓排列在后，因此姚保在美国全家姓 Bow。

姚保一家定居于加州内华达县的草谷（Grass Valley）。姚家初期主要依靠姚保在金矿打短工，赵氏包揽浆洗衣服来维持生活。后来姚保转为草谷的许多酒吧、餐馆与其他店铺提供保洁服务，当地人对他非常熟悉。1902—1920 年，姚保长期担任草谷华人社区最重要的信仰中心西山侯王庙的值事，可见他有相当的财力、能力和声望。当地的报纸曾经报道：“姚保是最著名的中国移民之一，也是一位努力工作的人，尽管他负担一个庞大的家庭，但他积累了足够的能力来维系。他所有的孩子都在公立学校受教育，而且都完全美国化了。”①

---

① “*George Bow is Leaving After* 51 *Years' Residence*”，姚观禄旧存剪报，原载报纸不详，1924 年。孙中山故居纪念馆藏。

姚保夫妇育有五子六女，姚观顺是他们的长子。姚观顺自幼聪颖、勤奋，好学上进。姚保对儿子寄予厚望，他努力工作，节衣缩食，把姚观顺送进草谷的公立学校读书，接受良好的美国教育。中学时代的姚观顺与外国同学相处融洽，并显示出优秀的领导才能，还一度担任学校辩论社的负责人。姚保虽自小便把姚观顺送进本地学校接受美式教育，但亦不欲儿子忘记中国文化。中学期间，姚观顺曾在旧金山崔通约创立的两等小学校学习中文，校中老师除崔通约外，还有黄芸苏、刘仲博等，前后同学有陆文澜、李禄超、王棠等，后来在民国政商界均有突出表现。

1911 年 8 月，姚观顺考入加州大学伯克利分校。1912 年，他转到那威治陆军大学（Norwich University）就读。那威治陆军大学创立于 1819 年，是美国国内历史最悠久的私立军校，素有“新英格兰的西点军校”之美誉。1906—1931 年，共有 20 多位中国学生毕业或肄业于该校，后来晋升为将军的就有姚观顺、张奇春、何浩若等 16 位。两年后，姚观顺在那威治陆军大学顺利毕业，获得土木工程专业理学士学位，同时他还是军事科学与战术学的军校毕业生，并获得学校导师评价极高的推荐信。那威治陆军大学严格的军事训练和科学的土木工程专业教育令姚观顺终身受用，他的个性人格、价值观念和任事方式也在此期间得到培育和塑造，“我将全力以赴!”（I Will Try!）的校训成为他一生坚守的人生准则，鼓励他面对人生中的各种困难和考验。

壮岁回国　革命是从

辛亥革命前，孙中山多次到美国宣传革命，募集经费，号召留美学生回国参加革命。据简焕銮回忆，姚观顺还在读书时，有一次孙中山先生在美国以“如何救中国”为题召集中国留学生举行演讲比赛，姚观顺在演讲比赛中获得第一名，得到金质奖章一枚。孙中山认为姚观顺的发言有胆识、有奇才，于是相约他在毕业后回祖国参加革命。

民国元年（1912）前后，姚观顺在美国旧金山加入同盟会，并担任西美留学生会会长，积极宣传革命。在校期间，姚观顺便时时留心国内的革命形势变化。他牢记着与孙中山的约定，他的心向往着中国。武昌起义胜利，清政府被推翻，中华民国成立，这一切都鼓舞着姚观顺。他决心毕业后要回到中国追随孙中山，建设一个民有、民治、民享的中国。

1914 年 10 月 24 日，姚观顺乘坐蒙古号（SS Mongolia）轮船前往中国。姚观顺回国之初，因为“二次革命”失败，孙中山已避走日本。姚观顺曾在上海短暂停留，不久就回到广东。此后，姚观顺在督办广东治河事宜处工作。

姚观顺似乎已通过某种渠道和孙中山联系上了，他后来自述说，此时“奉命在广州任暗中策应及传达命令等革命工作”。深受美国文化和价值理念熏陶的姚观顺初回国时，与中国传统的旧式官僚作风格格不入，但他在努力适应中国的新环境。姚观顺认为中国的工作和生活环境令他有相当大的改变，“但是还没有到使我丧失所有在家里养成的良好习惯的地步”。

督办广东治河事宜处助理工程师的工作，有利于姚观顺发挥在大学所学的专业知识。但是对于希望回国后在军界一展抱负的姚观顺来说，在督办广东治河事宜处工作并非他的理想。他对地方政府机关不愿意聘用留洋回国学生的做法感到不满。为此，他曾经去信政府，他写道：“在国外受教育的中国人通常很难在政府机构就职，因为政府不信任他们——他们当中的一些人有反政府的革命情绪。成百上千的归国留学生找不到工作，赋闲在家，为了找一个工作得等上好几年。政府不信任他们，因此不会委派其中有能力之人填补空缺。对于海外归国留学生而言，目前是一段艰难时期。”①

1917 年的姚观顺

1917 年夏，张勋拥清废帝复辟。段祺瑞借讨伐张勋之机把持了北京政府，继续执行亲日独裁政策，拒不恢复孙中山制定的《临时约法》和国会。于是，孙中山举起护法旗帜，决定以广州作为护法运动的根据地，着手组建军政府。同年 9 月 1 日，国会非常会议在广州举行，孙中山当选为中华民国军政府海陆军大元帅。9 月 10 日，中华民国军政府在广州成立，大大鼓舞各省反对北洋军阀的斗争力量。护法运动期间，姚观顺奉孙中山之命代为设计改良广州海岸工程计划，并被采用列入《实业计划》。《实业计划》集中反映了孙中山的经济建设思想，是孙中山为实现中国的繁荣富强而绘制的蓝图。《实业计划》中的“第三计划”就是关于“改良广州海岸工程计划”的内容，提出“改良广州为一世界港”，疏浚珠江口水道，筑堤坝控制水流，使水流冲刷深水道等措施。我们无法确定书中具体哪些内容出自姚观顺之手，但是此计划中关于改良河道的许多具体数据及实施方案，在美国那威治陆军大学主修土木工程、回国后又长期在督办广东治河事宜处从事防洪工作的姚观顺显然可以提供不少帮助。而孙中山欣然采纳姚观顺的设计方案，也足见他对姚观顺专业知识的肯定和赏识。

① “*George Bow's Letter*”，姚观禄旧存剪报，原载报纸不详，1915 年。孙中山故居纪念馆藏。

1918 年，因为西南政局已完全被桂系军阀和政客把持，护法军政府已名存实亡。5 月 21 日，孙中山愤然离开广州。姚观顺一边奉派随同特派员蓝天蔚前赴云南慰问唐继尧及川陕鄂西各反北洋军，一边在各地担任联络同志工作，辗转经滇至黔、川、陕各地。

1919 年 10 月 10 日，在孙中山的主持下，中华革命党改组为中国国民党。1920 年，姚观顺回到广东，任职广东省督办治河处工程司。这一年，国内形势发生变化，广东各界对桂系的统治越来越不满。孙中山把握粤军回师广东驱除桂系的好机会。1920 年 8 月，粤军总司令兼第一军军长陈炯明在福建漳州举行回师广东誓师大会，兵分三路向粤东进军。10 月 29 日，粤军进克广州。11 月 10 日，孙中山任命陈炯明为广东省长兼粤军总司令。11 月 28 日，孙中山等经香港回到广州，进行第二次护法。

1921 年 5 月，孙中山正式就任非常大总统，总统府设在观音山（今越秀山）下原广东省督军署。1921 年 8 月 1 日，姚观顺被委任为大总统府少将参军。10 月 7 日，姚观顺被委任为大总统府卫士队队长，担负贴身保卫孙中山和宋庆龄的安全的重责。毕业于美国军校的姚观顺足以胜任此重要职务，也说明姚观顺已深得孙中山和宋庆龄的信任。

英勇抗逆　意气豪雄

姚观顺于 1922 年 4 月奉孙中山之命自山西南返，任职大本营少将参军兼大元帅卫士大队长，随同孙中山赴广西桂林督师北伐。孙中山命姚观顺每日抽调卫士队一部分，实施射击等各种训练。1922 年 6 月 2 日，姚观顺与孙素贞在河北唐山结婚。结婚后，姚观顺马上又南下回韶关北伐大本营，继续领导大元帅府卫士队，拱卫孙中山的安全。婚后两周，姚观顺就遇到了他军旅生涯中最艰险的战斗。

孙中山第二次在广东建立政权，在击溃桂系旧军阀之后，便着力筹划北伐。1922 年 1 月，北伐大本营在广西桂林建立。此时，孙中山与粤军总司令陈炯明的矛盾也越发尖锐起来。1922 年 6 月 16 日，陈炯明部属发动兵变，围攻总统府，计划以军事打击逼迫孙中山及其部队退出广东，是为“六·一六”兵变。1922 年 6 月 15 日晚，孙中山已得到密报陈炯明部将要发动兵变围攻大总统府的消息。经过宋庆龄的再三恳求，孙中山才同意先离开总统府。他命令总统府卫士队卫士全数留守粤秀楼，保卫宋庆龄，并与叛军抗争到底。姚观顺作为大总统府卫士队队长，率领 50 多名卫士队员驻守粤秀楼，奋勇保护宋庆龄，当时卫士队“所有武器，仅三十枝机关枪，子弹一万余发”。

当日凌晨，叛军洪兆麟等指挥所部向观音山总统府发炮，叶举部署粤军第二师4 000多名叛军围攻总统府。当晚保卫总统府的只有大本营警卫第一团叶挺所部的第二营和第一营部分士兵，加上姚观顺率领的总统府卫士队，合计兵力不过八九百人。面对来势汹汹的叛军，团长陈可钰率警卫团固守总统府四面，击退叛军5次大规模的进攻。总统府卫士队则在姚观顺的指挥下，据守后山粤秀楼保卫宋庆龄。孙中山与宋庆龄居住的粤秀楼，位于观音山山麓，与大总统府之间有一条蜿蜒于街道和住屋之上长约1里的桥梁式栈道相连。当晚叛军居高临下，占据山上，左右夹击粤秀楼。大总统府卫士队趁着夜色蹲伏楼内，暂不反击。至6月16日黎明时，卫士队开始用机关枪与敌人对射。叛军的炮弹把粤秀楼的澡房击毁，但卫士队毫不畏缩。到上午8时，卫士队的弹药几乎用完，这个时候再坚守下去已经没有意义了。姚观顺便劝宋庆龄下山，说这是唯一安全之计。其余士兵也劝宋庆龄离开粤秀楼，他们答应继续留在后方防止敌人追击。

于是姚观顺与侍卫副官黄惠龙、马湘一同护送宋庆龄在通往大总统府的栈道上匍匐而行。通往大总统府的栈桥两旁夹以木板，行经其中，下面途人本来是看不见的。但步履之声，仍被逆军察觉，以枪火扫射。宋庆龄回忆说："我们四面只听见流弹在空中飞鸣。有一二回正由我鬓边经过。我们受两边夹板的掩护，匍匐前进，到了夹板已被击毁之处，没有掩护，只好挺身飞奔过去，跟着就是一阵哔剥的枪声。在经过这一段之后，姚（观顺）副官长忽然高叫一声倒地，血流如注。一看，有一粒子弹穿过他的两腿，而伤中一条大血管。两位士兵把他抬起走，经过似乎几个钟头，我们才走完这过道，而入总统府的后院。……我们把姚副官长抬进一屋，而把他的伤痕随便绑起来，我不敢看他剧痛之苦，但是他反安慰我说：'将来总有我们胜利的一天。'"①

6月16日白天，大本营警卫团和总统府卫士队的士兵坚守总统府，与叛军断断续续交战和谈判。至下午4点，叛军久攻不下，总统府守军又弹尽粮绝。叛军乘守军戒备不严，冲开总统府铁门，四处抢掠。宋庆龄头戴姚观顺的草帽，身上披着孙中山的雨衣，混在人群中脱险。而受伤的姚观顺已由同僚为他化装并换上伙夫衣服。叛军看见躺在地上的姚观顺，踢他一下，以为是伤兵伙夫，就不顾而去。议和达成后，卫队和警卫团放下武器离去。受伤的姚观顺得以脱险救治。

"六·一六"兵变暴露了陈炯明等军阀的真面目，而姚观顺率领大总统府卫士队以寡敌众的英雄气概，也为世人所敬佩。姚观顺在大腿中枪、极其痛苦

---

① 宋庆龄：《宋庆龄选集（上卷）》，北京：人民出版社1992年版，第16－17页。

的情况下，还安慰宋庆龄坚持斗争，显示出他对革命事业充满胜利的希望和信心。

在永丰舰上坚持指挥战斗 56 天后，孙中山回到上海。在上海，孙中山寻求政治出路，开始和共产国际、中共联系，同时，一边考虑南北和平统一，一边继续谋划平叛和北伐大计。1923 年 1 月，滇桂军克复广州，陈炯明退据惠州。1923 年 2 月，孙中山与宋庆龄等离沪南下回粤。1923 年 3 月，陆海军大元帅大本营成立，孙中山第三次在广州建立政权。已伤愈的姚观顺此时也回到广州，奉令恢复原职。1923 年 3 月，姚观顺获孙中山重新委任为中华民国陆海军大元帅大本营参军及卫士队队长。姚观顺管理卫士队十分严格。曾任卫士队队员的罗海云回忆："我们每天有两场军事训练、两堂政治课。在队里军纪极严，如不准请假，绝对不得离开队部，请假以时计之，定要依时返队。姚观顺队长有名大声公，不管谁个卫士犯了队规，姚就大声呼他的名字，但他讲话，却不是谩骂，而是讲道理。故我们受到责备，也无反感。姚常常说中山先生对人不管官长士兵，都视同一样，不会因你是长官而客气，你是士兵而责骂。他（姚自指）跟孙中山先生时间长，无形中就学到孙中山先生一样的对待兄弟们。"① 有一次，孙中山还命姚观顺、马伯麟、祁耿寰、马坤、马湘、黄惠龙及卢展柳等试演枪法，当时李烈钧、杨希闵、刘震寰、朱培德和许多高级将领都在场。射击完后，孙中山向大家说："各人的射击技术都很好，虽然有些不能完全命中，但如果靶子大一些，就可以枪无虚发了。革命军要有一个打一百个的精神和技术，我希望全体革命军人都能够达到这样的程度，这样，革命就会很快成功。"宋庆龄也说："从前在粤秀楼抵御陈军和保卫我脱险，卫士们都是有这样技术的。"②

陆海军大元帅大本营成立后所面临的中心任务之一，便是领导"讨贼"各军开展保护广州革命基地的军事斗争。1923 年 4 月和 8 月，孙中山曾亲赴西江和北江前线指挥，讨伐沈鸿英叛军。5 月以后，孙中山多次亲赴东江前线指挥作战。在孙中山分赴西、北、东江督战时，作为大本营参军兼卫士队队长的姚观顺均护从左右，保护孙中山的安全，并以自己的军事知识提供攻敌意见。姚观顺服膺孙中山先生对时局的判断，并时时以孙中山的话鼓励大家对革命胜利的信心。罗海云回忆："有一次姚观顺和我们闲谈说，他听到孙中山先

① 罗海云：《追随孙中山先生亲历的几件事》，见中国人民政治协商会议广东省广州市委员会文史资料委员会编：《纪念辛亥革命七十周年史料专辑（下）》，广州：广东人民出版社 1981 年版，第 268 页。

② 马湘：《跟随孙中山先生十余年的回忆》，见中国人民政治协商会议全国委员会文史资料研究委员会编：《辛亥革命回忆录（第一集）》，北京：中华书局 1962 年版，第 594 页。

生讲过：‘陈炯明叛变，据守惠、汕、梅、潮；胁从者如杨坤如、刘志陆等等，虽顽抗一时，终必受困处东江一隅，其作战经费，地方开支，筹措必难。讨贼大军开诚布公继续东征，陈逆官兵必渐趋厌战，百姓怨恨日深。从古到今，只顾自己势位，不顾老百姓死活的叛逆者，必然失败的。所以我们困难虽有，但必能打垮他们。大家不要遇到困难就丧气。’姚观顺叫大家牢记孙中山先生的说话。”

1924年1月1日，孙中山颁发观音山之役卫士奖牌仪式在大元帅府隆重举行。孙中山在仪式上发表训词：

今天执行奖赏，颁发从前在观音山打仗有功诸卫士的奖牌，这是本大元帅亲自行赏的第一次。本大元帅自执政以来，从没有亲赏过将士的。因见推翻满清之后，我们军士的奋斗和从前大不相同，像黄花岗、武昌、镇南关、河口几次起义，我们的人数都是很少，打起仗来没有那一次不是以几百人去打几千人或几万人的，以后便不能像那一样继续奋斗，近来像那样继续奋斗的军队只有前年观音山的卫士，所以今天便来论功行赏。实在来说，观音山的卫士值不值得一赏呢？当陈炯明造反的那一夜，我们观音山的卫士只有五十多人，所有的武器只有三十枝手机关，子弹不过一万多发，叛军最初来攻的有一千多人，不久加入杨坤如一千多人，后来又到他项叛军一千多人，统共有四千余人围攻观音山，自头晚起到第二日止，攻了十几点钟，毫没有间断，总是攻不下，到后来我们子弹打完了，才安全退出，像这样奋斗的精神，真是近来没有的。今以此次东江的战事比较，两个月以前我们有三万多人在惠州、博罗，打不过敌军二万余人，现在敌人的残军散在东江的不过几千人，我们有三四万人，还是不敢前进，像这样说起来，比较观音山的卫士真是不可同日而语。我从前常常对人说，革命军的力量是和别种军队不同的，必要能以一当十才算合格，用几百人可以敌几千人那才算是本事，如果不能便是大耻辱，便不算得是革命军。前年观音山的卫士，便是以一当百的革命军，所以值得本大元帅来奖赏。民国成立以来，我理想上的革命军，只有这次观音山的卫士足以当之。这种奋斗的精神实在不可磨灭，所以乘今天民国十三年的元旦来奖赏各位勇士，做一个大纪念，希望我们全体军人，从今天起都应该恢复吾党从前革命的精神，以一当百，去同国贼奋斗，决计在今年之内，扫除军阀，统一民国。①

① 孙中山：《孙大元帅颁发观音山之役卫士奖牌训词》，1924年1月1日。孙中山故居纪念馆藏。

1924 年 1 月 1 日，孙中山颁发观音山之役卫士奖牌仪式在大元帅府隆重举行，宋庆龄亲自为立功卫士队员佩戴奖章

討賊奬章執照

中華民國陸海軍大元帥　為
給與姚觀順討賊奬章用示
奬勵特給執照以資證明

孫文

中華民國　月　一　日

奬字第壹號

1924 年 1 月 1 日，孙中山颁发给姚观顺的讨贼奖章执照（奖字第一号）

1924 年 1 月 1 日，获孙中山颁发讨贼奖章的大总统府卫士队士官合影，前排左五为姚观顺

孙中山、宋庆龄颁授的奖章是对卫士队队员英勇抗敌的最高褒扬，姚观顺十分珍惜并时时佩戴。图为姚观顺佩戴讨贼奖章留影

随后，由主持人宣读获颁奖牌卫士名单，逐一上前，先由孙中山亲手颁给奖牌，宋庆龄亲为各人佩戴。仪式严谨和穆，当时报刊称“诚自民国以来空

前之盛典也”。在仪式上，姚观顺获颁“奖字第一号”《讨贼奖章执照》和奖章，“奖字六十三号”《阵伤奖章执照》和奖章，以及《孙大元帅颁发观音山之役卫士奖牌训词》。姚观顺十分珍惜孙中山、宋庆龄颁授的奖章，并时时佩戴。这是孙中山对姚观顺和卫士队队员英勇抗敌的最高褒扬和肯定，也是姚观顺在自己人生史上写下的最光辉一页。

勤能廉介 弥见忠良

1923 年 11 月，姚观顺被任命为广州市公用局局长。1924 年初，孙中山下令筹办陆军军官学校，因校址定于广州黄埔，故又简称“黄埔军校”。姚观顺参与筹备黄埔军校，为了和苏联顾问直接交流，他还学习了俄语。

1924 年 4 月 5 日，姚观顺任广东省警卫军司令部步兵第一团团长。重组军政府后不久，孙中山和他的革命政府就遇到了“关余事件”的考验。所谓“关余”，指的就是旧中国关税收入扣除赔款、偿债后的余额。辛亥革命后，长期被总税务司及各国外交使团控制。护法战争期间，南方军政府经与外交使团交涉，获分粤海关 13.7% 的“关余”。后军政府分裂，外交使团停付“关余”。为了维护主权，也为了解决革命政府的财政问题，孙中山授意陆海军大元帅大本营照会北京外交使团，声明“关余”的处理全属中国内政，要求把“关余”交总税务司，拨还给广东革命政府。

北京的外交使团表示不和广州革命政府打交道，他们只能把“关余”交给北方政府。同时还使出恫吓的手段，英、美、法等国的 20 艘军舰开到广州白鹅潭，并扬言要炮轰孙中山的大元帅府。孙中山无惧威胁，他亲自起草英文传单，向英美水手散发，揭露帝国的非正义行为，同时指出“关余事件”完全是“中国内政问题，无与列强之事”。据曾任大本营副官的张猛回忆，有一次，孙中山曾派姚观顺带着两个中队的士兵改装便衣，暗藏手枪，把整个海关大楼重重围住。孙中山亲自带陈友仁等直入税务司办公室，要求交出“关余”。1924 年 4 月，迫于形势的北京外交使团终于同意将粤海关关税余款拨交广东革命政府。“关余事件”的胜利，不但取得

姚观顺（左）与孙中山加拿大籍保镖马坤合影

经济上的成果，还打击了列强的嚣张气焰。

稍为稳定的广州革命基地，又面临新的威胁——势力逐渐坐大的广州商团。成立于1912年的广州商团，本是广州商民维持社会治安、保护商家生命财产安全的自卫武装。1919年，陈廉伯接任商团团长后，政治倾向日趋保守，逐步演变为与孙中山革命政府对抗的武装力量。1924年国共合作联合战线建立后，陈廉伯在香港英国殖民当局支持下大肆攻击孙中山的革命政策，煽动商民对抗革命政府。8月11日，广州革命政府扣留了商团从国外购买的大批军火，并揭露商团头目的阴谋。陈廉伯以“扣械”事件为反对孙中山革命政府的借口，大造反孙反共舆论，并一再举行反对革命政府的集会、示威，甚至发动罢市和筹备武力反抗。1924年10月10日，领回被扣军械的商团武装向参加纪念双十节游行的广州各界游行队伍突然开枪射击，死伤多人，酿成“双十惨案”。事发后，孙中山在韶关多次电令蒋介石、廖仲恺、胡汉民、许崇智等火速平定商团叛乱，还令北伐军一部回师广州戡乱。护随北上韶关的姚观顺，也“因商团之变，奉命率队回广州收缴商团枪械”。10月15日，革命政府军队攻占商团总部，商团军溃散。平定了商团之乱，广州革命根据地得到初步的巩固和发展。

1924年11月，孙中山应邀离粤北上，共商国是。姚观顺奉命留粤。1925年3月12日，孙中山在北京逝世。姚观顺惊悉噩耗，十分悲痛，并与孙科内弟陈铁珊联名发去唁电。1929年6月，孙中山安葬南京东郊中山陵。姚观顺担任总理奉安筹备委员会办事处干事等职。

孙中山去世后，姚观顺在国民革命军高级将领李济深麾下担任军政职务，在北伐和东征中为广州革命根据地的巩固和发展做出贡献。1931年，在宋庆龄的引荐之下，姚观顺加入宋子文担任部长的国民政府财政部工作。其时，宋子文为扩充个人武装实力，以加强沿海各产盐区的警卫和增加税收的名义建立税警总团。姚观顺被聘为财政部税警特务总团顾问，并奉命创组税警官佐教练所。抗战期间，姚观顺追随张发奎（1896—1980），不避艰苦，积极奉献所学军事知识，努力策划独造，在抗日战争中立下功勋。“二战”后期，英美盟军在东南亚开辟战场。姚观顺一度担任驻华美国空军第十四航空队（其前身就是著名的“飞虎队”）的中方代表，并因表现出色获美国政府颁发自由勋章。驻华美国空军第十四航空队的组成和发展，与宋子文密切相关。1947年9月，宋子文主政广东之后，为改善地方治安，着力延揽地方军界名人。刚上任，宋子文便命人打报告让姚观顺回广东，并向财政部商借了税警队伍，编为税警游缉总队，任命姚观顺担任队长。1949年后，姚观顺一家迁居香港。姚观顺为官清廉，家无恒产。1951年应旧友何贤之邀，姚观顺到葡属帝汶岛筹建垦殖事业，因病回港治疗途中，不幸在当年10月2日（农历九月初二）子时病逝于马来亚山打根（Sandakan）。1952年5月15日，蒋介石及陈诚签署褒扬姚观顺的“总统令”，并拨发特恤金新台币1万元抚恤。[①]

姚观顺一生服膺孙中山的革命主义，立志追随孙中山革命，为建设一个民有、民治、民享的中国而奋斗。在陈炯明部兵变围攻总统府一役中，姚观顺率卫士队与叛军激战，誓死保卫宋庆龄安全脱险，其忠勇精诚尤为世人所敬佩。姚观顺一生以“学术求真、处世以诚”为座右铭，不追名逐利，不以权谋私。虽多年担任军政及盐务系统税警稽核官长，但洁身自好，廉洁奉公。姚观顺早在1921年便官拜少将，此后30年间工作表现出色，但军阶再无晋升，仕途可谓不畅。尽管如此，姚观顺秉承孙中山所提倡的“要做大事，不可要做大官”的精神，兢兢业业，为国劬劳，不懈夙夜。为了国家，他愿意奉献他的一生。姚观顺去世后，许崇智将军曾致送“廉介精忠”挽额。“廉介精忠”之意就是清廉耿介，忠诚热爱国家和民族，这正是姚观顺将军一生的写照。

---

① 《蒋介石褒扬姚观顺的“总统”令（1952年5月15日）》，1956年12月26日抄本。孙中山故居纪念馆藏。

志在冲天　报效祖国

——杨仙逸与孙中山

张金超

民主革命家孙中山是中国近代航空事业的倡导者。他早年游历美欧，宣传革命思想，鼓动革命风潮，筹措革命经费，发展革命势力。在此期间，目睹西方国家飞机的发明、发展及其运用，认识到航空对于加强军备和巩固国防的重要意义，鼓励华侨青年学习飞行技术。继美国莱特兄弟于 1903 年制造并试飞成功世界第一架飞机后，中国人不甘落后，祖籍广东恩平的旅美爱国华侨冯如于 1909 年制造了中国第一架飞机并试飞成功。1911 年 2 月，冯如带着助手和两架飞机回国。不幸的是，冯如于次年 8 月 25 日在广州郊区燕塘表演飞行时坠机遇难。但中国人的“航空”梦并没有破灭，以杨仙逸为首的粤籍华侨志士继往开来，成就斐然。

杨仙逸像

杨仙逸，字学华，号铁庵，祖籍香山县北台乡人（今中山市南区北台村人），1891 年出生于檀香山的一个华侨家庭。杨仙逸自幼受到良好的家庭教育，爱国爱乡思想皆源自父辈的言传身教。其父杨著昆，字雅然，号镜堂，是旅居夏威夷的富商。杨著昆经营的蔗园和糖厂以及不少企业，在当地颇有名气，是中国两大糖王之一（另一糖王乃民国著名外交家顾维钧的第三任妻子黄惠兰之父黄仲涵），也是一位有正义感和爱国热情的侨商。

航空救国　矢志不移

1894年，中日甲午战争爆发。次年，清廷战败，被迫与日本签订了丧权辱国的《马关条约》。杨著昆和当地华侨对清政府的腐败无能、卖国行径甚为愤慨。在此期间，孙中山于1894年11月在檀香山创建了中国第一个革命民主派的团体——兴中会，提出“驱除鞑虏，恢复中国，创立合众政府”的口号。杨著昆经人介绍，与孙中山认识，随后两人逐渐成为挚友，杨著昆对孙中山领导的革命事业大加赞赏，并在经济上予以支持。据说，孙中山旅经檀香山时，常常住在杨家。由于这种关系，童年时代的杨仙逸便受到革命思想的熏陶。杨仙逸在檀香山利哩霞街剧场多次聆听孙中山关于反清救国的演说，渐渐被感染，立下振兴中华、报效祖国的远大理想。

1909年，年仅18岁的杨仙逸就读于夏威夷大学，他认为要革命，要救国，必须拥有新式武器。于是，他便进行有计划、有目的的学习，后转入加利福尼亚哈厘大学攻读机械专科。毕业后，又转到纽约茄弥斯大学航空专科研读深造，专门研究水、陆飞机结构性能及驾驶等技术，随后获得万国飞行会的水上和陆上飞行的执照。

杨仙逸的飞行证书

1914年，孙中山在日本积极筹办航校之时，命令林森赴美国筹训飞机师，筹建“中华革命党飞行学校”。林森抵达美国后，选拔了华侨20多人在纽约拔夫罗市狄更斯飞行学校受训，杨仙逸便是其中一位。杨仙逸还协助林森开展训练，并在经济上予以援助，照顾学生们的起居。杨著昆极力支持儿子杨仙逸投身航空事业，于1913年集资在檀香山创建了“中华飞船公司”，但不久后歇业。1918年，他又在旧金山与蔡司度、陈应权、高廷槐等筹建“图强飞机公司”，取名“图强”，顾名思义，旨在图强救国，杨仙逸任该公司董事会董事之一。杨仙逸的祖母杨老太太是一位充满爱国热情的人，在檀香山目睹华侨受当地人欺负的情况，认识到华侨在外国，因祖国贫弱而受人欺凌，必须激发起爱国热情。她极力支持自己的儿孙响应孙中山“航空救国”的主张。她常对儿孙说：“祖国需要我们的时候，我们华侨的地位就不同了，祖国需要我们的时候，就是上战场也不要迟疑畏缩。”

奉命回国　飞机援闽

袁世凯死后，由黎元洪出任总统，总揽军政大权，解散国会，拒绝恢复《中华民国临时约法》。孙中山领导下的革命事业处于低谷，为捍卫共和果实，孙中山于 1917 年 7 月由上海南下广州，举起护法大旗，与北洋政府进行坚决的斗争。可是，广州的军政大权却落在莫荣新等桂系军阀手中，莫荣新对军政府事事掣肘，公然排斥孙中山，南、北军阀实为“一丘之貉”。

1918 年，孙中山电召杨仙逸回国，共商国是。林森于 1919 年 2 月 25 日致孙中山的信函中说：“尊示已悉。又即催促杨仙逸、张惠长克日前往，唯三五日后安家妥当，即可起程。”[①] 杨仙逸随即率领在狄更斯飞行学校毕业的首批学员张惠长、陈庆云等人，组成飞机队飞回广州，加入护法战争。随后，杨仙逸奉孙中山之命往福建漳州筹备组织我国第一支飞机队，并担任总指挥。杨仙逸深感责任重大，于是精心策划，积极筹备。不久，莫荣新对孙中山的革命措施施行掣肘，占据广州观音山一带为所欲为。以杨仙逸为总指挥的“援闽粤军飞机队”于 1920 年 8 月奉命从福建回师广东，配合援闽粤军作战。杨仙逸率领的飞机队在广州上空投下传单，声讨莫荣新的罪状。9 月 16 日，恰为中秋之夜，杨仙逸与张惠长驾驶飞机，发起中国航空史上的第一次突袭，轰炸观音山下的督军公署。莫荣新所部在陆、海、空军的夹击下，迅速溃败，连夜撤出广州。

经过这次战役，杨仙逸航空救国之心更加坚定。为了扩大飞机队，他奉孙中山之命到日本、美国、墨西哥等地向华侨筹款购买飞机。杨仙逸到檀香山，在其家人大力赞助下，用家庭的私人财产购买飞机 4 架。同时，杨仙逸招纳一批有志于航空事业的青年才俊，送入美国航空专门学习飞机驾驶员，前后计有林伟成、黄光锐等 30 余人。这一批人学成后回国追随孙中山，成为中国空军事业的支柱。杨仙逸到美、日等地筹款，大力宣传航空救国理念，得到华侨的积极响应，捐赠踊跃，购回飞机 8 架和一批航空器材，组成我国第一支空军队伍。

---

① 《林森致孙中山函》，见桑兵主编，谷小水编：《各方致孙中山函电汇编（第四卷）》，北京：社会科学文献出版社 2012 年版，第 115 页。

研制飞机　“乐士文”1号

1923年2月，孙中山在广州成立大元帅府，事先任命杨仙逸为航空局长[①]，在广州大沙头设立航空局。接着，孙中山又筹办广东飞机制造厂，址设广州市沿江东路421号红屋（因全部用红砖建造而得名），杨仙逸兼任厂长，领导航空和飞机制造工作，专门聘请两名美国工程师科尔（Colwell）和威尔德（Wild）与中方的技术人员一道攻关。[②]

飞机制造厂，无论是厂房工具还是机械设备，条件都十分简陋。尽管困难重重，杨仙逸仍充满信心。孙中山对之寄予厚望，经常和夫人宋庆龄女士亲临视察，以示鼓励。7月，杨仙逸领导下的团队，仿造JN-4型飞机，设计制出第一架飞机，命名为“乐士文”1号，该名是宋庆龄青年时代的英文名“Rosamonde”的译音，又译为“洛士文”或“罗莎蒙德”，中文意为“美好前程”“玫瑰世界”。飞机机长6.40米，机高2.78米，全重730千克，翼展10.16米，经过测验其操纵性能，稳定性和各项飞行参数均符合设计要求。这架飞机是中国第一架轻型侦察机，时速达到120公里，还装有炸弹架，可携带4枚25千克的炸弹。孙中山为表彰杨仙逸的贡献，亲笔题写“志在冲天”的横幅以赠送。在辛亥革命70周年时，杨仙逸之子杨添霭应邀从美国回国参加纪念活动，将该条幅捐出，现由广东省博物馆珍藏。

孙中山给杨仙逸的题词

① 《任命杨仙逸职务令》，见中山大学历史系孙中山研究室、广东省社会科学院历史研究所、中国社会科学院近代史研究所中华民国史研究室合编：《孙中山全集（第六卷）》，北京：中华书局1985年版，第633页。

② 王延琬：《杨仙逸协助孙中山为事业奠基——访杨仙逸烈士哲嗣杨添霭》，见广州市政协文史资料研究委员会编：《广州文史资料（第四十辑）》，广州：广东人民出版社1989年版，第132页。

当年8月10日为“乐士文”1号的试飞之日，孙中山与夫人宋庆龄亲自前往大沙头机场主持“开驶礼”。8月11日《广州民国日报》有载：

大元帅连日督试飞机。查航空局自运到军用水陆飞机后，经赶紧装配完好，连日试放（飞），非常灵敏，如惠州总攻击有期，即行联翩出发助战。昨日下午四时，大元帅率同其夫人宋女士，顾问宋子文、那文，秘书陈友仁，副官马湘、霍恒，特派员马伯麟，化学师黄骚等，由帅府乘电轮至大沙头该局，督阅飞机演放。廖（仲恺）省长、伍（廷芳）外长、罗（翼群）总监、孙（科）市长亦先后莅止参观。局长杨仙逸将自制及新购各机十余艘排列机场，先请孙夫人行开驶礼，随派飞机师杨官宇、黄光锐、胡锦雅、林伟成、黄秉衡等分乘各机，次第演放，驾轻就熟，高入云霄。每到高度，必频打跟斗及螺旋转正，令人惊绝。大元帅及来宾均赞赏不止。更有工程师夏利·亚弼，在机翼上游行，复翻身倒乘机翼鼓掌，其胆量、技术，有足多者。各机放至六时后始已。孙夫人便坐1号自制机摄影，以为纪念……

孙中山题词

“乐士文”1号起飞后，环绕广州上空数周，性能良好，安全降落。孙中山上前与杨仙逸、黄光锐等一一握手，祝贺试航成功，并同全体职工在机场拍照，又与宋庆龄二人在“乐士文”1号前合影留念。孙中山并题赠“航空救国”四字，勉励航空局全局人员，此题词后镌刻于沙河“广东航空纪念碑”上。这次试飞为我国航空制造业开创了新纪元，在我国航空史上写下了浓重一笔。

孙中山、宋庆龄在“乐士文”1号飞机前合影

践行革命　以身殉国

1922 年 6 月 16 日，陈炯明部在广州发动兵变，炮轰观音山总统府，孙中山避往上海。次年 2 月，孙中山在桂军刘震寰、滇军杨希闵的帮助下，击退陈炯明部叛军，再次在广州建立政权，组建陆海军大元帅府，自任大元帅。陈炯明部盘踞东江惠州一带，伺机向广州发动进攻。孙中山部署部队讨伐，并在博罗、石龙等前线督战，亲自发炮轰击叛军，杨仙逸亦参与作战。但惠州城高壁坚，叛军负隅顽抗，短时间内难以攻破。

在博罗梅湖白沙堆前线，杨仙逸建议从水路发起进攻。9 月 20 日，杨仙逸与水雷队长谢铁良、长洲要塞司令崇山、虎门要塞司令瑞麟、飞行员吴顾之检查水雷改装炸弹之事，途中，因电船意外爆炸，全船人员皆殉难。孙中山闻悉，极为痛惜，随即命令所属各部四出寻找烈士遗体。大元帅府决定，对遇难烈士举行厚葬，并追赠杨仙逸为中将。9 月 30 日，在追悼大会召开之前，孙中山在杨仙逸的遗像上亲题“杨中将仙逸真容”墨迹。杨仙逸遗体葬于广州黄花岗之东三望岗空军坟场，孙中山亲书墓碣“杨仙逸先生之墓”，墓道拱门上放着飞机模型，寓示烈士生平事业和冲天壮志。

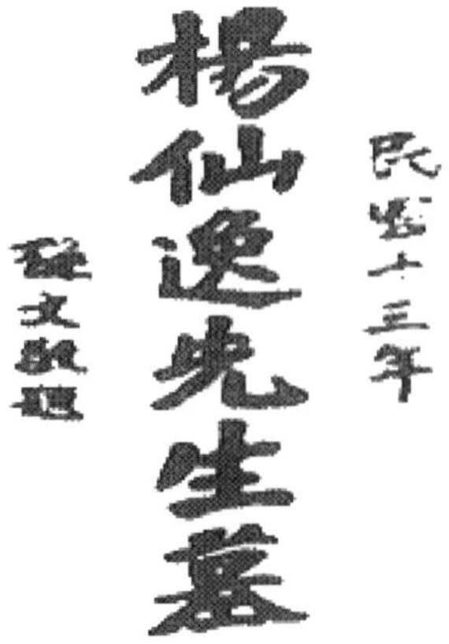

孙中山题写的杨仙逸墓碣

1924 年黄埔军校成立后，孙中山曾训示黄埔将士，称：

> 自航空机参加战斗序列后，在国际主权划分言之，往昔所争之领土、领水，今有领空之划分，造地球成形以来之异象。就其效力言之，已打破兵舰、潜艇、战车等之偏枯性能，极控制三界之能事。故欲因应现代国防之需要，非扩充空军力量不为功。[①]

孙中山还下令从该校选拔优秀学员成立广东军事飞机学校。据记载，1911—1934 年，海外华侨相继携带飞机回国者达 176 人，他们为中国近代航

① 马毓福：《1908—1949 中国军事航空》，北京：航空工业出版社 1994 年版，第 365 页。

空事业和民主革命大业做出了宝贵贡献。①

1927 年，广东省政府重修烈士墓，其家人以广州之墓远隔家乡，子孙祭扫不便，由其兄长杨江霖和岳父程友彝等把杨仙逸遗骨送回家乡安葬，葬于中山县一区新村蟛蜞山（今中山市紫马岭公园内）。1979 年，省市有关部门拨出专款在黄花岗陵园右侧、邓仲元烈士墓之后，修建杨仙逸墓园（实为衣冠冢），墓园占地 150 多平方米，墓门为双柱弧形横门，高 5 米，宽 12 米，弧上刻有“杨中将仙逸墓”6 字，中央弧顶置飞机模型，墓包呈方形，高 3 米多，正面镶嵌原孙中山的手书墓碣，以供后人瞻仰凭吊。为了纪念这位近代“革命空军之父”，中山县（今中山市）分别建有杨仙逸中学和杨仙逸小学。

① 戴逵贤：《中日空战记》，北京：解放军出版社 2015 年版，第 12 页。

革命外交　共和惊雷

——陈友仁与孙中山

田　果

近百年前，波澜壮阔的“五四运动”是谁引爆的，这恐怕是很多人都不清楚的话题。

1919 年 1 月，第一次世界大战战胜国在法国巴黎召开“和平会议”，中国作为第一次世界大战协约国之一，代表团在会上提出废除外国在中国的势力范围、撤出外国在中国驻军和取消“二十一条”等要求，但“和会”置中国也是战胜国于不顾，拒绝了中国的正义，竟然决定将德国在中国山东的权益转让给日本。消息传入神州大地，北京各界群情激愤，学生、工商业者、教育界和各爱国团体纷纷通电，斥责日本的无耻行径，强烈要求中国政府坚持国家主权。

这一消息正是经由陈友仁之手传到国内，从而引爆了轰轰烈烈的“五四运动”。

原来，在巴黎和会之前，孙中山领导的广州南方政府组织了由王正廷带头、伍朝枢和郭泰祺等人组成的代表团访问美国，陈友仁作为法律顾问随团。随后转赴巴黎，加入中国代表团参加凡尔赛和会。陈友仁在巴黎，通过英国工人运动领导人汤姆·曼恩和法国马克思主义者夏克·陶利奥，与莫斯科直接接触。俄国十月革命推翻了沙皇政权，从而占有沙皇的秘密档案，其中有一份是美国与日本的“蓝辛石井协定”，把战败的德国在山东省的权益转让给日本。正是陈友仁把这份密件寄给孙中山，孙中山立即转寄给在知识分子与学生中间有影响的北京《晨报》（亦称《晨钟报》）。凡尔赛的阴谋在几天之内传到中国许多城市，触发了轰轰烈烈的“五四运动”。北京政府无法抗拒汹涌澎湃的反帝浪潮，才下令北京代表团的陆征祥与顾维钧等拒签和约。这是中国外交家第一次在中国现代历史上，不肯低头签署损害国格的“不平等条约”，并取得了胜利。

陈友仁，祖籍广东顺德，于 1878 年出生在英属特立尼达岛，早年接受欧

20 世纪 20 年代的陈友仁

美教育，毕业于西班牙港圣玛丽学院法律专业。辛亥革命后任交通部法律顾问、英文《京报》总编辑。1922 年起任孙中山外事顾问、英文秘书。1926 年被选为中国国民党第二届中央委员，任国民政府外交部长。1931 年被选为中国国民党第四届中央委员，先后任广州国民政府、南京国民政府外交部长。1933 年参加福州事变，任福建人民政府外交部长，后流亡巴黎。1938 年回香港参加抗日活动，香港沦陷时被日军拘禁押解到上海，多次拒绝参加汪伪政府。1944 年在上海病逝。

其父其子 报国相因

话说陈家“革命史”，得先从陈友仁的父亲说起。

陈友仁的父亲陈桂新，人称“阿陈”，客家人，是个贫苦的农民。他吃苦耐劳、倔强不屈，因为穷困和内心的不平，加入了洪秀全的太平天国行列，跟随太平军转战南北。

阿陈 1850 年入伍，一年后晋升为东王杨秀清的贴身侍卫。太平军准备攻打武昌，阿陈主动请缨远征前线，并且凭借少时练就的木匠手艺督军搭建浮桥，使得大军成功登陆武昌。这大概是阿陈作为太平军最光彩的一笔。后来，太平军又攻下南京，可是由于天王和东王争权夺利和内讧不断，互相残杀，阿陈乘机逃回广东，途中腿部中弹，得不到治疗，只能锯掉坏腿、装上义肢，逃到香港。他和一些逃脱的太平军战士一起开了一家金铺作为遮掩，本准备伺机打回老家去，但“因事泄密”，阿陈被港警追捕，他只好卖身为“猪仔”（契约劳工），登船逃亡，先到牙买加，后到马提尼克。

在加勒比海的小岛上，阿陈成了一个理发匠，靠手艺吃饭，没想到却被当地一个华裔商人梁兴看中，成了他的女婿。陈夫人名叫玛丽，比阿陈年轻近 20 岁。婚后不久，他们就迁移到英属特立尼达定居。他们辛苦建立了自己的小农庄，并且一起养育了 6 个孩子，大儿子叫尤金，也就是日后跟随孙中山先生的民国外交家陈友仁。

尤金出生于 1878 年，到 12 岁的时候，父亲阿陈就去世了，他学习很努力，希望能够出人头地。功夫不负有心人，1898 年，他毕业于西班牙港的圣玛丽学院法律专业。当地一位著名律师史密斯看中了他，愿意收他为徒弟。经过5年的学习，他获得了初级律师、转让证书者和公证员的资格，此前这种资格只授予具有英国公民权的人。陈友仁成为特立尼达的第一个华人律师。

1899年，21岁的尤金同混血少女爱茜（父亲是法裔庄园主，母亲是法、非混血奴隶）共坠爱河，尤金正式求婚。客家人习惯于自成小团体，互相依靠，在那个相信女子无才便是德的年代里，母亲对尤金选择一个受过现代教育的外族女子非常不理解，亲朋好友也给尤金施加了很大压力，但是终没能阻止这两个相爱的人结婚。由于岳父不仅有钱，而且乐善好施，尤金在婚后事业突飞猛进，成为特立尼达华人社区出名的大律师，少数族群都来找他打官司。

尤金随即开设了自己的律师事务所，敢作敢为，在当地第一个雇用了女秘书兼打字员。不久就以友好、有效及诚实的信誉赢得了客户的信赖，特立尼达的大部分华人与印度人都成了他的长期客户，他很快便成为一个成功的律师，经济上日渐富裕。他先后投资了几个种植园，每年都有可观的收入，一跃成为当地的著名人物。他的儿子陈丕士追述道：“他在几个可可种植园投了资，……他也是首批购买拉不雷亚的一些油田的人士之一。他还在巴里亚的一个小岛上拥有一座别墅。”

寻根故土　投枪报业

同其他特立尼达的有钱人一样，尤金投资地产，拥有的产业分散在小岛各处。春风得意的他更渴望突破小岛的界限，到更广阔的世界去闯荡。尤金并不满足于在特立尼达的富裕生活，便设法安排了一年去英国度一次假，在那里，他结交了不少中国留学生。尽管从未回过中国，但事业成功、家庭幸福的尤金从小就胸怀大志，知道自己虽然拥有英国国籍，但身体里流着中国人的血，祖国的兴衰与自己的命运紧紧相连，报效祖国一直是他的一大心愿。

1906年以后，尤金每年都要去伦敦，并且与当地华人社团接触，了解到中国大地上正在进行变革。尤金看到殖民地的不平等，曾经也参加了一些进步活动，差点被抓起来。1911年，尤金带着全家迁往伦敦，住进了高档社区，让儿女接受更好的教育。同时他自己也希望能继续深造，投身政治和民主运动，要像自己的父亲一样，与穷人站在一块。

就在这一年，武昌起义爆发，中国结束了清王朝的统治。在伦敦的尤金看到了这令人振奋的报道而萌生报国欲望。虽然他不懂中国话和中国国情，但他有3个长处，他对英国历史很了解，并且对西方法律很熟悉，会写作，业余曾给报刊写过文章。他觉得这三点会让他对新的中国有贡献。他在殖民地看到受压迫的人群富于同情心，而中国也是受压迫的国家，这触发了他的爱国热情。

1911 年，尤金到达北京，恢复了自己的姓，起名“陈友仁”。经朋友介绍，认识时任北洋政府交通部长兼代理财政部长施肇基，施肇基很赏识他的才华，让他当秘书，处理交通部的法律事务。

1914 年，陈友仁离开交通部，任《北京每日新闻》编辑。当时正值第一次世界大战爆发，中国政府宣布支持协约国，陈友仁发表不同意见，赞成采取中立政策，他认为“日本可能利用它的协约国地位，把德国人从山东半岛驱逐出去，并取而代之，建立自己的势力范围，侵犯中国的主权”。他的这一言论直接违背了官方立场，并被迫辞职。随后，他以惊人的勇气，自己创办英文《京报》，自任主笔，以《京报》为阵地，开辟报国、“革命”的主题。

1914 年 8 月，日本向德国宣战，随即出兵占领了原德国在华的租借地——山东青岛。面对日本悍然违反国际公法，侵犯中立国领土的行径，软弱的北洋政府一筹莫展，而日本则得寸进尺，于 1915 年 1 月向中国提出了臭名昭著的“二十一条”，并要挟袁世凯必须严守秘密，不能让第三国知道，否则日本将断然采取行动。

但是，世上没有不透风的墙。当时，陈友仁很快获悉了这一消息，不禁义愤填膺。于是，他立即把抨击日本作为英文《京报》的主题，发表了一系列笔锋犀利的评论文章，痛斥日本向中国提出的“二十一条”，揭露日本的亡我野心，呼吁政府维护主权，拒绝日本的蛮横要求。陈友仁的文章很快引起在北京的外籍人士的高度关注。这使袁世凯政府十分被动，既怕舆论惹恼了日本，又怕引起民众的谴责，但陈友仁是英籍华人，袁世凯又不敢轻易对他下手。于是，袁世凯的政治顾问、英国人乔·厄·莫理循出面给陈友仁写了一封信，劝说英文《京报》停止对日本的“攻击”。[①] 全文如下：

亲爱的陈先生：

我以相当急切的心情拜读了你的文章。我担心，那些对我谈过的人也显然同样担心，你似乎是在挑逗日本人起而反扑。

日本是走错了一步。公众舆论已经促使日本修改它的要求。现在谈判正以友好方式在进行。高声争吵的策略至少是暂时停止了。

你的攻击剧烈，现在只能得到一个结果，那就是为日本提供了一个为了挽回“失掉的面子”而要索取补偿的借口。北京一位首要的中立国人士，星期一向我说“从日方来的危险，目前似已过去，然而，除非英文《北京时报》

---

① 骆惠敏编，刘桂梁、邹震、张广学等译：《清末民初政情内幕——〈泰晤士报〉驻北京记者袁世凯政治顾问乔·厄·莫理循书信集（上卷）》，上海：知识出版社 1986 年版，第 864 页。

(即英文《京报》) 无节制的激烈言词受到抑制，否则它定会再来”。

谩骂不是辩驳，我惋惜地看到你把自己的大才用之于这种全无需要的辱骂。批评、驳斥林赛·罗索尔原是合理的、正当的，可是对林赛·罗索尔这样一个身为朝圣会创始者的有名望的美国人，肆行人身攻击，只会得罪朋友，并使英文《北京时报》受到损害。

“教导的言辞，为它指出一个从它自己闭起眼睛陷入的困境中摆脱出来的方法”，把你的这些议论套用在今天，已经被日本人看作倨傲的冒犯。他们争辩说这是中国负责当局意见的表示，是必定要予以回敬，让中国人吃苦头的。

我希望你不要误会。我深知你的爱国热忱和你想要在当前危机中为政府帮忙的强烈愿望。然而，我相信我表达了中国的外国朋友们的一致意见，倘若你不用克制的笔锋和更高的责任感来写文章，你将为你的政府惹出严重纠葛。

何时能请你过来和我一叙?

顺致最良好的祝愿。

你非常诚挚的乔·厄·莫理循

1915 年 3 月 4 日

但是，陈友仁并没有理会莫理循的所谓“劝告”，他觉得这恰恰说明了英文《京报》上那些反日言论的力度，他相信舆论最终会对袁世凯形成压力，他下决心抵制日本的要挟。但是，现实使他大失所望，袁世凯政府在日本最后通牒的威胁下，最终基本接受了屈辱的“二十一条”。虽然陈友仁的努力并没有达到目的，但他看透了日本的亡我野心，认为日本是对中国主权的最大威胁。

1915 年 9 月 3 日，《京报》发表了梁启超的《异哉所谓国体问题者》，对袁世凯即将实行的帝制大加嘲讽。《异哉所谓国体问题者》一文发表的次日，《国民公报》转载。接着上海《申报》《时报》《神州日报》也相继刊出。7 日，天津《大公报》转录。

梁启超说：“夫立宪与非立宪，则政体之名词也。共和与非共和，则国体之名词也。吾侪平昔持论，只问政体，不问国体。故以为政体诚能立宪，则无论国体为君主为共和，无一而不可也。政体而非立宪，则无论国体为君主为共和，无一而可也。国体与政体，本截然不相蒙。谓欲变更政体，而必须以变更国体为手段，天下宁有此理论!”他指出，所谓“国体一更，政制即可随之翻然而改，非英雄欺人之言，即书生迂阔之论耳”!他说，共和制在中国曾酝酿 10 余年，实行已 4 年，“当其酝酿也，革命家丑诋君主，比诸恶魔，务以减杀人民之信仰。其尊渐亵，然后革命之功乃克集也。而当国体骤变之际与改变之后，官府之文告，政党之宣言，报章之言论，街巷之谈说，道及君主，恒必以恶语冠之随之，今微论规复之不易也，强为规复，欲求畴昔尊严之效，岂可更得”。他向帝制派呼吁：“何苦无风鼓浪，兴妖作怪，徙淆民视听而贻国家以穷之戚也。”

梁启超的这篇文章迅速引起国内极大的反响。《京报》即日售罄无余。又有多人请求再版。及次日《国民公报》转录，因限于篇幅，不能登完，故四、五两日则见彼此见面即问：“君有三号之《京报》否？今昨日之《国民公报》亦可。”《国民公报》销路畅旺，为向来北京报纸所未有。

陈友仁高度关注中日关系，毫不留情地揭露日本的侵华野心。1917 年 5 月 18 日，他在英文《京报》发表《出卖中国》一文，揭露段祺瑞正与日本进行一项秘密谈判。文章指出，日本参谋本部次长田中此次抵京是为了与段祺瑞进行谈判并签订一个条约，即以一亿日元的军事贷款为诱饵，换取向中国派遣军事教官和技术人员，负责训练中国军队，进一步扩大在中国的军事工业。这篇文章犹如一枚重磅炮弹，在全国激起轩然大波，铺天盖地的谴责似一把把利剑直捅段祺瑞的心窝。

段祺瑞早已视英文《京报》为眼中钉，它那些笔锋犀利的评论，使他如坐针毡，为此他曾派警察在报馆门口进行监视，以对陈友仁施加压力。但陈友仁毫不理会，我行我素，依然一篇又一篇。段祺瑞恼羞成怒，下令逮捕陈友仁。

5 月 19 日半夜两点多，陈友仁被抓进警察局，天亮以后又被送交地方检察厅处理。当时，陈友仁在北京的新闻界已颇有名气，他被捕后的第三天，《晨报》等报刊就将消息披露出来。一时，舆论哗然，新闻界的同行纷纷撰文谴责军阀政府扼杀新闻自由，迫害新闻工作者的暴行，并设法进行营救活动。

陈友仁被捕后，地方检察厅煞有其事地对他进行了起诉，罪名是他主编的英文《京报》所刊登的文章，妨害政府公务，扰乱视听，判处他 4 个月的监禁，并允许出钱赎罪。曾为律师的陈友仁表示不服，他阐述了新闻自由和新闻真实性的原则，明确指出：此案定罪证据不足，故不服此判决，决定提起上诉。

上诉书很快递上去了，却不见回音。不久，因为段祺瑞下台，案子有了转机，他获得特赦，6 月 6 日陈友仁终于走出监狱大门。这次入狱并未挫伤他的锐气，他主编的英文《京报》始终锋芒毕露。不久即被警厅下令停刊。于是，他即南下追随孙中山。

“和会”肮脏 “五四”愤张

1919年1月，第一次世界大战的硝烟刚刚散尽，美、英、法、意、日等27个战胜国，在法国巴黎召开了“和平会议”，表面上是为了拟定对德和约，建立战后世界和平，实质上却是一次帝国主义国家的分赃会议。中国政府作为战胜国的一员，也应邀派团出席会议。经南北两方政府协商，中国代表团由5名代表组成：陆征祥、顾维钧、王正廷、施肇基和魏宸组。陆征祥为代表团团长，王正廷为南方代表。

孙中山对这次会议非常重视，认为应该充分利用战胜国的有利条件，取消原来与列强签订的一系列不平等条约。但是参加和会的代表团是受北京政府控制的，使他对这个代表团不太放心，为此他特派“陈友仁、郭泰棋为欧洲和平会议专门委员”，前往巴黎，名义上是南方代表的顾问，实质上却如顾维钧所言，“不是去参加和会，而是去监视中国代表团”。陈友仁和郭泰棋于2月奉命启程，到达巴黎后，与中国代表团住在一起。

陈友仁此行身负重任，既要六路八方关注会议的进展情况，掌握北方代表的态度，又要不失时机地为代表团献计献策。陈友仁以南方代表顾问的身份，参加代表团的起草委员会，起草中国递交和会的备忘录。结果，陈友仁所起草的关于中国各项主张的文件，被中国代表团采用，成为中国代表团向和会提出的正式文件的底稿。陈友仁在大陆的唯一后代、嫡孙陈一文在其《陈友仁及其儿女们》（未刊稿）的书稿中披露了这个史实。乔·厄·莫理循作为起草委员会的成员，完整地保留了陈友仁起草的这份底稿，因为当代表团决定采用这个草稿后，曾印发给起草委员会成员每人一份，以集思广益，将这份提交和会的正式文件修改得更为完善。

莫理循在这份底稿的副本上批注：“这是提交给我们以备修改的文件底稿。它已由中国人通过，并经美国代表团中国组的首脑卫理同意。”莫理循在1919年3月19日的日记中这样写道：“睡得很晚。把陈友仁（所有不适宜的人当中最不适宜的一个）所草拟的简直糟得怕人的底稿，整个打乱重写。他闭起眼睛不看现实，想要亲自出面在大会上提出这个文件并为之辩护。它是论二十一条要求的。”① 这段短短的文字至少说明了两个史实：第一，中国代表团提交和会正式文件的底稿，确实出自陈友仁之手，至于莫理循对其的评价，

① 骆惠敏编，刘桂梁、邹震、张广学等译：《清末民初政情内幕——〈泰晤士报〉驻北京记者袁世凯政治顾问乔·厄·莫理循书信集（上卷）》，上海：知识出版社1986年版，第864页。

明显带有很强的感情色彩，因为如果真的写得“糟得怕人”，是不可能得到代表团成员的一致认同的。而且从莫理循保留的经过他修改的这份底稿，也并没有“整个打乱重写”，只是在个别文字的表述上做了一些修改而已；第二，这份底稿的内容“是论二十一条要求的”，这是陈友仁早在该条约谈判之时就激烈反对的，尽管当时他没有能力阻止这个不平等条约的签订，但是他所积累的资料以及强烈的废约愿望，才使他写出了这份有力度的底稿。

陈友仁草拟的这份底稿有 23 700 多字，由前言和正文组成。后经起草委员会成员修改后提交和会。但是，在帝国主义五强所控制的巴黎和会上，原则被用来做交易。4 月下旬，意大利因故一度退出和会，日本也立即以退出和会相要挟，胁迫和会答应它对山东的要求。这时，不仅英、法坚决支持日本，就连中国一向倚为靠山的美国也一反常态，倒向日本一边，以牺牲中国的利益来避免和会的破裂。面对如此窘境，陈友仁一边力促中国代表团退出会议，一边利用一切可能的舆论工具，揭露日本的侵略野心。

在参加凡尔赛和会期间，陈友仁通过法国国会议员、马克思主义者夏克·陶利奥和英国的工人运动领袖汤姆·曼恩两人，跟共产国际接上了头。十月革命后，苏联接收了沙俄时期的档案馆，其中有一份“日美秘密协定”——关于中国山东问题的“蓝辛石井协定”，即美国同意把德国在山东的权益移交日本，日本则支持威尔逊总统创建国联的计划。“苏联人把这份秘密协定带到了巴黎，并寻找机会交给了陈友仁。陈友仁决定要揭发列强的阴谋，就把这份日美秘密协定寄回给孙中山，孙中山翻译后发表在进步的北京《晨报》上，直接成为“五四运动”爆发的导火线。陈友仁还把日美协定寄给反对威尔逊总统的威廉·波雷参议员，这在美国国会引起巨大反响，威尔逊总统参加国联的提案在参议院被否决。

在 5 月 9 日国耻日这天，陈友仁和汪精卫等人在巴黎召开“中国国际和平促进会”，有 500 多人出席，其中还有欧美各界的不少知名人士。会上，陈友仁慷慨激昂地用英文发表演说，“对于中日间利害关系，言之极为详尽，措辞亦相当激烈”，几次被掌声打断。另外，陈友仁还和其他国民党人分头组织“中国国际和平促进会”的成员和一些华侨团体，每天轮流前往代表团驻地，坚决要求代表团拒签和约。在全国人民拒签声浪的支持下，6 月 28 日，中国代表团终于“公同决定，不往签字”。这是鸦片战争以来中国第一次冲破帝国主义列强的控制，在国际事务中决定自己命运的范例，在中国近现代外交史上具有重大意义。

巴黎和会结束后，陈友仁就山东悬案向美国上议院发了一份长电，既诚挚地希望美国能助中国一臂之力，尽快修正对山东问题的处理，又委婉地批评威

1920 年，陈友仁作为中国代表团成员，出席在日内瓦召开的国际联盟第一次会议，前排右二为陈友仁

尔逊总统违背自己的诺言，视中国陷于窘境而无动于衷。整份电报充分表达了中国人民不畏强权，要求实现领土完整的强烈愿望。陈友仁的电报受到美国舆论的高度评价，孙中山也非常满意。美国政府为了自己在远东的利益，联合英国对日本施加压力，建议尽快解决山东问题。正是在美国的斡旋下，1922 年 2 月 4 日中日双方代表在华盛顿会议举行期间，签署了《解决山东悬案条约》及附约、协定等，《对德和约》中关于山东问题的不合理规定终于被推翻了。

亦师亦友 建国同谋

中华民国肇建之后，发生许多大事件，其重要性莫过于由陈友仁设计的、获得孙中山肯定的“倾向俄国”政策，即后来演变为“联俄、容共、扶助农工”政策，以及“联俄、联共、扶助农工”政策。

1920 年夏天，由陈友仁主编的英文《上海时报》在上海问世。陈友仁全身心投入，每天为该报写一篇评论，分析国际国内形势，宣传孙中山的革命理论，揭露军阀政府的丑恶无能，其独到的见解、精辟的语言，赢得了“用英文写作的辛辣作家”的美誉。不久，为筹集办报经费，他到伦敦要求夫人专程回特立尼达变卖全部产业，倾囊办报和资助孙中山的革命。

其时，孙中山因受桂系军阀排挤，寓居上海，深化三民主义和撰写《建国方略》。1918—1923 年，孙中山或是寄寓上海法租界，或是住在被西南军阀控制的广州。不管住在哪里，孙中山犹如孤身奋战。孙中山曾多次向西方国家求援，屡屡受挫。陈友仁分析了当时的国际关系，认为苏俄在外交上十分孤立，急需在中国寻找政治伙伴，而北京政府又不太可能成为它的政治盟友，因此“国民党应该向俄国人寻求军事上和政治上的援助”，这对国民党和苏俄都是一种双赢的选择。陈友仁不但积极向孙中山建议，而且直接参与了孙中山“联俄”部署的运作。

陈友仁在处理公务，左为张荔英

陈友仁缘于办报和当记者的渠道，经常与西方记者打交道，了解国际前沿的消息，要比其他中国人早得多。他通过了解俄国十月革命的情况，发现中俄有很多相似的地方。最为关键的是，孙中山的国民党和列宁的布尔什维克党都遭到世界列强的排斥。由是，陈友仁就试图使国民党和苏俄搭起联系。陈友仁不但向孙中山建议“倾向俄国”政策，而且做了艰苦的前期准备工作。1918 年，陈友仁受孙中山委托带着一封给列宁的信，托美国友人转到莫斯科交给列宁。孙中山让陈友仁单枪匹马进行，除了他们两人，只有孙中山夫人宋庆龄知道。

陈友仁还协助孙中山用英文新解三民主义以及其他重要文件。因为孙中山不懂俄文，与他接触的苏俄人不懂中文。英文是他们唯一可以沟通交流的语言。英文也是西方列强，特别是英美两国的共同语言。孙中山用这些文件向西方表明，他只接受苏俄政府的物质援助，不接受共产主义思想。孙中山搬出孔子，认为孔子的大同世界与马克思的理想社会差不多，从这一方面找出和苏俄结盟的思想基础；另一方面又照顾国民党骨干小资产阶级和地主乡绅的情绪，再三向西方列强说明他的三民主义是根据林肯的民治、民有、全民共享的原则发展而成的，所以他们不必害怕“赤祸”。陈友仁此时就成了孙中山最得力的助手。在另一份文件《建国大纲》（*International Development of China*），孙中山明确指出，利用通商贸易引进外国资本，建立中国式的社会主义，即允许资本主义有限度的发展。陈友仁设计的“倾向俄国”政策，后来就由孙中山逐渐演变成为“联俄、联共、扶助农工”的三大政策。

1922 年 4—6 月，当孙中山与共产国际代表达林就合作事宜进行会谈之际，陈炯明炮轰总统府，孙中山被迫避难永丰舰，陈友仁担任了孙中山和达林之间的联络员，使孙中山继续保持和苏俄的联系。达林回忆，“不久，我收到便条，要我速到东山。国民党积极的活动家之一、孙中山的密友叶夫根尼·陈（即陈友仁）在那里等我——陈现在隐蔽在东山，每天夜里潜到军舰上去找孙中山”①，他们见了好几次面，当达林离开广州前夕，“叶夫根尼·陈向我递交了孙中山给外交人民委员齐契林的信。信是匆忙写就的，用的是一张从学生练习本上撕下的四裁的纸”②。信的全文如下：

尊敬的齐契林：

谨以此简短答复您托达林转交给我的信。我正经受着陈炯明——一个完全受恩于我的人——所造成的最严重的危机。达林将会转告您，在某种情况下我打算怎样做。想您和列宁。

致敬！

孙逸仙谨启

以往人们都熟知蒋介石冒险上舰保护孙中山，而陈友仁每天冒险往返东山和永丰舰，及时向孙中山汇报外界动态，却很少有人知道。

1923 年 1 月 18 日傍晚，越飞偕同秘书和翻译，登门拜访孙中山，陈友仁作为孙中山的助手，也参加了会见。1 月 20 日，陈友仁代表孙中山到越飞下榻的汇中旅馆进行礼节性回访，并就双方谈判中的一些细节问题进一步磋商。《孙文越飞宣言》发表后，他又公开发表谈话，宣布孙中山最新的政治取向，指出“孙越谈话中所含政策之最后结果如何，将视列强对俄国及对中山之态度为转移。此项结果，可为中俄间之一种有益的合作，使彼等之物产文化供世界人类之用。反之，若列强继续敌视俄国及中山，则或将迫俄华两国成一坚固同盟，而从事于其他目的”。

1925 年 3 月，在孙中山病危之时，陈友仁代其起草了著名的《致苏俄遗书》，再一次重申“联俄”方针。据汪精卫在国民党“二大”会议上说：“两张遗嘱都这样签完了之后，另外还有英文秘书陈友仁同志，起草致苏俄同志的一封信，由宋子文同志读了一遍，先生听过后，再用英文签字。”③ 遗书中说：

苏维埃社会主义共和国大联合中央执行委员会亲爱的同志：

我在此身患不治之症。我的心念，此时转向于你们，转向于我党及我国的

① C. A. 达林著，侯均初、潘荣、张亦工等译：《中国回忆录（1921—1927）》，北京：中国社会科学出版社 1981 年版，第 124 页。

② C. A. 达林著，侯均初、潘荣、张亦工等译：《中国回忆录（1921—1927）》，北京：中国社会科学出版社 1981 年版，第 124 页。

③ 《汪精卫在国民党“二大”会议上说明接受孙中山遗嘱经过记录》，见中国第二历史档案馆编：《中国国民党第一、二次全国代表大会会议史料（上）》，南京：江苏古籍出版社 1986 年版，第 183 - 186 页。

将来。

你们是自由的共和国大联合之首领。此自由的共和国大联合，是不朽的列宁遗与被压迫民族的世界之真遗产。帝国主义下的难民，将借此以保卫其自由，从以古代奴役战争偏私为基础之国际制度中谋解放。

我遗下的是国民党。我希望国民党在完成其由帝国主义制度解放中国及其他被侵略国之历史的工作中，与你们合力共作。命运使我必须放下未竟之业，移交于彼谨守国民党主义与教训而组织我真正同志之人。故我已嘱咐国民党进行民族革命运动之工作，俾中国可免帝国主义加诸中国的半殖民地状况之羁缚。为达到此项目的起见，我已命国民党长此继续与你们提携。我深信，你们政府亦必继续前此予我国之援助。

亲爱的同志！当此与你们诀别之际，我愿表示我热烈的希望，希望不久即将破晓，斯时苏联以良友及盟国而欣迎强盛独立之中国，两国在争世界被压迫民族自由之大战中，携手并进，以取得胜利。

陈友仁任外交部长时的照片

陈友仁和孙中山从相识、相交到相知，两个人逐渐从助手和领袖的关系发展为诚挚的朋友，那种心有灵犀一点通的默契使孙中山一直把陈友仁留在身边，委以重任。孙中山素有“航空救国”的主张，因此航空局长的职务就是举足轻重的。1923 年 9 月原航空局局长杨逸仙因公牺牲，孙中山立即任命不谙军事的陈友仁为大本营航空局局长。1925 年 1 月，孙中山在自知将不久于人世的情况下，任命陈友仁为中央政治委员会北京分会委员。这个安排意味深长，由于陈友仁在国民党内的资历较浅，又一直在他身边当秘书，但他相信陈友仁具有担任重要职务的能力，因此这个任命其实是为日后陈友仁在国民党内地位的提升铺平了道路。后来情况的发展正如孙中山所愿，1926 年 1 月，陈友仁在国民党“二大”上当选为中央执行委员。5 月，他出任广州国民政府代理外交部长，开始进入国民党的核心领导层。

三大政策 薪尽火传

如果说孙中山在世时，陈友仁对他倾力辅佐已颇为感人的话，那么当孙中山逝世后，他仍对其开创的事业忠贞不渝，则更让人肃然起敬。孙中山逝世后，他的助手们对“三大政策”的态度可谓泾渭分明，胡汉民、戴季陶、蒋介石、汪精卫等人纷纷背叛“三大政策”，成为国民党右派。陈友仁与宋庆龄、何香凝一起，坚持奉行“三大政策”，成为坚定的国民党左派。

“联俄”是孙中山晚年重要的外交政策，也是陈友仁的一贯主张。但这个政策在国民党内一直存在分歧，孙中山逝世后，原先潜在的分歧进一步激化和公开化，反苏的行动也步步升级。首先，由陈友仁起草、孙中山临终前亲笔签字的《致苏俄遗书》，因遭到国民党内一些人的阻挠，未能与另两份遗嘱同时见报，而是3月14日在苏联的《真理报》上首先发表的。其次，孙中山聘请的顾问鲍罗廷于1927年6月被武汉国民党中央解除了合同。最后，蒋介石、汪精卫等人竟然密谋杀害鲍罗廷。7月中旬，陈友仁收到了孔祥熙让他转交宋子文的一份密电：“请告出售人，商人同意按索价付款。盼如期发货。”他明白这商人是指蒋介石，被出售的商品就是鲍罗廷。事情十万火急，陈友仁决定让大儿子丕士担当“警卫”，尽快把鲍罗廷护送回国。正如陈友仁所料，汪精卫一边在武汉车站隆重送别鲍罗廷，一边密电冯玉祥暗杀鲍罗廷。据冯玉祥回忆：“我到郑州的时候，接到汪精卫从庐山来的电报，通知我鲍罗廷即将由汉口经过郑州回俄，请我把他扣留并杀之。我心里想的说，你要杀他，你自己何不在武汉下手？他显然学的曹操的做法，想杀祢衡，自己却不下手，把祢衡送给刘表，刘表又借手于黄祖而杀之。可是我决不是黄祖。”[①] 幸好冯

宋庆龄、陈友仁等揭露蒋、汪背叛革命，前排左三为陈友仁

① 冯玉祥：《我的生活（下）》，哈尔滨：黑龙江人民出版社1981年版，第563页。

玉祥没理会汪精卫的电报，鲍罗廷才逃过一劫。

“联共”是“三大政策”的核心，是孙中山重整旗鼓的良方，陈友仁则是这个决策的积极拥护者。孙中山逝世后，国民党右派公开反共，陈友仁却不改初衷，继续坚持“联共”政策。1927 年 7 月 14 日，陈友仁在汪精卫召开的秘密会议上，明确表示他和宋庆龄都反对“分共”：“联俄、联共、扶助农工三大政策是总理手订的，有了三大政策，革命才能发展成今天的局面，抛弃三大政策必然要向帝国主义和蒋介石屈服……”后来，陈公博也在其回忆录中证实：“重要中央委员中有三个人不赞成分共，第一个是孙夫人，第二个是陈友仁，第三个是廖夫人……虽然三个人不赞成，而大多数通过了。”但是，当时右派的势力占了上风，陈友仁不得不眼睁睁地看着孙中山亲自建立的国共合作走向分裂。1935 年“华北事变”发生后，陈友仁再次建议“联共”，并派大儿子陈丕士回国拜见国民党重要人物，恳请他们说服蒋介石，尽快建立新的国共合作统一战线，以抵御日本帝国主义的侵略。

“扶助农工”是三大政策的基础，也是孙中山对辛亥革命失败反思的成果。陈友仁对这个政策的解释很明智，即“中国无论是在社会结构还是在思想上，都还处于中世纪。但这古老的结构已不稳固了，它行将崩溃。问题是要找新的社会力量来支持建立新的社会结构，以使生活重新稳定下来。这些社会力量首先应是农民和工人。满足了这两个阶级的需要，社会基础才稳固。因为农民提供即使是原始社会也需要的粮食，而工人支撑一切有组织的生活，即所谓文明。因此，必须满足这两个阶级的基本需要”。陈友仁认为工农群众不仅是国民党执政的社会基础，还是对外交涉的强大后盾。他在担任广州政府外交部长期间，提出了“革命外交”的口号，认为不需要特别顾及过去的条约、协定与既成的事实，而应采取强硬的举措，借助民众运动的力量，以达成中国外交谈判的目的。1927 年初，由陈友仁主持的收回汉口、九江英租界的谈判，就是政府外交和民众运动相结合的成功范例。

收回租界　功炳千秋

1927 年 1 月 3 日，汉口江汉关码头，中央军事政治学校政治科宣传队为热烈庆祝北伐胜利和国民政府迁都进行演讲，听者甚众。下午 3 时，英国水兵越过英租界驱赶民众，群情激愤，群起抗争，英兵悍然用刺刀对付手无寸铁的群众，将海员李大生等 2 人刺成重伤，轻伤数十人。惨案立即激起中国人民极大的民族义愤，一场新的反帝风暴迅速在武汉升腾。

英国驻汉总领事葛福十分惶恐，下令在汉口英租界区加强警戒，急请英海军长江分舰队调兵上岸支援。晚上，他驱车武汉政府外交部。新政府的外交部长是一位中国男子，坚毅的脸上架着一副金丝边眼镜，嘴唇上留着一片胡须。葛福采取恶人先告状的伎俩，说道："部长先生，如果你们的政府是文明的政府，你们应该能够为武汉的英国人的生命财产提供保护。"外交部长强忍愤怒，轻蔑地说："我们的政府是文明的政府，是中国人民的政府。正如你所知道的，当中国人民身穿丝绸时，恐怕英国人只不过身体涂着蓝颜色，头上插着羽毛，到处乱跑。"他无须等待英国领事的反应，严肃地说："至于说到保护，显然你们自己已经把这一任务承担起来了。你们已经命令你们的海军陆战队登陆了，而且在租界周围设置路障站岗；那些哨兵还手持上了刺刀的枪。按中国人民的看法，这是用一种野蛮的方式处理事情。"他强烈抗议英国水兵的暴行，义正词严地限令英国水兵在 24 小时内撤回军舰上，否则不负英国人安全之责任。这位外交家因此赢得了"铁腕外交家"的美誉。他，就是陈友仁。

汉口"一·三"惨案发生后，陈友仁在与英国驻汉总领事交涉中，提出了收回汉口英租界的正义要求。第二天，他照会英国领事，此次肇事者为英国军舰，在本案没有解决之前，不得离开汉口。1 月 5 日，武汉 30 万民众举行反英大游行。

同日武汉国民政府发布《国民政府外交部布告》，宣布设立汉口英租界临时管理委员会。两天后，九江人民收回九江英租界。1 月 7 日，武汉临时联席会议任命陈友仁、宋子文、孙科为临时管理委员会委员，陈友仁为主席委员。他发布了国民政府宣言书和对外宣言，指出汉口事件的发生不是偶然的，是英国帝国主义自鸦片战争击败中国、剥夺中国之独立的结果。现在中国人民已经觉醒。

武汉国民政府为中国唯一的合法政府，代表了觉醒的中国的真实精神，为革命运动的工具，一切希望与中国友好的国家，只能与该政府谈判协商。汉口事件绝不是外间所传为预先谋划，而是"一则英人擅召水兵上陆，其引起冲突，致中国爱国志士之流血，乃必然之结果；二则英人对于当时之情形，发生无谓之恐惧，以致英工部局自行放弃职权，英国妇孺相继离汉，国民政府乃不得不建设委员，以处理租界之行政"。国民政府的外交政策是废除一切不平等条约，根据政治、经济平等的原则，通过谈判制定新的友好条约。

1 月 11 日，英国驻华参赞阿马利抵达武汉，开始与陈友仁举行汉口、九江英租界的谈判。面对中国人民日益高潮的反帝运动和已经收回这两个租界的事实，英国政府十分清楚再用鸦片战争的办法，就意味着向中国宣战，而目前英国已没有这种实力，因此不得不调整对华方针，采取以"怀柔"为主的"新政策"，企图通过外交手段继续最大限度地维护在华利益。

谈判从1月15日开始，到2月19日结束，武汉国民政府的主角始终是陈友仁，谈判对手是阿马利。阿马利为了加强谈判筹码，前后集中6艘英国军舰抵达武汉，进行武力威胁，停泊在法勒朗湾的英国地中海舰队之第一巡洋舰队奉命开往中国。面对英帝国主义的威胁和复杂的国际局势，陈友仁十分冷静地与谈判对手较量。他始终坚持必须收回汉口、九江的英租界，断然拒绝英方提出的退还汉口、九江英租界的无理要求，正告英国当局谈判只能是在平等地位上的谈判，反对武力威胁中国。英国军舰的集结，不但没有必要，而且只能激起中国人民更大的民族义愤。

至1月20日，国民政府与英方达成英国交出汉口租界，改租界为特别区，设立管理委员会等协议。英国当局又以保护侨民为名，悍然宣布增兵上海，激起中国人民极大的愤怒。

l月22—23日，陈友仁分别发表了对外宣言、汉口事件宣言，宣布国民政府是中国唯一合法政府，以完全独立的主权国与各国实现平等外交政策，外国列强必须放弃武力威胁，与新政府平等谈判解决彼此之间的一切问题。在谈判中，他要求英国当局停止增兵上海。遭到英方拒绝后，陈友仁于2月1日发表中断谈判的宣言。

2月3日，英国方面向国民政府提出《英国提案》附件，希望恢复谈判。2月7日，陈友仁与英方代表重新坐到谈判桌前。陈友仁坚持英国在上海撤军为签字的前提条件。l月10日英国首相张伯伦在英下院发表声明，如果协定内租界办法得以签字的话，英国将减少到上海的军队，地中海的派遣军将开往印度，而不去上海。

2月14日，在新的一轮谈判时，陈友仁首先宣读声明：国民政府不能接受英国首相做出的关于在上海集结军队的声明，但首相对原计划的修改，国民政府认为是一个让步。北伐军占领上海后，将保留处理与英国军队发生正面冲突而引发的新的问题的权利。如果外国势力和军阀政府协商上海问题，国民政府将进攻租界区。上海问题应与汉口租界协议问题分开来。由于英国当局的声明不能令国民政府满意，因此国民政府作为交换的保证书已失去意义。但国民政府收回租界后，将确实保证外国人的生命和财产的安全。

经过艰难的谈判，2月19日晚7时，中英双方签订了《汉口英租界协定》和《九江英租界协定》（文件上标记为2月20日）。这两份文件从法律的角度确定了中国人民收回汉口、九江英租界的管理权。

汉口成立第三特别市政区，直属武汉国民政府外交部。签字仪式后，陈友仁警告谈判对手，英国如果增兵上海，必将激怒中国人民，事态可能演变到无法控制的地步。汉口、九江英租界的收回，是中国人民百年反抗帝国主义斗争的结果。中国洗刷百年国耻，大扬国威，谱写了中国外交史上扬眉吐气的篇章。陈友仁的反帝功业，光耀史册，彪炳千秋。

1933 年，陈友仁因支持蒋光鼐等发动的抗日反蒋的福建事变，并出任“中华共和国人民革命政府”外交部长，事变失败后被通缉而再度流亡法国，继续宣传孙中山的“三大政策”，赞成建立统一战线和团结抗日。1941 年，日军占领香港后，陈友仁被日军胁迫迁居上海，遭到长期软禁。日本人多次诱劝他参加汪精卫的伪政府，均遭到他的拒绝。1944 年，他因心力衰竭病逝于上海。

陈友仁跟随孙中山的时间并不长，彼此之间却如此亲密和默契。更难能可贵的是在孙中山逝世之后，陈友仁依然执着地高举着孙中山的旗帜，坚定地奉行“三大政策”，原因何在？1944 年 5 月 22 日，颜惠庆在陈友仁葬礼上所致的悼词，客观、深情而精到，“综观先生之生平，与孙总理有极相似之处”，也就是说他们的人生轨迹相似，这无疑是从本质上为他们的关系作了注解。

黄花碧血　浩气长存

——黄花岗起义英烈与孙中山

王　杰　王志伟

南国广州，英雄树下，有一条“先烈路”，这是一条在中国其他地方都找不到雷同名字的马路。先烈路上有一座“黄花岗七十二烈士陵园”，算得上是闻名世界的烈士陵园。这里，长眠着1911年广州“三·二九”起义烈士的遗骸。此地，萦绕着近代中国民主革命志士为国捐躯的英魂。

黄花岗七十二烈士墓

“三·二九”起义（又称“黄花岗起义”），是孙中山策划的一次震惊中外的武装反清起义，起义虽然失败了，但是狠狠地打击了清王朝的统治，为君主专制政权敲响了丧钟，进一步激发了全国人民的觉醒和革命浪潮的高涨，孙中山盛赞此起义之功用：“然是役也，碧血横飞，浩气四塞，草木为之含悲，风云因而变色。全国久蛰之人心，乃大兴奋。怨愤所积，如怒涛排壑，不可遏抑，不半载而武昌之大革命已成，则斯役之价值，直可惊天地，泣鬼神，与武昌革命之役并寿。”① 这次起义对中国民主革命产生了里程碑式的影响，但有32位华侨英勇殉国，约占牺牲总人数的40%，震惊海内外。

---

① 孙中山：《〈黄花岗烈士事略〉序》，见中山大学历史系孙中山研究室、广东省社会科学院历史研究所、中国社会科学院近代史研究所中华民国史研究室合编：《孙中山全集（第六卷）》，北京：中华书局1985年版，第50页。

精英尽敢死　热血捐沙场

1910 年 11 月，孙中山在马来半岛槟榔屿召开同盟会骨干会议。针对武装反清屡起屡败，党人失望、悲观情绪增长的情况，孙中山大讲革命风潮已盛，鼓励大家提高士气，再接再厉。会议达成统一共识：集同盟会精英，发难于广州，和清兵决一死战。广州一下，即由黄兴率军一路出湖南取武汉，赵声领兵一路入江西克南京；饮马长江后，挥戈北指，直捣清朝巢穴。

会后，孙中山、黄兴等分头赴南洋及欧美各地向海外华侨筹募捐款，积集起义经费。筹款是一项十分艰辛的事情。这里仅以黄景南为例，黄景南不是富豪，也不是侨领，只是一位以贩卖豆芽为生的普通小贩，收入微乎其微，但对孙中山每次捐款号召都表现出热诚的响应，精神可嘉。

黄景南（1860—1928），祖籍广东新会，兄弟 8 人，排行老大。少年以贩卖风炉维持生计，成年为衣食所迫，漂洋过海去南洋谋生。在越南堤岸，黄景南开始以卖馄饨面为业，后在梅山街芽菜巷开设“黄祥记”豆芽小店，人称“芽菜祥”。他起早摸黑，惨淡经营，生意渐见起色，有了小积蓄。孙中山将革命中心转移到南洋之后，黄景南成了热诚支持革命事业的华侨之一。孙中山每次发起募捐，他都踊跃参加。有一晚，在裕华公司楼上开会，到会 20 多人，在华侨周观臣“认捐以支持革命”的提议下，黄景南一下认捐 3 000 元，几乎占了全部捐银的 1/4。有人不解，问：“景南兄，你平日不肯多花一文钱，为什么今天这样慷慨呢?”黄景南清清嗓子，语调低沉地说：“没有祖国，我们华侨就永远受欺凌!”语言简短，朴素无华，却蕴含着浓浓眷爱祖国之情。

1911 年 2 月，孙中山与黄兴等人商议决定发动广州起义。黄兴函告黄景南等人，嘱托他们为即将的起义做准备。黄景南再次认捐军饷，带动堤岸华侨积极认捐。此外，他觉得仅仅认捐军饷还不够，又与同盟会会员李竹痴密谋购买军火，依靠法国人高颠拿的帮助，购得 160 多杆新式驳壳曲尺枪支和一批子弹，为了安全顺利送达，黄景南亲命儿子黄桓全程负责押运。轮船 3 月 26 日从西贡港起航，至七洲洋遭遇大雾，轮船滞航，没能按照约定时间送达香港，加上起义提前举行，武器迟到，诚属一件憾事。

起义发动于农历三月二十九日（公历 4 月 27 日）。当日午前，“选锋”队员尚未到齐，黄兴等临时决定改 10 路为 4 路，分别攻打两广总督衙门、小北门、巡警教练所和死守大南门。

5 点半，螺号齐鸣。黄兴率“选锋”队员 130 多人，臂缠白毛巾标记，脚穿黑面胶鞋，手执刀枪，身怀炸弹，个个精神抖擞，从小东营出发，直扑 500

米开外的总督衙门。其他3路队伍，由于领导人的问题未能响应，起义队伍从一开始就孤立无援。

黄兴率队冲至督署门前，当即击毙卫队管带金振邦等人，余敌向署内逃窜。黄兴领兵杀入二门，决心生擒两广总督张鸣岐。不料张鸣岐已越墙逃遁。黄兴愤然在署内放火，率队冲出东辕门。一出门，就和清军交火。林时爽等几名队员血染衣襟，当场阵亡。林觉民腹部中弹倒地，仍跃起杀贼。李文甫身受重创，仍左驰右突，击毙敌人几名。黄兴右手两个指头被流弹打断，忍痛指挥作战。战斗间隙，他当机立断，下令分三路转移。

黄兴率方声洞、朱执信等10人为一路，企图杀出大南门，接应城外的巡防营起义军。他们战至双门底，便遇上前来响应起义的新军巡防营。由于对方没带上约定的白色标志，以致误相火并。黄兴的左右被打死打散，只剩下他一人，还受了伤。

徐维扬率数十名队员自成一路，攻打小北门，以接应新军入城。喻培伦率外省及南洋的70多名队员另成一路，直插督练公所。由于敌众我寡，又得不到援应，这两支队伍只能孤军血战在观音山、小北门一带的大街小巷之中。

入夜，队员们或阵亡，或被俘，或被冲散，或化装出逃。黄兴、朱执信侥幸脱险。起义就这样失败了。

次日晨，赵声率部抵达广州。但战事经已沉寂。他满怀失望和沉痛回到香港。不久因悲愤忧郁过度得病逝世。

起义失败后，清广东当局到处搜捕革命党人。30多名被俘和事后被捕的党人，不久在刑场上慷慨就义。

事后，收敛烈士遗骸72具，葬于城东黄花岗。“黄花岗七十二烈士”从此轰动全国，名闻海外。农历三月二十九日这一天永远铭刻在人民的记忆里，以后虽然改用公历，但人们仍从惯例，把农历三月二十九日作为起义的纪念日。

“七十二健儿酣战春云湛碧血，四百兆国子愁看秋雨湿黄花。”重吟黄兴为烈士们写的挽联，我们不禁缅怀，肃然起敬，高山仰止。

英豪出少年　烈士有高风

余东雄（1894—1911），佛山南海人，是马来亚大霹雳埠巨商余广培的次子。10岁时父亲去世，余东雄与母亲相依为命，“少失怙，有孝思”。由富至穷的日子千易，由穷变富的年月万难；贫与富的生活反差，冷与热的人情变化，透漏出太多尘世变幻的残酷和世态炎凉的无奈，余东雄深有所感。

余东雄并没有因苦难而意志消沉，满怀好奇心的他“年十五岁，闻郭君应章有革命党名，讶之，后得悉宗旨，乃与二君要求应章为介绍，入同盟会，应章知三人志坚，允之”[①]。在革命党中寻觅到人生的慰藉、追求目标以及价值所在。虽然苦痛仍在累积，磨难仍在添增，但是这些都没有减损他对同胞、国家的热爱，没有毁灭他对美好世界的憧憬，更没有消磨掉他济世救民的情怀。

即使在余东雄看来，中国仅是一个简单名词、一个模糊意象、一种陌生实在[②]。风筝飞得再远，总有一段纤绳羁绊；树木长得再高，总有一条根在支撑。线牵着魂，根连着心；线不断，魂才有归宿；根不折，心就能平安。

余东雄秉性聪明，处世严肃，寡言少语，不苟言笑，有着与他年龄不相符的成熟，中学时“与郭君宝荣，郭烈士继枚比邻，共习拳术”[③]。抱着相同的志趣，以惊人的信心追随革命。

余东雄与郭宝荣、郭继枚喜欢打猎，常常登山围猎，“屡与二君登山射猎，枪无虚发”[④]。通过野外活动，他们强健了体魄，磨砺了意志，锤炼了精神。打猎，作为一种历练，为日后奔赴革命前线储备了精气神。

时机来了，1910 年秋，郭应章赴槟城，会晤孙中山、黄兴和赵声诸人，参与同盟会将回国内举义的谋划。余东雄、郭宝荣和郭继枚得知消息，分外激动——平时的自我磨练终于有了用武之地。3 人立时向郭应章请求出征，表白“视死如归，弟之素志，但求马革裹尸以为荣”[⑤]。起初，郭应章考虑到郭宝荣和郭继枚是家中独子，“皆鲜兄弟，若有不测，不独伤烈士亲心，且关系嗣续非轻，嗣求之再四，应章君见其志不移，允之”[⑥]。他们获得返国出征的允诺。天有不测，时在束装待发，“将成行，而宝荣一病不起”，死于他即将驰骋疆场、效命祖国的前夜。

岂料，余东雄母亲不知从何渠道得知儿子要回国参加起义的消息，遂来信劝阻。为了打消母亲的担心，他复信谎称：“但云前往上海，不日即回。”余东雄与郭继枚匆匆启程前往陌生的中国，去预定的目的地集结。时惟四月，海涛平静，星夜宁谧，航船上，余东雄和郭继枚更多的是对赍志而殁的郭宝荣的怀念，郭宝荣临终时的不甘与遗憾在耳边回响：“本欲与二兄同心救国，奈天

① 邹鲁：《中国国民党史稿（第四篇）》，上海：上海书店 1989 年版，第 1367 页。

② 余东雄出生在马来亚，是土生华侨，参加广州起义之前，他没有回过祖国。所以，对中国有陌生感也是情有可原的。

③ 邹鲁：《中国国民党史稿（第四篇）》，上海：上海书店 1989 年版，第 1367 页。

④ 参见《黄花岗七十二烈士事略》。

⑤ 余家后人发现的余东雄郭继枚烈士合撰的《诀别书》，藏于台湾“国民党中央党史档案馆”。

⑥ 邹鲁：《中国国民党史稿（第四篇）》，上海：上海书店 1989 版，第 1367 页。

不假年，不遂吾志，二兄好自为之。”[①] 他们默默暗祷，郭宝荣经已沉睡于他乡冷土，只要两人心中装着郭宝荣，三人就仍在并肩战斗。

1911 年 4 月 27 日，余东雄参加了广州起义，他被分在罗仲霍、郭继枚一队。战斗打响，他们飞步向总督府推进，经过督署门前一番激战，迅速进入督署，欲生擒总督张鸣岐。不料张鸣岐已经转移到了水师行台李准之处。发现躲在房子一角瑟瑟发抖的张鸣岐的老父和妻妾，起义者没有为难张鸣岐的家人，就准备撤出战场，此时却遭遇“防勇蜂集”，余东雄面对穷凶极恶的敌人没有胆怯，四处抛射炸弹，由于寡不敌众，“弹如雨下，竟殉义焉”，是黄花岗烈士中最小的一位。时人慨叹：“呜呼，烈已，君之年仅十有八，然其名已不朽矣！”

为国勇捐躯　大义不容辞

罗仲霍（1882—1911），广东惠阳县（今惠州市惠阳区）苏茅垅乡人，叔祖罗添参加过太平天国运动，史载“有罗添者起义新安、九龙，率万人入长沙，与洪秀全合，转战克捷，以功封都督，仲霍其堂侄孙也”[②]。缘于家庭的背景，少年罗仲霍就接触了反清理念的熏陶，稚嫩的心灵悄然埋下反清的种子。

少年罗仲霍显示出与同龄人不同的想法与追求。清廷末造，科举依旧是读书人获取功名的唯一捷径。凄风寒雨，铁砚冷凳；书山林海，笔头坟丘，以“头悬梁、锥刺股”换取一朝之“鱼跃龙门”，是千百年中国读书人最真实的写照，与罗仲霍同龄的黄髫小儿自然不能免俗。但是，罗仲霍不以科举所喜为标的，不以金榜题名为荣耀，“他喜任他喜，我乐自我乐”，鄙视乡试必备的帖括，醉心于古文的探钻，“前清科举时，乡塾竞习帖括，仲霍独好作古文”。冥冥之中，他的“叛逆”精神从小就已然积养。

罗父去世后[③]，“事畜无资”，家道中落，为了生活，罗仲霍辍学开馆，教授蒙童，但教馆生涯并没有延续太久，“逾二年，家益落，孑身走安南、南洋各埠”。20 岁那年（1901 年），他初出国门，辗转于马来亚吉隆坡等地，靠做工来维持基本生计，“十年浪走天涯路，阅历多时忧患深。敢说处囊能见末，

---

① 参见《黄花岗七十二烈士事略》。

② 邹鲁编著：《中国国民党史稿（下）》，上海：东方出版中心 2011 年版，第 1326 页。

③ 罗父去世年份的说法有歧，既往著作多以“（仲霍）幼年丧父”一笔带过，根据罗仲霍在其父去世后开馆授徒，以及目前可以确定罗仲霍是在 20 岁时出国等史料考订，罗父去世并非在罗仲霍幼年，而且罗仲霍辍学与其父去世也有很大关系。

几经投爨孰闻音！为怀家国频挥泪，不了恩仇未称心。读罢《离骚》三五遍，剑光灯影两沉沉”[1]。

1903 年，罗仲霍意外获得华侨同乡的赞助，入读槟榔屿师范学堂。机会来之不易，机遇更显珍贵。仲霍读书如饥似渴，做事倍加刻苦，这样可以忘却生活的困顿，亦可回报同乡的恩赐，更多的是在求知中寻觅新的天地。

3 年后（1906 年）罗仲霍以优异成绩如期毕业，既获取了知识养分，也提升了自身，脱胎于旧文人，成为新知识分子。随后，他接受华侨的聘请，“筹办吉隆尊孔学堂，荷属火水山中华学堂，历充两学堂校长”[2]。学生多为华侨子弟，“聚华侨子弟而提撕焉”，“本诚恳之心，以发挥民族主义，青年学子靡不感动”[3]。

1906 年起，罗仲霍受任槟榔屿华文报纸《新报》主笔，娓娓道来的笔触，徐徐流淌的字眼，激扬文字，描摹未来。他的努力得到在南洋活动的孙中山的青睐。孙中山发表讲演时常邀请罗仲霍参加，“获晤孙总理，亲炙其言论丰采，大启民族思想”。并曾赋诗抒发胸臆：“一自识得孙明德，甘将热血酬共和”[4]。同年 8 月，在槟榔屿，罗仲霍毅然加入同盟会。自此，其工作重心发生了重大转移，从办学办报转为以宣传革命为首务，“来往于南洋诸岛，宣传革命”，“遂游各岛，演说革命，旁皇奔走者六年”[5]。六年的奔波与磨练，更加坚定了他追求革命的信念。

1910 年，孙中山决定在国内谋划更大规模的起义，这个想法获得黄兴、赵声的赞成，经过几番商议，最终决定在广州发动起义：攻打总督府，活捉张鸣岐，夺取广州城，开辟根据地。获知这一消息，罗仲霍激动不已，他决心参与，用鲜血和生命去践行对革命的忠诚与奉献。

恰在此时，妻子听说有关传闻，害怕丈夫出事，便不远万里挈子往寻，罗仲霍压抑自己的情感，避而不见，朋友实在不解，就设法帮助罗妻找到罗仲霍，见面时罗仲霍异常冷漠，对自己的骨肉寒若冰霜，“夫妻阔别十年，寒暄数语，冷淡逾昔日”，有人说罗仲霍冷漠、绝情，其实，他对自己的亲人实在有着无比深沉的爱。试想，一个连陌生人都博爱的革命者怎么可能对亲人如此冷漠？罗仲霍是怕见到亲人会动摇自己奔赴战场的意志，他不想被亲情羁绊而舍弃自己的追求。更深层的思考恐怕还在于起义胜负未卜，未来生死不明，做

---

① 刘运祺、蔡炘生编注：《辛亥革命诗词选》，武汉：长江文艺出版社 1980 版，第 73 页。

② 邹鲁编著：《中国国民党史稿（下）》，上海：东方出版中心 2011 年版，第 1327 页。

③ 杜元载主编：《革命人物志（第八集）》，台北：“中央文物供应社” 1971 年版，第 451－432 页。

④ 陈捷延：《过客吟——捷延咏史存（下）》，北京：中国文史出版社 2012 年版，第 1965 页。

⑤ 邹鲁：《中国国民党史稿（第四篇）》，上海：上海书店 1989 年版，第 1350 页。

最坏的打算无疑是最合理的。冷漠可以激起亲人的愤怒，拉开亲情的距离，造成彼此间的隔膜，最好能勾起他们内心的愤恨，因为只有这样，即使自己血洒疆场，也可以减损死亡带给亲人的伤害，无情未必不丈夫，“爱之深，护之切”，因为爱，才不忍心去伤害。

1911 年 4 月 27 日（农历三月二十九日），罗仲霍奔赴战场，作为“选锋”队员，随黄兴统率，攻打两广总督府，入府内寻觅张鸣岐无果，反身撤出，即遭遇埋伏，他且战且退，“伤左足，误走旗人街，被执缚之庭柱。仲霍对清吏昌言革命理由，痛骂满奴，洋洋数千言，卒被害，年三十岁”。

罗仲霍为革命而牺牲个人的一切，这样的高尚情操激励着千百万的后来人。

劬劳恩未酬　报国误乌私

荣辱易忘，生死难抉。人世间最难的抉择，莫过于自主决定自己的生或死。百年之前，李炳辉用自己的抉择向后人诠释了生或死的意义，展示了舍生取义的英雄风貌。

李炳辉，广东封开人，“性敦厚，以孝称”。他少有识见，胆魄惊人，略晓变异之时势，敢探未知之异域，“念处此交通世界，谋社会事业，宜识英文，因随人到南洋大霹雳埠”。到了南洋，入教会学校就学，“次年又由校送麻六甲某校肄业”。走出校园，继续钻研基督教理，并加入基督教，“旋分发星加坡英长老会教堂，从事传道，历任石叻日里诸埠教务，成绩卓著，商民信服”。

“虽羁身域外而关心祖国”，异国他乡的前程，没有消弭李炳辉对祖国的热爱和关切。当他遇上罗仲霍，人生发生了重大的转向：一个牧师，本来是要教化信徒，逆来顺受，静默承担，用隐忍换取幸福；遇到罗仲霍之后，李炳辉抛开牧师道袍，穿上革命衣装，去宣传革命，唤醒大众。他决心去除旧王朝的黑暗，迎接民主共和的光明。

罗仲霍的讲演深深打动了李炳辉的心扉，之后，李炳辉经肖锦兰的介绍，加入同盟会，并成为马来亚同盟会组织的骨干之一，“向之一心宣传教务者，至是更热心宣传党务，华侨信从革命者，蓬勃而不可遏矣”。随着革命宣传的深入，李炳辉对革命的理解更加深刻，追随革命的意念也更加坚定。正是这份坚定，支撑起他把亲情深藏，满腔充溢着革命的情感。

1911 年，反清暗潮涌动，李炳辉听闻国内即将有大举的消息，“热心革命者，无不踊跃愿从，君亦偕至香港”，听闻李炳辉将要起义的消息的李母，立刻给儿子写了一封家书，“以书促其回家，且以诞辰宜归为言”，母亲的用意再明白不过，莫忘生辰，别忘母恩。接到家书，李炳辉不免百感交集，一边是生养自己、白发苍苍、眼中饱含期盼泪水的母亲的声声呼喊，一边是起义或能成革命大业信念的召唤，两者都舍不掉、丢不开、拿不起和放不下。

百般纠结之后，李炳辉最后还是决定参加反清义举，对于母亲只能回以家书，略作解释，“有机密公事在身，今未暇回，详情容成功后禀报，免有泄露”。末附以诗云：

回头二十年前事，
此日呱呱坠地时。
愧疚劬劳恩未报，
只缘报国误乌私。

寥寥数语，真情俱现；笔墨并涕泪齐下，愧疚与壮志同在。为了拯救故国，为了革命事业，李炳辉能做的只能是把亲情割舍，用一人幸福的丧失来换取千千万万人的喜乐安康。

“三·二九”起义爆发后，李炳辉跟随黄兴勇敢杀敌，最终力战而死，“遗骸与诸烈士并葬黄花岗，事后由民党筑场立表，馨香祷祀，垂诸无穷”。

忤亲失小节　舍身成大义

是什么力量激励着黄花岗烈士舍身赴义？孙中山曾做过这样的论述：“那般烈士明知结果是失败，还要去做，所存的希望是什么？就是以身殉国，来唤醒人民。”喻培伦就是以这样的信念，赴汤蹈火，用血染红了自己的革命生涯。

喻培伦，字云纪，四川内江人。少年时厌恶科举制度，曾自号“世界恶少年”。1905 年留学日本。起初，他沉溺于弹琴、照相之类的事情，对政治没有多大兴趣。在民族危机的刺激及革命风潮的推动下，逐步倾向革命。1908 年夏加入同盟会，从此立志为国献身。

在暗杀风的影响下，喻培伦认为暗杀既可以为革命做贡献，又方便个人行动。于是便放弃所学，潜心研究炸弹，并与同志结成暗杀团。有一次试验，药瓶不慎炸裂，他被炸废一只手。但他毫不畏缩，继续精心钻研，终于成了“炸弹大王”。

1909 年夏，喻培伦潜至汉口，准备暗杀清朝新任直隶总督北洋大臣、原南洋大臣两江总督端方。后因端方改变行动路线，未及下手。次年 3 月，他冒险到北京参与谋杀“摄政王”载沣，事泄。后经日本赴香港，继续策划暗杀活动。

1911 年初，他和胞弟争往广州赴命。喻培伦阻止其弟说：“我去，你一定要留下。两人都死了没有益处，徒然使父母伤心。”说毕，与弟相抱痛哭而别。在广州，喻培伦不顾体弱，夜以继日地拼命工作，和同志们一起赶制了数百个炸弹。起义前一天，有人主张改期，他厉声说：“举义诚知必死。然死国，义也。吾人不肯死，谁肯死者？国事将不可挽矣！”当时有人劝他：“你一臂已废，何苦去送死？”他愤然答道：“你们四肢皆健，还不如我这个残废人！”

喻培伦确实是铁骨铮铮、气概不凡的战士。起义当天，他胸前挂着满满的一筐炸弹，奋勇异常。谁会怀疑他体弱身残？无论进攻总督衙门，还是袭击督练公所，他都以炸弹为主要武器，始终冲锋在前，使敌人无不为之胆寒。他身受数创，却越战越勇。终因寡不敌众，力竭弹尽被俘。

“死国，义也。”喻培伦以这样的抱负投身革命，又以这样的意志奔赴刑场。面对审讯，他坚贞不屈，满怀革命必胜的信念。赴刑时他慷慨激昂宣称：“学术是杀不了的，革命尤其杀不了！”时年仅 25 岁。

抛妻非无情　殉国本真意

黄花岗起义有一个显著的特点，死难烈士绝大部分是青年。他们抛弃爱情、离别家庭、慷慨赴义的英雄事迹，至今还留在人们的记忆里。林觉民临阵前给亲人的诀别书，感人至深，广为传诵。

林觉民，福建闽县（现属闽侯县）人，留日学生。1911 年春，返香港参与起义筹备。起义前一夜，他在香港给父亲和妻子写下绝命书，慷慨与亲人诀别。在给父亲的信中说：“儿死矣！惟累大人吃苦、弟妹缺衣食耳；然大有补于全国同胞也。”在给妻子的诀别书中说：

意映卿卿如晤：

吾今以此书与汝永别矣！吾作此书时，尚是世中一人；汝看此书时，吾已成为阴间一鬼。吾作此书，泪珠与笔墨齐下，不能竟书而欲搁笔，又恐汝不察吾衷，谓吾忍舍汝而死，谓吾不知汝之不欲吾死也，故遂忍悲为汝言之。

吾至爱汝，即此爱汝一念，使吾勇于就死也。吾自遇汝以来，常愿天下有情人都成眷属，然遍地腥云，满街狼犬，称心快意，几家能够？司马青衫，吾不能学太上之忘情也。语云：仁者“老吾老以及人之老，幼吾幼以及人之幼”。吾充吾爱汝之心，助天下人爱其所爱，所以敢先汝而死，不顾汝也。汝体吾此心，于啼泣之余，亦以天下人为念，当亦乐牺牲吾身与汝身之福利，为天下人谋永福也。汝其勿悲！

……

吾今死无余憾，国事成不成，自有同志者在。依新已五岁，转眼成人，汝其善抚之，使之肖我。汝腹中之物，吾疑其女也。女必象汝，吾心甚慰。或又是男，则亦教其以父志为志。则我死后，尚有二意洞在也。甚幸！甚幸！

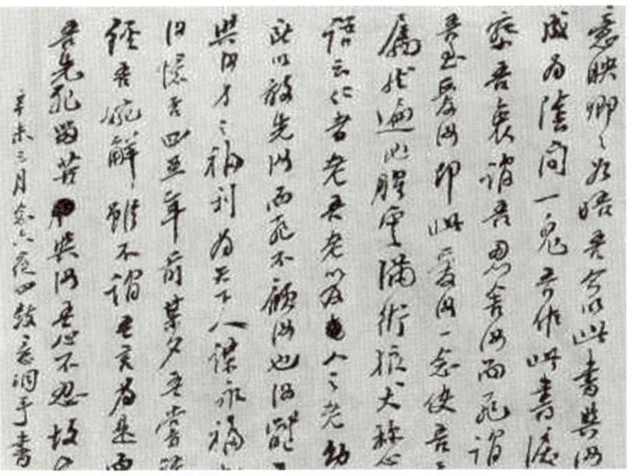

与妻书（局部）

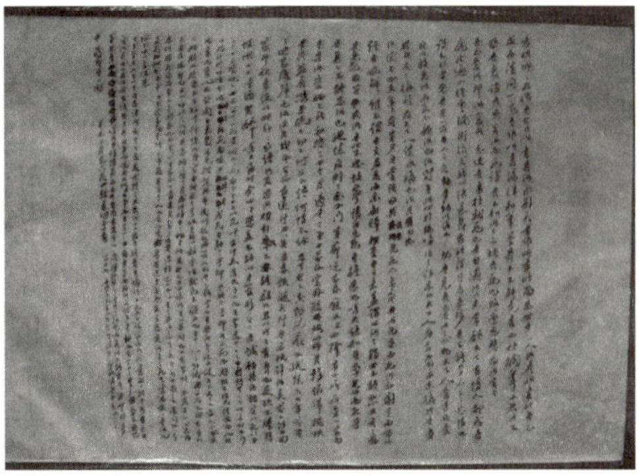

与妻书（复印件）

翌晨，他在从香港往广州的船上对同志说：“这次起义如果失败，牺牲的同志必多，一定会感动同胞。今日同胞们不是不知革命为救国的唯一手段，不可迟缓，只是畏首畏尾，未能割断家庭的情爱罢了。拿我来说，家中不是有老迈的父亲、庶母、年幼的弟弟、年轻的妻子和幼稚的儿子吗？但是我愿意离开他们从容去牺牲。心如刀割，肠如寸断，木石要是有感情的话，也当为我流泪，何况是人呢？同志们的家庭状况和我差不多，甚至有人一旦牺牲后，父母、兄弟、妻子不免会挨饿受冻。所以我决不相信，我们死了而同胞还不觉醒！假如同胞们一旦奋起，光复神州，重兴祖国，那么我们虽然身死，还像活着一样，怎么会感到惭愧呢？”

林觉民以死来唤醒国人的英雄气概，令人敬仰。

青山埋忠骨　陵园祭英魂

轰轰烈烈的起义失败了，烈士们赴汤蹈火、肝脑涂地的英勇精神，唤醒了民众，振奋了人心，迎来了武昌起义的胜利。

就义烈士

清朝当局对殉难烈士极端仇视，让烈士暴尸街头，4 天后才通知各“善堂”收敛遗骸。在选地营葬时，有意把烈士们草草掩埋在狗头山或臭岗，存心让烈士英灵与盗贼死囚一起遗臭。有位外国朋友曾为此愤愤不平：“烈士们是死于正义的！皓皓侠骨与犯人同葬一处，实在不近情理。”表示愿献给烈士一块葬地。“善堂”的绅董们认为，用外国人在中国买的地来埋葬中国义士，是中国的耻辱，遂谢绝了外国友人的好意，拟另找葬地，但又害怕官府为难。这时，革命党人潘达微挺身而出，对“善堂”会董说：“义士们为国捐躯，真诚为国民谋幸福。他们和我们都是国民一分子，怎能忍心把他们草草埋葬呢?”他的话感动了在场绅董。潘达微不顾个人安危，努力奔走，在城东郊红花岗找到了一块合意的葬地，随即以“善堂”的名义购买良好棺材一批，给烈士们成殓下葬。

下葬的那一天，阴云密布，苦雨凄凄，仿佛天公也和人们一起为烈士哀悼。潘达微亲自主持监督丧事，直到最后一口棺木放下墓穴。葬后，潘达微默默环视红花岗，忽然心有所触，觉得“红花”不若傲霜的秋菊——“黄花”，便把“红花岗”更名为“黄花岗”。“青山有幸埋忠骨”，黄花岗因此得以扬名中外。

黄花岗七十二烈士名录

纪念石墙

陵园始建于1912年，在民众的要求下，民国政府在黄花岗为七十二烈士建墓立碑，开辟陵园。孙中山为陵园的巨型牌坊手书“浩气长存”4字，镌于墓坊。1918年，方声涛募款修葺旧墓。林森复募集华侨捐资，建“纪功坊”、墓亭。1919年经过确查，得56名烈士姓名。1922年，又核得16人。“于是而七十二人者以备”，铭刻在第一碑之上。1932年又审得烈士13名，再立第二碑；此外尚有1人未列碑。据此，共计死难烈士86名，比七十二烈士遗骸多14名。出于习惯，日后人们仍然把“黄花岗七十二烈士”作为对此役烈士的统称。

黄花岗纪念币

黄花岗陵园是由华侨捐款所建的。矗立在烈士墓后的纪念坊上，刻着为此捐款的各地华侨组织名称和个人姓名。其中一些美洲的地名，是华侨用广东台山、开平的地方语音译出来的。如“Omaha”译为“柯美贺”，“Ogden”译为“恶顿”等。早期墓园为著名设计师杨锡宗设计，孙中山亲手栽植了青松，后经多次增修，至1935年基本建成。中华人民共和国成立后，人民政府对陵园加以保护和修缮，园地比此前扩大一倍。1961年，国务院公布黄花岗七十二烈士墓为全国重点文物保护单位。园内庄严肃穆，花木茂盛，环境幽静，是人们凭吊英烈和参观学习的地方。

后　记

本书的编写，旨在追忆先贤，感恩往圣。

在“遍地腥云，满街狼犬”的19、20世纪之交，有一个华人群体客居异乡，他们出于挽救民族危亡的担当，追随领袖孙中山，承负拯国救民的责任，笃信民主革命理念，为中华寻求“送穷”“却虏”的真理，不辞奔走呼号，不怕艰难顿挫，不惜毁家纾难、不惧抛颅洒血，“弱水三千，只取一瓢”，表现出崇高的赤子心、报国情。

他们不愧是时代的精英，是敢为人先的典范，是传统国度蛹蜕化蝶的柱石，是古老民族陈谢新代的脊梁，诚为笔者感佩！为使其事功获致有口皆碑，其名讳借以青史流芳，本书选出18例人物，予以结集出版，自然不及精蕴之二三；每例多则万言，亦难尽表精英之全貌。但愿粗笔少言，庶几能免华侨精英功业之失传、名声消弭于历史之时空。用以褒扬正气，承传精神，至臻山高水长，天下为公。

本书由王杰组织编写，并负责统稿。本书的作者，除了黄健敏先生以外，都是曾经或正在广东社会科学院工作、研读的中国近代史专业的师生。于今，虽然人生阅历不同，工作背景有异，大家为了一个共同的志趣又走到一起，这是一种幸会。其间，大家得以在一个平台上交流各自的学习心得，感悟学术之再造，又是一种良机。纵然各色的文笔和文风的展示，难成一统之风格，但或具个性或具特色的描述，权且增添少许“百花齐放”之颜色。要之，通过编者与作者的互动，顺达了彼此的沟通，增进了师生学术情谊的集体记忆，善哉！谨此，尤须特别铭感暨南大学出版社提供了如此难得的平台。

弦外之音者，通过本书的写作，我们这一作者群体对华侨史的研究有了初步或进一步的了解与认知。经过对资料的收集与整理、文稿的加工与修饰，以及定稿的反复洗练，或许会激发作者群体对华侨探究的持续热情，将更多的精力投入此研究领域之中。但愿“无心插柳柳成荫”，本书之外，尚有“意外”之收获，撰稿同人于此企盼之至。

本书蒙中山大学李吉奎教授细心审读，纠正了不少错漏。谨此致以由衷的谢忱。

著　者

2016 年 10 月